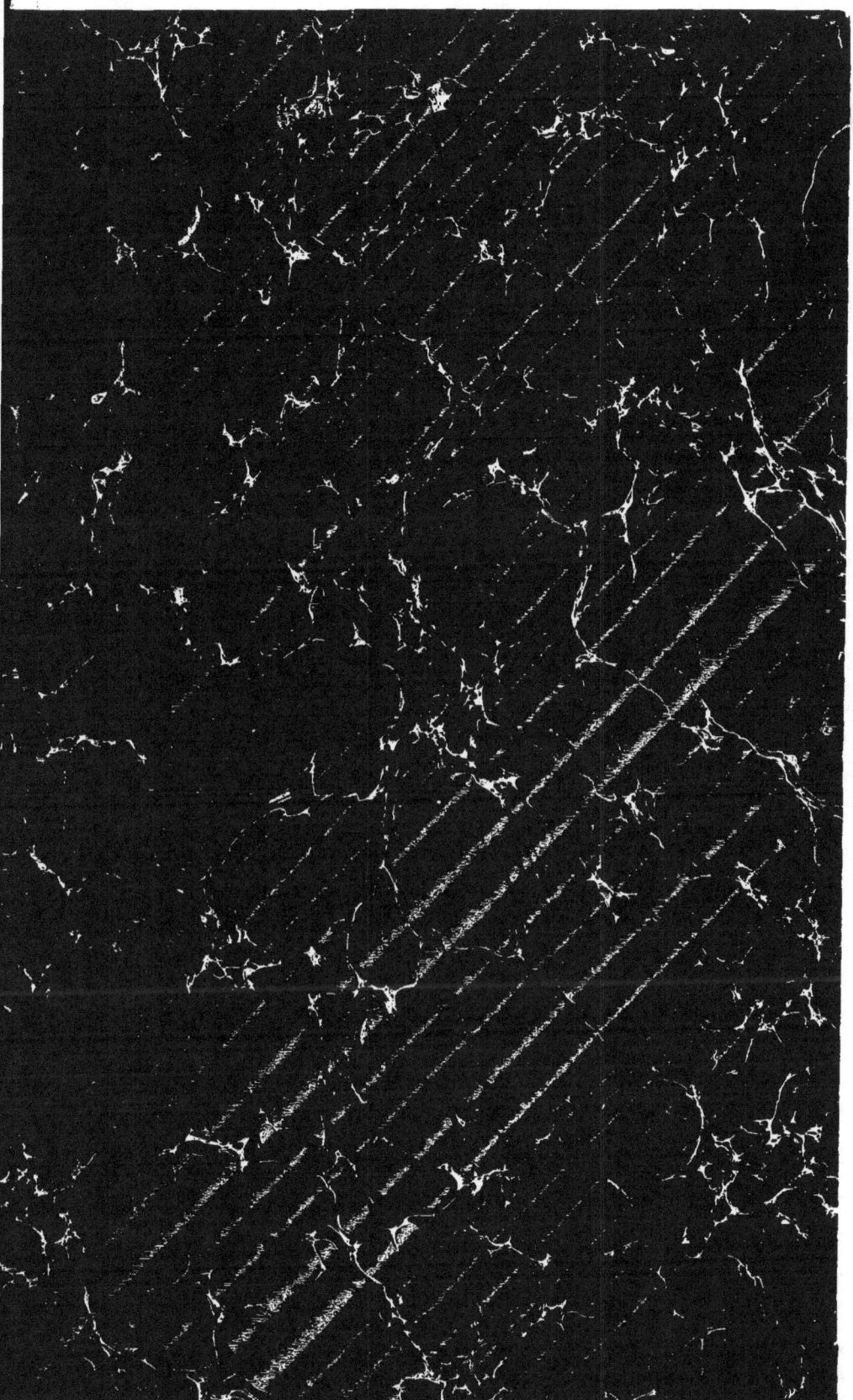

14941.

LE LIVRE

DES

CONSERVES

A LA MÊME LIBRAIRIE :

LE LIVRE DE CUISINE

COMPRENANT

LA CUISINE DE MÉNAGE ET LA GRANDE CUISINE

Par Jules GOUFFÉ

Un magnifique volume orné de 25 planches imprimées en chromolithographie
et de 161 vignettes sur bois dessinées d'après nature

PAR E. RONJAT

Broché.................... 25 fr.

CORBEIL. — Typ. et stér. de CRETÉ FILS.

LE LIVRE

DES

CONSERVES

OU

RECETTES POUR PRÉPARER ET CONSERVER

LES VIANDES ET LES POISSONS SALÉS ET FUMÉS
LES TERRINES, LES GALANTINES
LES LÉGUMES, LES FRUITS, LES CONFITURES, LES LIQUEURS DE FAMILLE
LES SIROPS, LES PETITS FOURS, ETC., ETC.

PAR

JULES GOUFFÉ

Officier de bouche du Jockey-Club
AUTEUR DU LIVRE DE CUISINE

OUVRAGE ILLUSTRÉ DE 54 VIGNETTES SUR BOIS

PARIS
LIBRAIRIE DE L. HACHETTE ET Cie
BOULEVARD SAINT-GERMAIN, N° 77
1869
Droits de traduction et de reproduction réservés

PRÉFACE

Ce livre n'est pas à proprement parler un ouvrage de cuisine, mais il est le complément de celui que j'ai déjà fait paraître sous le titre de *le Livre de cuisine* (1). Il renferme trois parties qui, tout en étant distinctes, ont entre elles une grande connexité.

La première partie traite des conserves de toute nature ; elle indique les nombreuses ressources que peut procurer la conservation permanente des viandes, des poissons, des œufs, du lait, des légumes et des fruits.

La seconde partie comprend l'office, c'est-à-dire la confection des petits fours, des bonbons, des fruits confits, et les diverses préparations pour bals et soirées.

Dans la troisième partie j'ai réuni toutes les recettes qui

(1) Paris, Librairie de L. HACHETTE et Cie, 1867.

ont pour objet le régime alimentaire des malades et des convalescents.

Enfin un dernier chapitre est consacré au choix et au service des vins.

Ce n'est pas seulement aux maîtres d'hôtel que je m'adresse, mais aussi aux ménagères qui, en suivant mes prescriptions, prépareront facilement elles-mêmes des mets dont elles seraient obligées de se priver par l'impossibilité matérielle ou pécuniaire de se les procurer.

Plus de cinq cents recettes renfermées dans ce volume viennent combler une lacune qui existait avant sa publication.

NOTIONS PRÉLIMINAIRES

USTENSILES ET APPAREILS

Pour aider à me faire mieux comprendre, je donne, chapitre par chapitre, le nom des divers ustensiles qui sont employés dans mon livre. J'indique l'utilité de chacun, et, quand c'est possible, leur construction.

La dépense de l'acquisition de la plupart de ces ustensiles deviendra une économie, si l'on tient compte de l'amélioration qu'elle apporte dans le service journalier de la maison.

BOEUF SALÉ ET FUMÉ.

CHAPITRE PREMIER.

Faire, pour le saloir, une caisse de 80 centimètres cubes en bois de 5 centimètres d'épaisseur.

Cette boîte servira à saler la charcuterie.

Avoir le soin, après chaque opération, d'échauder la caisse et de la flamber avec une forte poignée de copeaux, pour éviter qu'elle ne prenne un goût d'évent.

On trouvera la description exacte de la boîte à fumer dans le chapitre indiqué ci-dessus.

CHARCUTERIE.

CHAPITRE II.

Le travail de la charcuterie exige :
Un couteau pour saigner,
Un couteau pour nettoyer les boyaux et tout le menu du cochon,
Un couteau pour hacher,
Une batte en bois (la batte en bois est une grosse boule emmanchée d'un manche long de 60 centimètres),
Un couperet,
Un cornet pour remplir les saucissons,
Un cornet pour remplir les boudins,
Un cornet pour remplir les saucisses.

Pour les maisons importantes, je conseille l'acquisition d'une machine à hacher, qui fait un bien meilleur travail que le couteau et dont le prix est peu élevé.

POISSONS SALÉS ET FUMÉS.

CHAPITRE III.

Pour saler les poissons, faire fabriquer un petit saloir pareil à celui qui sera décrit quand nous traiterons de la salaison des jambons et des poitrines.

Pour la manière de fumer le poisson, voyez la description de la boîte à fumer au chapitre 1er, page 14.

Les poissons marinés demandent l'emploi de petits barils.

On met généralement dans de petits tonneaux les huîtres et les harengs salés.

Les rougets, les filets de maquereaux et de soles se mettent dans de petits barils semblables à ceux dont on fait usage pour les huîtres d'Ostende.

CONFECTION DES TERRINES.

CHAPITRE IV.

Les ustensiles de charcuterie peuvent suffire.

La grandeur des terrines est proportionnée à la quantité des conserves et des mets que l'on veut préparer.

CONSERVES EN BOITES.

CHAPITRE V.

Se procurer un grand chaudron et des boîtes de différentes grandeurs, selon les objets que l'on veut conserver; puis mettre au fond du chaudron, un clayon que l'on peut remplacer par une couche de paille de 5 centimètres d'épaisseur.

Les ustensiles de charcuterie suffisent pour le travail des conserves.

POISSONS EN BOITES.

CHAPITRE VI.

Employer les mêmes ustensiles et boîtes que pour les conserves précédentes.

LÉGUMES CONFITS AU VINAIGRE.

CHAPITRE VII.

Il faut des terrines et des bocaux, et un poêlon d'office ou une bassine.

LÉGUMES A L'EAU DE SEL.

CHAPITRE VIII.

Il faut avoir des pots de grès ou de petits tonneaux.

CONSOMMÉS, SAUCES ET PURÉES.

CHAPITRE IX.

Avoir des boîtes d'un litre et d'un demi-litre.

CHAPITRE X.

Mêmes boîtes que ci-dessus, à moins qu'on ne préfère des bouteilles, dans lesquelles les conserves acquièrent une qualité supérieure.

CONSERVES DE FRUITS AU SIROP,

CHAUFFÉS AU BAIN-MARIE OU A LA VAPEUR.

CHAPITRE XI.

Les fruits se conservent généralement dans des bouteilles, que l'on choisit de diverses grandeurs; on peut également employer les boîtes, mais avec moins d'avantage.

PURÉES DE FRUITS CONSERVÉES A FROID.

CHAPITRE XII.

Avoir un tamis à purée fait de crin et des bouteilles à large goulot.

GELÉES DE FRUITS.

CHAPITRE XIII.

Se procurer pour ces sortes de gelées :
Bassine,
Terrine
Et un tamis de Venise.

SALADES.

CHAPITRE XIV.

Terrines,
Saladiers
Et couverts en bois pour les salades.

SIROPS.

CHAPITRE XV.

Tamis, — Bassine, — Écumoire.

SERVICE DES SOIRÉES.

CHAPITRE XVI.

Plusieurs couteaux de cuisine bien affilés,
Petits couteaux d'office,
Gaufrier à la flamande,
Gaufrier à petits carreaux,
Plaques d'office,
Rouleaux en buis,
Boîtes en fer-blanc pour l'emploi du sucre qui a été passé au tamis de soie,
Mortier et pilon,
Poêlons d'office,
Bassines,
Tambour pour passer le sucre pilé,
Fouet à blanc d'œuf,
Bassin,
Mortier et pilon en cristal pour broyer les couleurs.

SORBÉTIÈRES.

CHAPITRE XVII.

Sorbétières,
Houlette et spatule,
Terrines en grès,
Seaux à glace,
Terrines en faïence,
Poêlons d'office,
Tamis de soie
Et tamis de Venise.

BISCHOFS, PUNCHS ET SABAYONS.

CHAPITRE XVIII.

Poêlon d'office,
Tamis,
Terrines,
Chausses en molleton,
Cafetière avec son frouloir.
Pour les sabayons, employer le genre de cafetières dites *chocolatières*.

COMPOTES FRAÎCHES.

CHAPITRE XIX.

Poêlons d'office,
Tamis à égoutter,
Tamis à passer,
Couteaux d'office,
Terrine.

FRUITS GLACÉS AU SUCRE ET AU CASSÉ, DIT CARAMEL.

CHAPITRE XX.

Poêlons d'office,
Brochettes,
Tamis.

PETITS FOURS.

CHAPITRE XXI.

Moules à tartelettes de 4 centimètres,
Caisses en papier pour les biscuits,
Boîtes à sucre pour conserver le sucre passé au tamis de soie et destiné à saupoudrer,
Tambour à passer le sucre,
Caisse en fer-blanc évasée de 5 centimètres de large à la partie supérieure et de 4 centimètres à la base, haute de 4 centimètres, longue de 18 centimètres;
Rouleaux,
Mortiers,
Pilon
Et terrine.

MARMELADES.

CHAPITRE XXII.

Terrines,
Mortier et son pilon,
Bassine,
Écumoire,
Passoire non étamée.

FRUITS CONFITS.

CHAPITRE XXIII.

Bassine,
Tamis,

Grilles à égoutter,
Terrines,
Bocaux.

BONBONS.

CHAPITRE XXIV.

Bassines,
Poêlons d'office de plusieurs grandeurs,
Poêlon pour pastilles,
Tamis,
Grilles,
Caisses en bois pour mettre l'amidon,
Moules en plâtre pour imprimer dans l'amidon,
Caisses de fer-blanc pour faire le candi,
Spatules,
Mortier et son pilon,
Table de marbre,
Moules en plâtre pour fondants.

FRUITS A L'EAU-DE-VIE.

CHAPITRE XXV.

Terrines,
Bocaux,
Poêlons d'office,
Bassines,
Grilles,
Tamis,
Écumoire.

LIQUEURS

CHAPITRE XXVI.

Bassines,
Terrines,
Chausses pour filtrer, au papier divisé,
Entonnoir de verre, pour filtrer au papier plissé.
Tamis.

OBSERVATION

On trouvera dans plusieurs chapitres la répétition des mêmes articles ; — ce n'est pas à dire qu'il faille acheter ces différents articles en double.

Ainsi les bassines, mortier, pilon et tamis, serviront aux usages divers ; mais la chausse à filtrer les matières sucrées ne servira pas à la cuisine.

ASSAISONNEMENTS

ÉPICES POUR L'ASSAISONNEMENT DES VIANDES.

Prenez : Thym,   10 grammes.
         Laurier-sauce,   10   —
         Sauge,   10   —
         Muscade,   10   —

Girofle,	10 —
Marjolaine,	5 —
Romarin,	5 —
Poivre blanc,	15 —
Macis,	10 —

Mettez tous ces aromates dans un sac de papier blanc bien fermé ;

Faites sécher à l'étuve ;

Lorsqu'ils sont bien secs, pilez et passez au tamis de Venise, renfermez dans un flacon tenu parfaitement bouché.

Pour l'emploi de ces épices on mêle 30 grammes d'épices dans 500 grammes de sel pulvérisé et passé au tamis.

KARRIK DES INDES.

Prenez : Coriandre,	60 grammes.
Curcuma,	15 —
Poivre,	10 —
Piment,	10 —
Safran,	10 —
Macis,	10 —

Faites sécher le piment ;

Pilez-le avec le poivre, la coriandre et le macis ;

Ajoutez le curcuma en poudre et le safran ;

Passez au tamis de Venise, et conservez dans des bouteilles bien bouchées.

COULEURS POUR LES BONBONS

CARMIN.

Mettez 30 grammes de carmin en pierre n° 40 dans un petit mortier de cristal ;

Versez dessus quelques gouttes d'eau pour le détremper ;

Broyez avec le pilon de cristal ;

Ajoutez peu à peu assez d'eau pour en faire une pâte molle ;

Ajoutez alors 20 grammes d'ammoniaque liquide ;

Mêlez dans un litre et demi de sirop chaud à 32 degrés ;

Faites refroidir dans l'eau ;

Mettez en bouteilles ;

Bouchez et conservez pour l'usage.

JAUNE VÉGÉTAL ET VERT VÉGÉTAL.

Ces deux couleurs étant très-difficiles à préparer, je ne crois pas devoir en donner la recette. Mais on les trouve toutes faites chez les fournisseurs de moules et d'accessoires de confiserie.

La couleur bleue se prépare avec du bleu d'outremer, broyé à l'eau, à mesure du besoin.

Pour colorer en lilas, il faut employer le bleu avant le rouge, et, pour colorer en violet, mettre le bleu dans le rouge.

Ce rouge est le carmin liquide.

Pour obtenir la couleur orange, mêler, en proportions convenables, du jaune végétal et du carmin liquide.

CHAPITRE PREMIER

DU BŒUF SALÉ ET FUMÉ

Prenez 6 kilos de milieu de noix de bœuf, partie du bœuf généralement appelée *tranche grasse;*

Retirez moitié de la graisse qui recouvre ce morceau ;

Fig. 1. — Saloir à saumure.

Frottez la viande avec 15 grammes de cassonade, ensuite avec 10 grammes de salpêtre bien pulvérisé ;

Mettez le bœuf dans une terrine qui puisse contenir assez de saumure pour qu'il y baigne entièrement.

La saumure se compose ainsi :

Faites bouillir de l'eau avec du sel marin en quantité suffisante pour que le liquide marque 18 degrés au pèse-sirop ;

Égouttez le bœuf et recommencez le frottage avec la cassonade et le salpêtre ;

Faites cette opération quatre jours de suite ;

Après ce temps, laissez la viande dans la saumure pendant dix jours, en ayant soin de la retourner tous les matins ;

Ensuite, retirez le bœuf de la saumure, ficelez et suspendez dans la boîte à fumer.

DESCRIPTION DE LA BOITE A FUMER.

Faites faire une boîte de la forme d'une armoire, de 1^m,50 de haut et de 1 mètre sur les autres dimensions ;

Faites ouvrir à votre convenance, sur une des façades de la boîte, une grande porte avec serrure et charnières, fermant très-hermétiquement ;

Garnissez la boîte de tôle à l'intérieur pour éviter le travail du bois ;

Adaptez dans le haut de la boîte quatre tringles de fer armées de crochets pour y suspendre les divers morceaux à fumer.

Cette boîte doit être élevée de 50 centimètres au-dessus du sol et reposer sur des pieds en bois ou sur des jambages en briques.

Placez sous la boîte un fourneau portatif carré de la hauteur de 12 centimètres avec un rebord de 8 centimètres, dans lequel seront percés des trous destinés à faciliter la combustion de la sciure et des aromates ;

Recouvrez le fourneau d'une hotte terminée par un tuyau de 6 centimètres de diamètre parfaitement adapté

Fig. 2. — Boîte à fumer.

au-dessous de la boîte, de telle manière qu'il ne puisse y avoir aucune perte de fumée ;

Pratiquez un trou de 6 centimètres de diamètre sur le

dessus de la boîte; adaptez-y un tuyau en tôle assez long pour laisser échapper la fumée qui se trouve dans l'intérieur de la boîte et la conduire au dehors.

Cette boîte à fumer remplace avec avantage le procédé par la cheminée.

Pour fumer le bœuf :

Mettez dans le fourneau un cordon de braise,

Une couche de sciure de 3 centimètres d'épaisseur,

Quatre feuilles de laurier,

Quantité équivalente de thym

Et vingt baies de genièvre.

Laissez pendant huit jours, en prenant soin d'entretenir le feu et de renouveler tous les deux jours les aromates que quelques heures de combustion suffisent à faire disparaître.

Lorsque vous voulez faire usage du bœuf, faites-le cuire dans de l'eau à très-petits bouillons, jusqu'à ce que l'aiguille à brider y pénètre sans résistance.

Égouttez-le ;

Mettez-le en presse,

Et, quand il est refroidi, parez et dressez-le sur un plat garni d'une serviette, entouré de persil en branches.

On peut remplacer le persil en branches par de la gelée de viande : lorsqu'on le sert ainsi, on glace le bœuf, après l'avoir paré, avec de la glace de viande.

POITRINE DE BOEUF SALÉE.

Prenez 10 kilos de poitrine de bœuf ;

Levez le bout des côtes et des tendons ;

Procédez pour la salaison comme il est dit pour le bœuf salé et fumé ;

Faites cuire de même et servez sur une serviette, entouré de persil.

Ce bœuf est excellent pour les déjeuners et les chasses.

LANGUE DE BOEUF SALÉE.

Prenez une langue de bœuf, le plus fraîche possible. Retirez-en le cornet.

Salez, et procédez entièrement comme pour la noix de bœuf.

LANGUE DE BOEUF SALEE ET FUMÉE.

Pour la langue fumée :

Laissez, le cornet et, préparez-la de la même manière que la langue salée ;

Puis fumez six jours.

Après ce temps suspendez la langue dans un endroit sec et froid pour la conserver.

Lorsque vous voudrez la manger, faites-la tremper vingt-quatre heures et cuire ensuite à très-petits bouillons.

Enfin coupez le cornet, laissez refroidir et servez comme vous avez fait pour la noix de bœuf.

LANGUES DE VEAU, DE PORC ET DE MOUTON.

Préparez-les toutes comme la langue de bœuf, mais en ne donnant que huit jours de salaison aux deux premières et six aux dernières.

CHAPITRE II

DE LA CHARCUTERIE

MANIÈRE DE TUER LE COCHON.

Attachez ensemble les deux pieds de devant du cochon, ainsi que ceux de derrière.

Donnez un coup de massue sur la tête de l'animal, puis saignez-le, c'est-à-dire introduisez le couteau dans le cou entre les deux épaules.

Fig. 3. — Couteau pour saigner le porc.

Faites-vous aider par quelqu'un qui tienne une poêle pour y recevoir le sang à mesure qu'il coule, en ayant soin de le remuer avec une cuiller de bois pour éviter qu'il ne caille.

Lorsque la saignée est complète, brûlez les soies avec de la paille.

Grattez la couenne avec un tranchet.

Lavez-la dans plusieurs eaux et essuyez.

Alors ouvrez le corps par le ventre depuis la saignée jusqu'au quasi.

Retirez les intestins et la fressure.

Soufflez le mou et accrochez-le à une tringle.

Puis nettoyez parfaitement les boyaux qui servent à faire les saucissons et le boudin.

Étalez la crépine pour qu'elle se refroidisse.

Coupez la tête et les pieds, séparez en deux ces derniers.

Levez les épaules et les jambons.

Coupez la poitrine, qui comprend le haut des côtes et des tendons.

Levez d'une seule bande le lard qui couvre le filet et le carré.

Réservez ces divers morceaux pour les préparer comme il sera dit.

JAMBON DE BAYONNE.

Après avoir levé les jambons :

Parez-les et ployez les jambonneaux pour leur donner la forme dite de Bayonne.

Frottez-les avec de la cassonade et du salpêtre sur une planche dite saloir.

Cette planche aura 2 mètres de long sur 1 de large, 4 centimètres d'épaisseur, et un rebord de 6 centimètres.

Laissez une rigole sur un des bouts pour que le sel en fondant puisse s'écouler et tomber dans un pot de grès placé au-dessous.

Cet écoulement sera encore facilité par la position inclinée de la planche à saler.

Couvrez les jambons d'une couche de 2 millimètres de sel pilé et bien sec.

Frottez-les avec la cassonade et le salpêtre pendant trois jours et renouvelez la couche de sel pendant douze, ce qui fera quinze jours de salaison.

Fig. 4. — Saloir à jambons.

Ayez le soin de mettre les jambons en presse pendant leur salaison.

Pour un jambon de 8 kilos,

Il faut 100 grammes de cassonade, 50 grammes de salpêtre, et 1 kilogramme de sel.

Au bout de quinze jours de salaison, mettez le jambon dans un baquet d'eau pendant cinq minutes.

Retirez et essuyez.

Parez de nouveau, puis fumez-le pendant huit jours avec la fumigation indiquée pour le bœuf.

Si le jambon est gras, salez quatre jours de plus, parce qu'on doit toujours tenir compte de la graisse des viandes mises au sel.

JAMBON DE LORRAINE.

La salaison du jambon de Lorraine différant de celle des autres jambons, je crois utile de donner l'explication de la saumure qui lui convient.

Cette saumure est le produit des égouttures de jambons, de lard et de poitrines salées auquel on ajoute du thym, du laurier, de la sauge et des baies de genièvre, dans la proportion de 25 grammes pour chacune de ces substances.

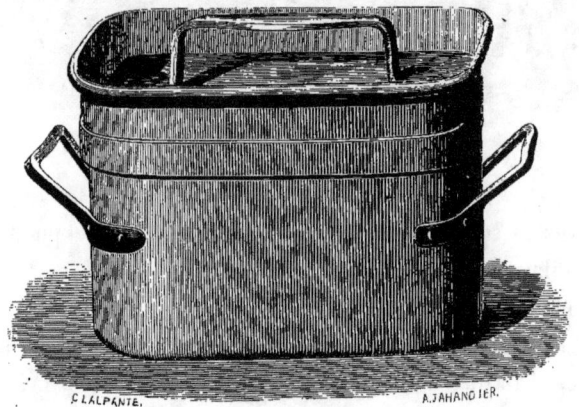

Fig. 5. — Braisière.

Mettez dans un baquet une quantité de saumure suffisante pour couvrir deux jambons.

Ajoutez 6 feuilles de laurier, quantité équivalente de thym, de sauge et de baies de genièvre.

Frottez les jambons avec cassonade et salpêtre pulvérisé.

Faites cette opération deux jours de suite.

Mettez dans la saumure.

Laissez pendant quinze ou vingt jours suivant que les jambons sont plus ou moins gras.

Après ce temps, égouttez, fumez et mettez en réserve.

En Lorraine on met souvent ces jambons dans la cendre pour les conserver.

Quand on veut les servir, on les fait tremper pendant deux jours.

On les brosse, on les pare, on les enveloppe dans un torchon, et on les fait cuire dans du vin blanc.

Cette méthode, peu connue, est excellente.

Ces jambons se servent chauds avec sauce au vin de Moselle.

JAMBON ORDINAIRE, DIT JAMBON DE PAYS.

Prenez un jambon frais, retirez le jambonneau; mettez-le huit jours dans la saumure.

Après ce temps, faites-le cuire dans de l'eau légèrement salée.

Lorsqu'il est cuit, retirez les os.

Mettez-le dans une terrine, la couenne en dessous.

Placez dessus un rond de bois chargé d'un poids de 5 kilos.

Lorsqu'il sera froid, démoulez de la terrine, servez avec de la gelée ou sur une serviette garnie de persil en branches.

JAMBON DE REIMS.

Désossez une épaule de cochon, mettez au sel pendant vingt-quatre heures.

Faites cuire dans de l'eau salée, avec thym, laurier, sauge et oignons.

Lorsqu'elle est cuite, moulez-la dans une terrine moyenne en plaçant la couenne en dessous.

Placez dessus un rond de bois avec un poids de 5 kilos, comme nous l'avons dit précédemment pour le jambon ordinaire.

Lorsqu'il est froid, retirez-le de la terrine, frottez-le légèrement avec du saindoux.

Panez avec chapelure, enfoncez un os sur le côté, mettez-y une papillote et servez sur un plat garni de persil en branches.

Ce jambon demande à être bien cuit.

TÊTE DE COCHON FARCIE.

Désossez une tête de cochon, en détachant les oreilles au ras de la tête.

Faites-la saler pendant deux jours ;

La langue pendant six jours.

Faites une farce avec de la chair de porc et du lard.

Mettez pour 1 kilo de chair 750 grammes de lard assaisonné de sel épicé.

Coupez la langue en 8 parties.

Étalez la tête sur une table, mettez une couche de farce, saupoudrez de sel épicé.

Placez les morceaux de langue dessus, puis des morceaux de lard de même grosseur.

Recouvrez avec la farce.

Reformez la tête.

Enveloppez-la dans une serviette et ficelez.

Faites cuire dans de l'eau salée et vin blanc avec bouquet de persil, 2 feuilles de laurier, quantité équivalente de thym, sauge, gros poivre, deux oignons et une gousse d'ail non épluchée.

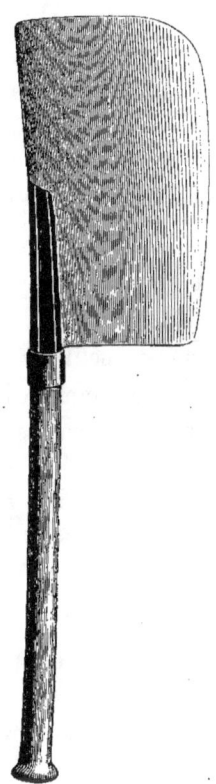

Fig. 6. — Couteau à hacher pour farce et chair à saucisses.

Après trois heures de cuisson essayez si l'aiguille à brider entre sans résistance,

Et si la cuisson est faite, retirez du feu.

Laissez refroidir une demi-heure; déballez la tête.

Avec du ruban pareil à celui qu'on emploie pour les tabliers de cuisine ficelez, en commençant par le mufle, et laissez refroidir.

Lorsque la viande est bien froide, retirez le ruban.

Parez légèrement le derrière de la tête.

Frottez-la avec du saindoux, panez avec chapelure et servez.

On peut mettre dans cette tête truffes et pistaches.

LARD DE POITRINE SALÉ ET FUMÉ.

Prenez la poitrine d'un demi-cochon, enlevez les os en glissant le couteau en dessous pour laisser intacte la poitrine ; ces os font partie du petit-salé.

Faites saler sur la planche comme le jambon de Bayonne.

Frottez pendant quatre jours avec cassonade et salpêtre.

Fig. 7. — Couteau pour travailler la charcuterie.

Au bout de vingt jours égouttez, puis fumez pendant huit jours.

Conservez comme toutes les salaisons dans un endroit privé de jour, sec et froid.

On couvre de gros sel la poitrine salée qui n'a point été fumée et on la garde dans un plat.

Tenez pendant toute la salaison la poitrine en presse.

LARD DEMI-SEL.

Après avoir levé la poitrine, levez une bande de lard sur le cochon depuis la dernière côte jusqu'au quasi.

Salez sur la planche dite saloir.

Mettez une couche de sel de 2 millimètres tous les matins pendant quinze jours.

Lorsqu'il est suffisamment salé, couvrez de gros sel et réservez pour emploi.

Comme pour la poitrine, mettez en presse pendant le temps de la salaison.

LARD SALÉ.

Prenez une bande de lard comme il est dit pour le lard demi-sel.

Mettez dans la saumure pendant trois mois.

Après ce temps retirez-le et couvrez-le de gros sel.

Mettez en presse légère.

Retournez-le tous les six jours.

Remettez du sel lorsque le premier est usé.

Au bout de trois mois, quand le lard sera ferme sous le doigt,

Suspendez-le dans une chambre obscure, froide, et à l'air sec.

Si vous préparez du lard en grande quantité,

Placez les bandes les unes sur les autres, ce qui les met en presse naturelle, et tous les six jours on sale de nouveau.

Changez les bandes de manière que les premières deviennent alternativement les dernières.

Cette opération se continue pendant trois mois, comme il est indiqué plus haut.

TÊTE ET PIEDS DE COCHON AU NATUREL.

On a tort de ne pas employer plus souvent dans les petits ménages la tête et les pieds de cochon, qui sont préférables à la tête et aux pieds de veau ; ils coûtent moins cher, sont d'une préparation facile et, de plus, ils fournissent une bonne nourriture.

Préparez comme suit :

Désossez une tête de cochon.

Retirez la langue et la cervelle que vous pourrez préparer et manger immédiatement.

Mettez la tête dans une terrine avec 500 grammes de sel.

Faites mariner deux jours.

Mettez la tête et la langue dans une marmite avec le sel ; emplissez d'eau.

Ajoutez deux gros oignons, dont un piqué de trois clous de girofle ;

Un bouquet de persil garni de deux feuilles de laurier et quantité équivalente de thym.

Laissez cuire deux heures.

Assurez-vous de la cuisson.

Égouttez.

Retirez la peau qui est sur la langue, fendez-la en deux sur la longueur.

Dressez la tête sur un plat garni d'une serviette et entourez de quelques branches de persil.

Préparez la sauce de la manière suivante :

Faites bouillir dans une casserole un décilitre de vinaigre avec de la mignonnette.

Lorsque le vinaigre est réduit, mettez un demi-litre du bouillon dans lequel la tête a cuit.

Faites bouillir cinq minutes.

Passez dans une passoire très-fine.

Ajoutez : du cerfeuil,

De la civette,

De l'estragon, et servez.

On peut remplacer cette ravigote par du persil.

Pour les pieds de cochon,

Même préparation et même sauce.

Le bouillon dans lequel a cuit la tête peut servir à faire de la soupe aux légumes, en employant moitié bouillon et moitié eau sans sel.

PIEDS DE COCHON A LA SAINTE-MENEHOULD

Flambez et grattez les pieds.

Coupez-les en deux sur leur longueur.

Ficelez-les par deux demis.

Faites-les cuire comme il est dit pour la tête de cochon.

Lorsqu'ils sont cuits,

C'est-à-dire qu'ils sont moelleux sous le doigt,

Laissez-les refroidir aux trois quarts dans leur cuisson.

Égouttez-les, essuyez et, lorsqu'ils sont tout à fait froids, frottez légèrement avec du saindoux.

Passez-les à la mie de pain fraîche.

Faites griller des deux côtés quatre minutes à feu doux, et, dès qu'ils auront pris une belle couleur, servez.

PIEDS TRUFFÉS.

Préparez trois demi-pieds, fendus, et cuits comme il est dit pour la Sainte-Menehould.

Faites une farce avec noix de chair de porc et panne sans nerfs.

Préparez 500 grammes de chaque partie, assaisonnez de sel épicé, hachez et pilez en ajoutant un décilitre d'eau.

Prenez de la crépine bien dégorgée, épongez-la sur une serviette.

Désossez les pieds, coupez chaque morceau en deux.

Étalez la crépine sur une serviette.

Coupez 100 grammes de truffes parfaitement brossées et épluchées.

Divisez les truffes, les pieds et la farce en six parties égales.

Étalez sur la crépine la moitié d'une partie de farce, semez une partie de truffes,

Et posez sur les truffes un morceau de pied ; recouvrez pieds et truffes avec demi-partie de farce.

Enveloppez le tout avec la crépine.

Donnez aux pieds une forme ovale de 6 centimètres d'épaisseur.

Enduisez-les d'une couche légère de saindoux.

Panez avec de la mie de pain fraîche et très-fine.

Faites griller à feu doux, mais égal, sept minutes d'un côté et huit minutes de l'autre.

Après cela les pieds doivent avoir une couleur jaune doré.

DE LA CHARCUTERIE.

Dressez et servez.

Même travail pour les cinq autres pieds.

BOUDIN NOIR.

Passez au tamis 2 litres de sang.

Épluchez 500 grammes d'oignons.

Retirez les parties dures, et coupez-les en dés d'un demi-centimètre.

Mettez l'oignon dans l'eau bouillante pendant cinq minutes.

Égouttez-le, et faites revenir, sans qu'il prenne couleur, avec 15 grammes de saindoux.

Fig. 8. — Cornet à boudin.

Coupez en petits dés 500 grammes de panne bien épluchée.

Mettez le sang dans une casserole avec l'oignon et la panne.

Assaisonnez avec 30 grammes de sel épicé.

Ajoutez 10 grammes de sucre en poudre, 2 œufs battus dans 3 décilitres de lait.

Tournez sur le feu jusqu'à ce que le sang soit tiède.

Prenez des boyaux salés que vous aurez fait dégorger.

Attachez un des bouts.

Emplissez le boyau avec le sang, en ayant soin de ne pas trop serrer le boudin, parce qu'il crèverait au blanchissage.

Mettez le boudin dans une casserole.

Ajoutez-y de l'eau chaude sans qu'elle soit bouillante.

Mettez sur le feu et surtout évitez de faire bouillir.

Faites pocher le boudin ; on s'assure qu'il est à point lorsque, en le piquant avec une épingle, il ne sort plus de sang.

Retirez-le de l'eau, faites refroidir.

Coupez en morceaux de 10 centimètres de long.

Ciselez-le, c'est-à-dire faites-y les incisions ordinaires.

Posez huit minutes sur le gril, en ayant soin de le retourner.

Ensuite mettez sur un plat très-chaud, et servez.

SAUCISSES PLATES OU CRÉPINETTES.

Les saucisses se font le plus souvent avec le collier que l'on désosse et auquel on ajoute de la panne ou du lard, pour qu'il y ait égalité de gras et de maigre.

Fig. 9. — Cornet à saucisses.

Hachez parfaitement ce mélange.

Assaisonnez avec sel et épices.

Mettez 1 décilitre d'eau par kilogramme de chair.

Faites les saucisses de forme ovale, en les enveloppant de crépine bien dégorgée. Ces saucisses doivent avoir 8 centimètres de long sur 5 de large et 4 d'épaisseur.

Faites-les griller et servez bien chaud.

Les saucisses longues se préparent de la même façon ;

Seulement on les moule dans des boyaux que l'on trouve tout préparés chez les marchands de cordes à boyau, le porc n'en ayant pas de convenables pour les saucisses de cette forme.

Quand on veut employer les saucisses, on les pique pour les empêcher de crever au feu, lorsqu'on les fait cuire sur le gril.

On fait aussi des saucisses plus grosses dans des boyaux à boudin ; on peut y ajouter des truffes coupées en dés.

FROMAGE DE COCHON.

Prenez une tête de cochon, désossez-la entièrement.

Salez la langue pendant cinq jours, et la tête pendant deux jours seulement.

Faites cuire tête et langue dans de l'eau salée, avec un gros bouquet de persil d'au moins 50 grammes, 10 grammes de sauge, 5 de thym, 10 de laurier, 250 grammes d'oignons et 200 grammes de carottes.

Ajoutez 3 clous de girofle piqués dans un oignon, et 20 grains de poivre.

Lorsque la tête sera cuite, égouttez.

Posez la couenne de la tête le long d'un moule uni ;

Puis remplissez avec la chair de la tête.

Coupez les oreilles en filets, ainsi que la langue.

Il faut, en remplissant le moule, mélanger les parties grasses avec celles de la langue et des oreilles, afin que, lorsqu'on coupe le fromage, il soit bien marbré.

Le moule rempli, on met un rond de bois sur le fromage, et sur ce rond de bois un poids de 5 kilogrammes.

Démoulez le fromage refroidi, et servez-le sur une serviette.

FROMAGE D'ITALIE.

Le fromage d'Italie se fait avec le foie de cochon.
Pour un foie de 1 kilogramme,
Prenez :
1 kilogramme de panne, et 1 kilogramme de panade,
300 grammes de lard sans couenne ni nerfs,
4 œufs et 1 verre de bonne crème.

MANIÈRE D'OPÉRER.

Énervez le foie et la panne, c'est-à-dire débarrassez-les de toutes les parties nerveuses, et coupez en morceaux de 3 centimètres carrés.

Mettez la panne dans un grand plat à sauter, et faites fondre à feu doux.

Lorsque la panne est fondue,
Poussez le feu ;
Ajoutez le foie ;
Assaisonnez avec sel épicé.
Tournez le mélange avec une cuiller de bois, pendant trois minutes ;
Retirez du feu ;
Laissez refroidir.

Faites une panade comme suit :

Mettez dans une casserole 2 décilitres d'eau, une pincée de sel épicé, 10 grammes de beurre.

Faites bouillir, et ajoutez 200 grammes de farine.

Remuez avec la cuiller de bois, hors du feu ; dès que la panade est bien mêlée, remettez-la sur le feu.

Tournez quatre minutes pour la dessécher.

Surtout évitez qu'elle ne s'attache au fond de la casserole.

Mouillez avec les œufs, en les mettant l'un après l'autre.

Faites blanchir le lard pendant trente minutes, rafraîchissez, coupez-le en dés d'un centimètre, pilez le foie et la panne.

Passez à travers un tamis en fil de fer étamé, nettoyez le mortier.

Fig. 10. — Tamis.

Remettez dans le mortier ce que vous avez passé et ajoutez-y la panade et le verre de crème.

Il faut que le mélange soit lisse.

Goûtez si l'assaisonnement est bon.

Mêlez dans le fromage le lard que vous avez coupé.

Ayez un moule ovale ou rond de grandeur convenable ;

Graissez-le avec du saindoux ;

Emplissez le moule ;

Faites cuire pendant deux heures au bain-marie.

Retirez du feu, laissez parfaitement refroidir.

Démoulez et servez sur une serviette.

On fait aussi ce fromage sans le passer au tamis, mais le temps donné à ce travail est grandement compensé par la qualité qu'acquiert le produit.

COCHON DE LAIT SALÉ ET FUMÉ.

Saignez un cochon de lait, échaudez-le à l'eau chaude sans qu'elle soit bouillante, afin de lui enlever toutes les soies.

Ainsi préparé, lavez et essuyez.

Ouvrez le cochon par le ventre pour lui retirer tous les intestins.

Mettez-le dix jours en grande saumure, à laquelle vous ajouterez 100 grammes de sauge, 15 de thym et 15 de laurier.

Égouttez ; fumez dans la boîte jusqu'à ce qu'il soit d'une couleur jaune.

Pour la fumigation, on mêlera à la sciure 25 grammes de sauge.

Quant au cochon de lait qu'on veut manger frais, il faut, après l'avoir vidé, le laisser dégorger dans l'eau pendant vingt-quatre heures, l'égoutter et l'essuyer,

Rouler en dedans les deux peaux du ventre fixées au moyen de brochettes de bois,

Brider les deux pieds de devant et ceux de derrière, en les ployant pour leur donner une bonne forme :

Le cochon sera ainsi plus facile à dresser sur le plat ;

Lui envelopper les oreilles de papier bien graissé,
L'embrocher, le faire cuire en l'arrosant avec de l'huile,
Et le servir avec une sauce piquante ou une sauce aromatisée à la menthe.

SAUCISSON DE LYON.

Prenez toutes les chairs d'un jambon frais.

Retirez-en les parties nerveuses et grasses.

Hachez les chairs jusqu'à ce qu'elles soient en pâte très-lisse.

Coupez en dés d'un centimètre 200 grammes de lard gras, sans nerfs ni couenne, pour 800 grammes de chair, et mettez le tout dans une terrine.

Ajoutez par kilo de chair et de lard les proportions de l'assaisonnement suivant :

Poivre moulu,	5	grammes.
— en grains,	1	—
Salpêtre,	1	—
Sel,	25	—
Piment enragé en poudre.	2	—

Mêlez le tout en le travaillant avec les mains.

Prenez de gros boyaux gras,

Salez pendant un mois,

Puis dessalez vingt-quatre heures et essuyez.

Ficelez un bout, remplissez avec la chair fortement foulée. Ce qui fait la qualité du saucisson de Lyon, c'est le tassement de la chair.

Fermez le boyau en le serrant fortement, ficelez-le sur

toute la longueur en laissant 1 centimètre et demi d'espace entre chaque tour de ficelle.

Conservez dans un endroit sec et froid.

Ces saucissons ne peuvent être mangés qu'au bout de six semaines au plus tôt.

SAUCISSON ORDINAIRE.

Prenez la chair de l'épaule du porc, retirez-en les nerfs et le gras ;

Hachez-la très-finement, pour qu'elle forme pâte comme dans le saucisson de Lyon.

Mettez par kilo de chair 500 grammes de lard gras de deuxième nourriture (on appelle ainsi le lard qui se trouve sur les côtelettes et le filet);

Retirez les nerfs ;

Hachez plus grossièrement,

Mettez chair et lard dans une terrine.

Assaisonnez avec :

Sel épicé,	25 grammes
Salpêtre,	1 . —
Poivre en grains,	1 —

et mêlez le tout.

Prenez des boyaux de bœuf mis au sel pendant huit jours ;

Faites-les dégorger pendant vingt-quatre heures ;

Essuyez-les,

Et emplissez-les très-serré.

Fumez-les trois ou quatre jours selon la grosseur,

Et faites cuire.

Si l'on veut préparer ces saucissons à l'ail, on mettra 2 grammes d'ail par kilo de chair.

Fig. 11. — Machine à hacher.

ANDOUILLETTES.

L'andouillette se prépare avec la panse du porc, du lard et le gros boyau.

Nettoyez la panse ;

Faites-la dégorger quarante-huit heures à grande eau que vous changerez toutes les six heures.

Coupez-la en filets d'un demi-centimètre ; coupez également le lard en filets, et mettez-en 200 grammes pour 800 de panse.

Prenez des boyaux gras, salés et dégorgés comme pour le saucisson de Lyon.

Assaisonnez la panse et le lard avec 25 grammes de sel épicé par kilo ;

Nouez un bout du boyau ;

Poussez dedans le lard et la panse bien mélangés et serrez fortement.

Fermez et ficelez ; faites cuire dans de l'eau salée et aromatisée comme suit :

Persil par 2 litres d'eau,	50 grammes.
Sel,	40 —
Laurier,	5 —
Sauge et thym,	5 —
Poivre en grains,	5 —

Donnez une heure de cuisson et laissez refroidir à moitié dans le liquide ;

Égouttez ;

Mettez légèrement en presse ;

Et lorsqu'elle sera entièrement froide, coupez-la en morceaux de 12 centimètres de long ;

Trempez-les dans du saindoux fondu.

Au moment de les faire cuire, incisez-les de deux côtés, et mettez sur le gril.

DERNIÈRES OBSERVATIONS SUR L'EMPLOI COMPLET DU PORC.

Le quasi et le filet de porc frais se mettent deux heures dans le sel avant de les rôtir.

On coupe les côtelettes, on les pare, on les pane, on les fait griller ou sauter à la poêle, et on les sert avec sauce piquante et cornichons.

Si l'on voulait réserver le quasi, le filet et les côtelettes, on les salerait à grande saumure.

Les os de la poitrine, le collet et la queue, sont mis au sel pendant vingt-quatre heures, et on les fait cuire comme petit salé.

Quant aux rognons, on les coupe par le travers de 2 centimètres d'épaisseur et on les saute comme les rognons de bœuf.

Le mou se prépare en fricassée comme la gibelotte de lapin.

La cervelle se sert frite ou au beurre noir.

La vessie peut s'employer pour la conservation du saindoux.

SAUCISSON DE VOLAILLE.

Désossez une poule d'Inde après l'avoir flambée et épluchée ;

Levez-en la chair et ôtez tous les nerfs ;

Hachez et pilez pour en faire une pâte lisse.

Pour 1 kilo de chair prenez 500 grammes de lard sans nerfs ;

Coupez-le en petits dés ;

Mêlez parfaitement ;

Assaisonnez de sel épicé.

Mettez 25 grammes de sel par kilo de chair ainsi préparée ;

Prenez des boyaux qui aient été salés et dégorgés comme pour saucissons ordinaires ;

Essuyez-les et nouez-les par un bout.

Remplissez chaque boyau avec de la chair très-serrée et ficelez l'autre bout du saucisson ;

Ensuite brisez la carcasse de la dinde, mettez-la dans une braisière avec la couenne du lard grattée et coupée en petits morceaux ;

Ajoutez :

Un bouquet de persil garni d'une feuille de laurier. quantité équivalente de thym,

Deux oignons,

Trois clous de girofle ;

Mouillez avec un litre de vin blanc et deux litres d'eau ;

Assaisonnez de sel épicé ;

Faites cuire deux heures, et dans ce bouillon laissez cuire le saucisson pendant une heure ;

Laissez refroidir à moitié ;

Égouttez et suspendez dans un endroit frais.

A défaut de boyau on fait aussi ce saucisson avec la peau de la dinde que l'on garnit en forme de saucisson et qu'on enveloppe très-serré dans une serviette.

Lorsque le saucisson est cuit et à moitié refroidi, retirez-le de la serviette que vous laverez et dans laquelle vous le remballerez très-serré ;

Suspendez-le pour le laisser refroidir ;

Déballez et servez.

On peut ajouter dans ces saucissons des truffes ou des pistaches.

Ce genre de saucisson est fort apprécié des chasseurs et des voyageurs.

SAUCISSON DE LIÈVRE.

Dépouillez un lièvre ;
Désossez-le sans en déchirer la peau ;
Levez-en les chairs ;
Pilez et passez au tamis.

Pour 1 kilo de chair ajoutez 500 grammes de panne sans nerfs ;.

Pilez et mêlez le tout dans une terrine ;

Assaisonnez de 25 grammes de sel épicé, par kilo de viande et de panne,

De 3 grammes de salpêtre pulvérisé et de 5 grammes de poivre en grains.

Employez des boyaux comme pour le saucisson de volaille ;

Nouez un des bouts du boyau ;

Emplissez très-serré.

Faites cuire la carcasse du lièvre dans une braisière avec du vin blanc, de l'eau, des aromates et des oignons ;

Et dans ce bouillon faites cuire le saucisson pendant une heure, puis laissez refroidir.

A défaut de boyaux formez le saucisson dans la peau du lièvre, non celle à laquelle adhère le poil, mais celle qui adhère aux chairs,

Et terminez comme pour le saucisson de volaille.

Le saucisson de lapin de garenne se prépare de la même manière.

SAUCISSON DE SANGLIER.

Prenez la chair d'une épaule de sanglier ;
Retirez-en la peau et les nerfs ;
Mettez-la dans une terrine ;
Ajoutez 20 grammes de sel épicé,
3 grammes de salpêtre pulvérisé ;
Hachez la chair très-finement après deux heures de macération ;
Ajoutez 150 grammes de gros lard sans nerfs,
Coupez en petits dés ;
Mêlez le tout parfaitement.
Employez des boyaux comme pour saucissons d'Arles, c'est-à-dire qui ont été salés pendant huit jours et dégorgés pendant douze heures ;
Nouez un des bouts du boyau,
Remplissez avec de la chair très-serrée et finissez comme pour le saucisson de volaille, sans toutefois le faire cuire.

Suspendez les saucissons dans un endroit froid et laissez-les se faire pendant deux mois, après lesquels ils sont bons à être servis.

Nota. Pour les saucissons de chevreuil, il faut employer les épaules ;

Pour les saucissons de cerf, de préférence les filets.

Ces saucissons peuvent être fumés huit jours et mangés après.

En les fumant on les avance davantage.

BOUDIN DE SANGLIER.

Faites blanchir, après les avoir épluchés, 200 grammes d'oignons que vous aurez coupés en dés ;

Égouttez,

Et faites revenir dans 30 grammes de saindoux, en évitant que l'oignon ne prenne couleur ;

Laissez refroidir ;

Mettez avec les oignons un litre de sang de sanglier, passez-le au tamis de crin ;

Mêlez avec l'oignon à l'aide d'une cuiller de bois ;

Ajoutez 150 grammes de panne épluchée et coupée en dés ;

Assaisonnez avec 25 grammes de sel épicé et 3 grammes de sauge.

Hachez très-fin et faites tiédir sur le feu.

Employez des boyaux à boudin que vous aurez fait dégorger douze heures ;

Essuyez-les ;

Nouez un des bouts et emplissez-les de sang ;

Renouez et faites pocher dans une casserole avec de l'eau bien chaude, mais non bouillante.

Pour vous assurer que le boudin est à point, piquez-le avec une aiguille, et retirez-le s'il ne sort pas de sang ;

Égouttez et placez sur un clayon.

Lorsque le boudin est froid,

Coupez en morceaux de 12 centimètres ;

Ciselez chaque morceau ;

Faites griller,

Et servez très-chaud sur un plat que vous aurez fait tiédir à l'avance.

SAUCISSON D'ANGUILLE AU MAIGRE.

Prenez une forte anguille de rivière, de préférence à celles d'étang, parce que ces dernières ont souvent un goût de vase.

Retirez la première peau ;

Échaudez dans l'eau bouillante pour retirer plus facilement la deuxième peau ;

Coupez les arêtes qui se trouvent dessus et dessous l'anguille.

Fendez-la sous le ventre dans toute sa longueur, sans la séparer ;

Enlevez la grande arête du milieu ;

Ciselez légèrement la chair ;

Mettez-la dans une terrine avec du gros sel.

Préparez une farce avec de la chair de brochet pilée et passée au tamis.

Prenez 400 grammes de beurre pour 1 kilo de chair ;

Mettez la chair et le beurre dans un mortier avec 25 grammes de sel épicé ;

Pilez,

Et ajoutez 3 œufs l'un après l'autre.

Lorsque la farce est bien lisse, mettez-la dans une terrine avec 300 grammes de filets d'anchois bien dessalés, grattez la peau et retirez les arêtes.

Égouttez l'anguille ;

Essuyez-la avec une serviette de manière qu'il ne reste pas un grain de sel ;

Étalez-la sur un linge,

Mettez la farce dessus,

Reformez l'anguille,

Roulez-la serré dans la serviette dont vous ficellerez les bouts en ajoutant de la ficelle de distance en distance pour la maintenir ;

Faites cuire une heure dans une poissonnière avec moitié vin blanc et moitié eau ;

Ajoutez carottes et oignons coupés très-mince,

Bouquet de persil,

Thym,

Laurier,

Quatre clous de girofle,

Sel et poivre.

Laissez refroidir à moitié dans la cuisson ;

Retirez l'anguille de la serviette que vous laverez, et emballez de nouveau le saucisson dans la même serviette ;

Serrez fortement pour éviter le vide à l'intérieur du saucisson ;

Suspendez-le dans un endroit frais et aéré pour qu'il se refroidisse entièrement ;

Ensuite retirez le saucisson de la serviette et servez.

Ce saucisson étant maigre, on ne le renferme jamais dans des boyaux.

Nota. Les saucissons de lotte et de lamproie se préparent de même.

La farce pour ces saucissons peut se préparer avec la chair de carpe, de merlan, de congre, et généralement avec tous les poissons à chair ferme.

Pour le saucisson de lotte, il faut couper le foie en dés et le mêler avec la farce.

MORTADELLE.

Prenez trois kilos de noix de jambon sans nerfs ;

Ajoutez 500 grammes de panne énervée et bien épluchée ;

Hachez et pilez de manière que la chair forme pâte ;

Assaisonnez avec 25 grammes de sel épicé et 5 grammes de salpêtre pulvérisé, par kilo de chair ;

Fig. 12. — Batte.

Mettez 400 grammes de lard sans couenne ni nerfs, et coupé en gros dés ;

Ajoutez 15 grammes de poivre en grains ;

Mêlez le tout à la main ;

Prenez des vessies de porc salées et bien essuyées ;

Emplissez-les avec la chair bien serrée pour éviter les vides ;

Fermez la vessie avec soin.

Et faites mariner à grande saumure pendant huit jours ;

Ensuite laissez pendant six jours dans la boîte à fumer ;

Conservez au sec jusqu'au moment d'en faire usage ;

Cuisez-la dans de l'eau de sel avec des aromates,

En donnant une demi-heure de cuisson pour 500 grammes de chair ;

Enveloppez la mortadelle dans une serviette, et ficelez-la très-serré pour empêcher que la vessie ne crève ;

Laissez entièrement refroidir et coupez en tranches très-minces.

A Bologne, on pile la mortadelle sur la table avec la masse de bois ;

La chair en est meilleure, plus onctueuse et plus serrée.

En France, on a pris l'habitude de hacher la viande pour la mortadelle ; le résultat en est moins bon, et la chair en est plus sèche.

BOUDIN BLANC.

Prenez des filets mignons de porc, de manière à avoir un kilo de chair, quand vous aurez retiré la graisse et les nerfs ;

Prenez aussi 500 grammes de panne sans peaux ni nerfs ;

Hachez et pilez le tout ;

Assaisonnez de sel et de muscade ;

Ajoutez à ce mélange 200 grammes de panade que vous préparerez avec un décilitre de lait, 5 grammes de beurre et 50 grammes de farine ;

Faites bouillir le lait avec le beurre ;

Au premier bouillon, mêlez la farine ;

Desséchez la panade deux minutes en tournant avec la cuiller de bois pour éviter qu'elle ne s'attache au fond de la casserole ;

Mouillez-la avec 2 blancs d'œufs ;

Aussitôt refroidie, mettez le tout dans le mortier avec la chair et la panne ;

Pilez et mouillez avec un décilitre et demi de lait d'amandes douces.

Faites le lait d'amandes comme suit :

Mondez 30 grammes d'amandes ;

Lavez, égouttez et pilez en les mouillant avec 2 décilitres de lait ;

Passez le mélange au travers d'une grosse serviette ;

Mêlez le lait d'amandes en plusieurs fois à la farce ;

Ajoutez 3 blancs d'œufs fouettés ;

Si la farce est trop ferme, ajoutez un peu de lait. — Il faut qu'elle soit assez molle pour qu'elle coule dans les boyaux à l'aide d'une légère pression ;

Goûtez pour vous assurer de l'assaisonnement.

Prenez des boyaux à boudin salés, dégorgés et bien propres ; nouez un des bouts ;

Emplissez les boyaux sans trop les serrer pour éviter de les crever ;

Formez les boudins d'une longueur de 15 centimètres ;

Faites-les pocher dans de l'eau légèrement salée, chaude, mais non bouillante ;

Laissez-les refroidir à moitié ;

Égouttez ;

Laissez refroidir encore ;

Ciselez-les ;

Faites-les griller à chaleur modérée, pour leur donner une couleur jaune doré ;

Servez très-chaud.

Pour les personnes qui aiment l'oignon, on peut ajouter 100 grammes d'oignons coupés en dés et cuits dans de l'eau légèrement salée.

SAUCISSES FUMÉES, DITES DE STRASBOURG.

Prenez les chairs de l'épaule du cochon, de manière à en avoir un kilo quand les nerfs auront été retirés ;

Ajoutez 500 grammes de lard gras ;
Assaisonnez avec 25 grammes de sel,
1 gramme de salpêtre,
5 grammes de muscade,
5 grammes de poivre ;
Hachez le tout grossièrement.

Prenez des boyaux de bœuf salés et dégorgés qui aient 25 millimètres de diamètre ;

Nouez un des bouts et remplissez avec la farce ;

Formez les saucisses de 14 centimètres de long ;

Fumez-les pendant plusieurs jours dans la boîte décrite à la page 14 ; laissez-les jusqu'à ce qu'elles soient jaunes ;

Retirez-les de la boîte, et mettez-les au froid.

Lorsqu'on veut les manger, on les fait cuire pendant une demi-heure dans de l'eau salée.

AUTRES SAUCISSES FUMÉES.

Désossez des côtelettes de porc découvertes, de manière à avoir 1 kilo de chair ;

Ajoutez 1500 grammes de panne sans nerfs.

Assaisonnez avec :

25 grammes de sel,
5 grammes de poivre,
1 gramme de salpêtre,
1 gramme de thym,
1 gramme de laurier ;

Hachez très-fin la chair pour en former une pâte.

Prenez des boyaux de bœuf salés et dégorgés qui, étant remplis, aient 3 centimètres de diamètre ;

Nouez un des bouts des boyaux ;

Emplissez avec la farce et formez des saucisses de 12 centimètres de long ;

Fumez comme il vient d'être dit pour les saucisses de Strasbourg et finissez de même.

SAUCISSES ESPAGNOLES.

Prenez de la chair de noix de jambon sans nerfs, et même quantité de gros lard sans nerfs ni couenne ;

Assaisonnez avec 28 grammes de sel,

15 grammes de piment doux en poudre,

10 grammes de safran en poudre,

Une pincée de thym,

Une prise de laurier en poudre ;

Hachez grossièrement chair et lard.

Prenez des boyaux de bœuf salés et dégorgés, de 3 centimètres de diamètre ;

Nouez un des bouts ;

Pétrissez la chair avec la main ;

Emplissez les boyaux ;

Formez des saucisses de 9 centimètres de long ;

Fumez-les pendant quatre jours, et conservez dans un endroit froid et sec.

On emploie ces saucisses pour garnitures dans les mets espagnols et on les sert cuites avec du riz.

ANDOUILLES DE LORRAINE.

Prenez 2 kilos de fraise de veau bien dégorgée et bien nettoyée ;

Coupez-la en dés de 2 centimètres, ainsi qu'un kilo de noix de jambon frais ;

Mettez le tout dans une terrine ;

Assaisonnez avec :

50 grammes de sel épicé.

Prenez des boyaux de bœuf semblables à ceux qui servent pour le saucisson de Lyon ;

Ces boyaux doivent être salés au moins trois semaines à l'avance ;

Lorsque l'on veut s'en servir, on les fait dégorger pendant vingt-quatre heures ;

Essuyez-les et nouez un des bouts ;

Emplissez-les, serrez et fermez ;

Fumez pendant huit jours.

Quand on veut manger ces andouilles, on les fait cuire dans de l'eau légèrement salée ;

Elles sont cuites dès qu'une aiguille pénètre sans résistance ;

Laissez refroidir à moitié dans la cuisson ;

Coupez-les de 12 centimètres de longueur ;

Ciselez-les,

Et mettez-les sur le gril.

On peut les manger froides, mais elles sont meilleures chaudes.

FONTE DE LA PANNE ET DES GRAS DU COCHON.

Hachez et faites fondre à feu doux tous les gras du cochon ;

Passez au tamis ;

Laissez refroidir,

Tournez de temps en temps avec une cuiller de bois pour éviter les grumeaux ;

Mettez le saindoux dans des vessies que vous aurez fait dégorger ;

Ficelez et conservez dans un endroit froid.

Lorsque l'on veut obtenir du saindoux très-blanc, on fait fondre la panne seule au bain-marie après l'avoir hachée.

CHAPITRE III

DES POISSONS SALÉS, FUMÉS ET MARINÉS

SAUMON FUMÉ.

Prenez un saumon de 3 kilos, fendez-le par le dos sans le séparer entièrement ;

Retirez-en les intestins et la grosse arête ;

Essuyez, saupoudrez d'une couche de sel de 3 millimètres ;

Mettez légèrement en presse ;

Renouvelez cette opération pendant quatre jours ;

Après ce temps, fumez-le dans la boîte et, lorsqu'il aura la couleur jaune d'or à sa surface, retirez-le du fumoir et suspendez-le dans un endroit froid et sec.

MERLUCHE.

Prenez une merluche d'environ 600 grammes ;

Videz, grattez, lavez et essuyez ;

Fendez par le dos sans le séparer, après avoir enlevé la tête ;

Saupoudrez de sel pilé très-fin ;

Mettez légèrement en presse ;

Salez pendant quatre jours en renouvelant tous les matins une légère couche de sel ;

Enfin fumez quatre jours.

Ce poisson ainsi préparé peut se garder douze ou quinze jours au plus.

Pour le manger, on le fait chauffer sur le gril et on le sert avec du beurre très-frais.

Employez le même procédé pour merlans et maquereaux.

ANGUILLE FUMÉE.

Dépouillez une anguille de sa première peau ;

Échaudez-la à l'eau bouillante pour en retirer la deuxième peau ;

Videz ;

Retranchez la tête ;

Parez les arêtes du dos et du ventre ;

Mettez dans la saumure à 18 degrés du pèse-sirop et l'y laissez huit jours ;

Égouttez, fumez quatre jours dans la boîte,

Et conservez dans un endroit froid et sec.

Pour la servir,

Coupez en tronçons de 8 centimètres ;

Mettez cinq minutes sur le gril en les retournant, et servez avec beurre frais.

Même procédé pour la lamproie et la lotte.

HARENGS SALÉS.

Videz les harengs, grattez, ébarbez, lavez, essuyez et rangez dans un tonneau ;

Sur chaque couche de harengs mettez une couche de sel pilé, ajoutez des feuilles de laurier, du poivre en grains et des baies de genièvre ;

Le tonneau plein, fermez-le hermétiquement.

Après trois semaines de salaison on peut les employer ;

Il faut les dessaler pendant douze heures et les tremper ensuite dans de l'huile pour les griller.

Les maquereaux salés s'apprêtent de même.

On peut manger aussi les harengs et les maquereaux salés en les cuisant dans une marinade, dont la formule est indiquée ci-dessous.

Nota. Supprimer le sel pour ces deux sortes de poissons ;

Une fois dessalés, on les fait cuire un quart d'heure dans cette marinade.

POISSONS MARINÉS.

Faites une marinade avec :

Oignons,	100 grammes.
Échalotes,	100 —
Carottes,	100 —
Persil,	50 —
Laurier,	5 —
Thym,	5 —
Poivre de Cayenne,	1 —

Poivre en grains.	5 grammes.
Clous de girofle, nombre	4
Gousses d'ail, nombre	4
Demi-muscade râpée;	

Coupez les carottes et les oignons en rouelles très-minces ;

Mettez dans une casserole 1 hectogramme de beurre et tous les aromates indiqués, et ajoutez 30 grammes de sel ;

Mettez sur le feu ;

Tournez avec une cuiller de bois jusqu'à ce que les aromates soient blonds ;

Ensuite mouillez avec 2 litres de vinaigre et 1 litre d'eau ;

Faites cuire à très-petits bouillons ;

Au bout d'une heure passez au tamis cette marinade dans une terrine et conservez pour l'usage.

ROUGETS MARINÉS.

Retirez les ouïes de douze rougets-barbets, c'est-à-dire de rougets provenant de la Méditerranée ;

Grattez, ébarbez et essuyez ;

Rangez-les dans un plat de terre assez profond pour qu'étant plongés dans 1 litre 1/2 de marinade, ils en soient recouverts.

Alors faites bouillir cinq minutes ;

Retirez du feu sans les découvrir, égouttez-les et servez dans un ravier la quantité dont vous avez besoin ;

Saupoudrez-les de cerfeuil et servez huile et vinaigre à part.

Les harengs se préparent de la même manière.

FILETS DE MAQUEREAU MARINÉS

Levez les filets de six maquereaux moyens ;
Parez-les ;
Et procédez comme pour les rougets.

FILETS DE SOLE MARINÉS.

Levez les filets de deux grosses soles ;
Coupez chaque filet en deux ;
Parez-les en forme de poire ;
Rangez-les dans un plat et finissez comme pour les rougets.

Ces différents poissons constituent d'excellents hors-d'œuvre.

Ils peuvent se conserver pendant un mois en prenant le soin de faire bouillir la marinade au bout de quinze jours.

FILETS D'ANGUILLE MARINÉS.

Pour le contenu d'un petit baril, préparez trois belles anguilles ;
Dépouillez-les de la première peau ;
Échaudez-les pour retirer la deuxième ;
Retranchez la tête ;
Fendez le poisson sur toute la longueur ;
Retirez les arêtes ;
Coupez chaque moitié en morceaux de 7 centimètres.

Faites une marinade comme il a été indiqué pour les harengs ;

Lorsque la marinade sera cuite, rangez tous les morceaux d'anguille dans un plat à sauter, versez dessus la marinade ;

Faites cuire les filets un quart d'heure ;

Laissez-les refroidir à moitié dans la cuisson ;

Égouttez ;

Rangez les filets dans un petit baril plat, semblable à ceux qui servent pour les huîtres d'Ostende ;

Emplissez avec la marinade ;

Ajoutez 6 feuilles de laurier ;

Couvrez le baril et conservez au froid.

Ces filets sont très-bons employés en hors-d'œuvre ; on les coupe en dés lorsqu'on veut en garnir les salades composées.

Les filets de lamproie se préparent de même.

VIVES MARINÉES.

Videz, nettoyez et ébarbez 60 vives ;

Préparez une marinade comme il a été dit pour les harengs ;

Faites cuire les vives pendant un quart d'heure comme les filets de sole ;

Mettez en baril ;

Ajoutez des feuilles de laurier ;

Recouvrez le baril,

Et conservez au froid.

Ainsi préparées, les vives se servent en hors-d'œuvre avec de la ravigote hachée, huile et vinaigre.

THON MARINÉ.

Divisez la chair du thon en morceaux de 200 à 300 grammes ;
Retirez peau et arêtes ;
Faites blanchir jusqu'à cuisson dans de l'eau salée ;
Égouttez ;
Rafraîchissez ;
Égouttez de nouveau ;
Épongez chaque morceau dans une serviette pour qu'il ne reste plus d'eau dans la chair ;
Rangez dans un bocal ;
Mettez du poivre en grains et des feuilles de laurier ;
Remplissez le bocal d'huile d'olive, bouchez parfaitement, et conservez au froid.

HARENGS SAURS A L'HUILE.

Levez la peau,
Retirez les arêtes de 6 harengs saurs ;
Parez-les ;
Coupez-les en filets d'un demi-centimètre carré et de 8 centimètres de longueur ;
Mettez-les dans un bocal avec poivre en grains et feuilles de laurier ;
Remplissez le bocal d'huile d'olive ;
Bouchez et réservez pour servir.
Ces harengs sont très-bons pour faire des canapés de hors-d'œuvre.

HUITRES MARINÉES.

Faites blanchir dans de l'eau bouillante, pendant une minute seulement, de grosses huîtres appelées pieds de cheval ;

Égouttez, rafraîchissez, épongez les huîtres sur une serviette ;

Rangez-les dans un petit baril.

Faites bouillir un litre d'eau dans lequel vous mettrez deux feuilles de laurier et une gousse d'ail ;

Salez à 16 degrés du pèse-sirop ;

Remplissez le baril avec cette eau ;

Fermez et conservez au frais.

Vingt-quatre huîtres sont la quantité ordinaire pour un baril.

HUITRES CONSERVÉES AU BAIN-MARIE.

Préparez des huîtres comme il est dit plus haut ;

Rangez-les dans les boîtes ;

Remplissez avec de l'eau bouillie et salée légèrement ;

Faites souder les couvercles,

Et, pour une boîte d'un litre, donnez une heure et demie de cuisson au bain-marie.

CHAPITRE IV

DES TERRINES DE VOLAILLE, DE GIBIER ET DE POISSON

TERRINE DE DINDE.

Épochez et flambez une dinde ;
Épluchez, désossez et faites une farce avec 700 grammes de lard sans couenne ni nerfs ;
Ajoutez même quantité de rouelle de veau sans graisse ni peaux ;
Hachez le tout parfaitement ;
Assaisonnez avec 25 grammes de sel épicé ;
Pilez en mouillant avec un décilitre de bouillon ;
Retirez les nerfs des cuisses de la dinde ;
Piquez les filets et les cuisses avec des lardons assaisonnés et longs de 4 centimètres sur 1 de large ;
Prenez une terrine à conserves de grandeur suffisante pour contenir la dinde et la farce ;
Mettez de la farce dans le fond ;
Étalez la dinde sur la table ;
Assaisonnez-la avec 25 grammes de sel épicé ;
Mettez une couche de farce sur la dinde ;

Donnez-lui la forme de la terrine,

Mettez-la dans la terrine,

Couvrez-la d'une nouvelle couche de farce, avec bardes de lard et deux feuilles de laurier par-dessus ;

Fermez la terrine avec son couvercle et faites cuire pendant trois heures au bain-marie.

Pour obtenir cette cuisson, prenez une casserole assez grande pour que la terrine y soit à l'aise,

Versez dans la casserole un quart de sa contenance d'eau,

Placez la terrine dedans,

Faites bouillir à très-petits bouillons,

Une trop grande ébullition pouvant faire entrer l'eau dans la terrine.

Après trois heures d'ébullition, assurez-vous de la cuisson en piquant avec une aiguille à brider qui doit pénétrer sans résistance.

Lorsqu'on veut conserver la terrine un certain temps,

On retire la dinde qu'on laisse égoutter une demi-heure sur un plat,

Puis on la remet dans la terrine et l'on y coule du saindoux de manière à la remplir entièrement.

Dès que le saindoux est refroidi,

Couvrez d'un rond de papier,

Placez le couvercle et conservez dans un endroit froid et sec.

TERRINES DE POULARDE, DE CHAPON ET D'OIE.

Ces trois terrines se préparent absolument comme la terrine de dinde,

Seulement il faut remarquer que, la poularde et le chapon étant des pièces plus petites, l'assaisonnement doit être réduit.

Comme règle générale on se basera sur 25 grammes de sel épicé par kilo de viande et de farce réunies.

TERRINE DE FOIES GRAS.

Préparez une farce avec foie de veau et panne ;
Prenez 750 grammes de chaque partie ;
Coupez la panne en dés et mettez-la dans un plat à sauter ;
Faites fondre à feu doux ;
Assaisonnez avec sel épicé.
La panne fondue,
Ajoutez le foie que vous aurez aussi coupé en dés ;
Mettez à feu vif pendant quatre minutes, en tournant avec une cuiller de bois ;
Ensuite retirez du feu et laissez refroidir ;
Pilez et passez au tamis.
Prenez deux beaux foies gras ;
Ayez soin que la place de l'amer soit bien nettoyée ;
Étalez une couche de farce au fond de la terrine ;
Mettez les deux foies à côté l'un de l'autre ;
Remplissez les vides et couvrez les foies de farce ;
Posez bardes de lard et laurier dessus ;
Ensuite mettez le couvercle et faites cuire au bain-marie

TERRINE DE FAISANS.

Prenez deux faisans ;
Désossez-les ;

Faites même quantité de farce que pour la terrine de dinde,

Et procédez de la même façon.

TERRINE DE PERDREAUX ROUGES ET DE PERDREAUX GRIS

Désossez quatre perdreaux rouges, préparez même quantité de farce que pour la terrine de dinde et finissez de même.

Si ce sont des perdreaux gris, il en faudra six pour une terrine de même grandeur.

TERRINES DE BÉCASSES.

Épochez, flambez, épluchez et désossez six bécasses ;
Faites une farce comme pour la terrine de dinde,
Mais ajoutez les intestins en la pilant ;
Étalez les bécasses sur une serviette ; ainsi préparées, assaisonnez-les légèrement ;
Mettez sur chaque bécasse 30 grammes de farce et reformez-les ;
Mettez une couche de farce dans le fond de la terrine ;
Rangez les bécasses dessus et assaisonnez-les de nouveau, mais légèrement,
Et recouvrez-les de farce ;
Mettez bardes de lard et feuilles de laurier, et finissez comme pour la terrine de dinde.

TERRINE DE BÉCASSINES.

Désossez dix-huit bécassines ;
Faites une farce comme il est dit pour la terrine de dinde ;
Ajoutez les intestins ;
Étalez les bécassines sur une serviette et continuez le travail et l'assaisonnement comme pour les bécasses ;
Mettez une couche de farce dans le fond de la terrine ;
Placez dessus un premier rang de neuf bécassines et assaisonnez de nouveau ;
Recouvrez-les de farce et faites-en un second rang de neuf, et terminez comme pour la terrine de bécasses.

TERRINE DE MAUVIETTES.

Désossez trente-six mauviettes,
Et procédez comme il est dit pour la terrine de bécassines.

TERRINE DE CANARDS SAUVAGES ET DE CANARDS DE BASSE-COUR.

Désossez deux canards et préparez une farce en y ajoutant les foies, comme il est dit pour la terrine de dinde.

Pour les terrines de cailles, de vanneaux, de merles, etc., procédez comme pour les terrines de bécasses.

TERRINE DE LIÈVRES ET DE LAPEREAUX.

Désossez un lièvre trois quarts ;
Levez la chair des épaules et du bout des cuisses,
Et retirez-en les nerfs ;
Faites une farce avec 750 grammes de panne et 750 grammes de veau ;
Ajoutez les chairs des épaules et des cuisses ;
Assaisonnez le tout avec sel épicé et pilez la farce en la mouillant avec le sang ;
Piquez le lièvre avec des lardons d'un demi-centimètre carré sur trois de long ;
Assaisonnez les lardons avec sel épicé ;
Faites revenir le lièvre dans une casserole avec beurre ;
Laissez refroidir et mettez un lit de farce dans le fond de la terrine ;
Coupez le lièvre en douze morceaux ;
Prenez-en six pour former un premier lit que vous couvrirez de farce ;
Remettez les six derniers morceaux pour faire le second lit ;
Assaisonnez de sel épicé,
Et recouvrez de farce, de bardes de lard et de laurier ;
Finissez comme pour la terrine de dinde.
Employez deux lapereaux pour une terrine et procédez comme pour celle de lièvre.
On remarquera que je n'emploie pas les foies de lièvre et de lapereau : c'est parce que je les considère comme malsains.

TERRINE DE CHEVREUIL.

Prenez les noix des gigots d'un chevreuil ;
Ôtez-en les nerfs ;
Piquez de lardons et assaisonnez-les ;
Faites mariner pendant vingt-quatre heures ;
Égouttez ;
Faites revenir dans une casserole avec beurre pendant vingt minutes ;
Laissez refroidir ;
Pilez ;
Passez au tamis le restant des chairs des gigots ;
Nettoyez le mortier ;
Remettez les chairs dedans ;
Ajoutez même quantité de panne sans peaux ni nerfs ;
Assaisonnez le tout de sel épicé ;
Pilez de nouveau pour obtenir une farce bien lisse et terminez la terrine comme celle de lièvre.

Les terrines de sanglier, de daim, de cerf, de chamois et d'isard se préparent de la même manière.

TERRINES DE POISSON

TERRINE DE SAUMON.

Faites une farce avec :
750 grammes de chair de merlans,
500 grammes de panade,

400 grammes de beurre,
Et trois œufs.

Pilez la chair des merlans, passez-la au tamis ;
Nettoyez le mortier,
Et remettez la chair dedans avec le beurre assaisonné de sel épicé ;
Ajoutez la panade et mêlez parfaitement ;
Mouillez la farce avec les œufs en les mettant l'un après l'autre.

Prenez 1^{kil}, 500 de saumon ;
Retirez-en la peau et les arêtes ;
Coupez en morceaux de 4 centimètres d'épaisseur ;
Mettez un lit de farce dans le fond de la terrine et un premier lit de saumon assaisonné avec sel épicé, et remettez un lit de farce et un second lit de saumon, et assaisonnez de nouveau ;
Recouvrez de farce, mettez deux feuilles de laurier, couvrez d'une feuille de papier beurré ;
Fermez avec le couvercle et faites cuire au bain-marie ;
Une fois la terrine cuite et refroidie, retirez le papier, emplissez-la de beurre clarifié ;
Remettez un papier, adaptez le couvercle et conservez dans un endroit froid et sec.

TERRINE DE FILETS DE SOLES.

Faites une farce avec 700 grammes de saumon,
400 grammes de panade,
400 grammes de beurre ;
Mouillez avec trois œufs ;
Même travail que pour la farce de merlan ;

Levez les filets de quatre belles soles, et terminez comme il est dit pour la terrine de saumon.

TERRINE DE THON.

Prenez 2 kilos de ton ;
Retirez peaux et arêtes ;
Coupez en morceaux de 5 centimètres sur 3 ;
Faites blanchir ;
Égouttez sur une serviette ;
Assaisonnez de sel épicé.
Préparez une farce de merlan,
Ou de congre,
Comme il est dit à la terrine de saumon ;
Et finissez de même.
Toutes les terrines de poisson se font comme celle du saumon.

Nota. Pour donner à toutes ces terrines de *volaille*, de *gibier* et de *poisson* la finesse de goût que recherchent les amateurs, on ajoute 300 grammes de truffes, parfaitement nettoyées et épluchées.

J'insiste sur ce dernier point, car l'expérience m'a démontré que la truffe ne donne tout son parfum que lorsqu'elle a été soigneusement épluchée et dépouillée de la peau qui la recouvre.

CHAPITRE V

DES CONSERVES EN BOITES

A LA VAPEUR OU AU BAIN-MARIE ET DES CONSERVES
DANS LA GRAISSE.

Généralement pour obtenir de bonnes conserves, il faut se procurer des denrées d'une grande fraîcheur et surtout de première qualité ;

Et aussi veiller à la soudure parfaite des boîtes.

FILET DE BOEUF.

Parez et piquez un filet de bœuf de 4 kilos ;
Faites-le revenir pendant vingt minutes ;
Laissez refroidir ;
Prenez une boîte de fer-blanc qui puisse le contenir sans qu'il soit serré ;
Garnissez le fond et le tour de la boîte de bardes de lard minces et très-fraîches : la moindre partie de lard rance suffirait pour donner au tout un goût désagréable.

(Cette observation sur la qualité du lard s'applique à toutes les boîtes de conserves.)

Mettez le filet dans la boîte et ajoutez-y 5 décilitres de mirepoix (1),

Et 5 décilitres de graisse clarifiée ;

Soudez le couvercle et placez un clayon dans le fond d'une braisière ;

Posez la boîte dessus et remplissez d'eau jusqu'à 6 centimètres au-dessus ;

Faites bouillir trois heures ; retirez du feu et laissez refroidir dans son eau ;

Ensuite, enlevez la boîte et conservez dans un endroit froid.

On peut remplacer le clayon en osier par une couche de paille ou de foin de 6 centimètres d'épaisseur.

Remarquez qu'il faut faire cuire à petits bouillons pour éviter une grande réduction ;

Et, s'il est nécessaire d'ajouter de l'eau, elle sera bouillante, afin de ne pas arrêter la cuisson de la conserve.

NOIX DE VEAU.

Prenez une noix de veau de 2^{kil}, 500,

Parez,

Piquez,

Et finissez comme il est dit pour le filet de bœuf.

BOEUF BRAISÉ.

Prenez 4 kilos de faux filet ;

Parez-le, en lui donnant la forme d'un carré long ;

---

(1) Voir à la page 406 de mon *Livre de Cuisine*.

Levez de 4 centimètres la peau qui touche à l'échine sans la détacher ;

Enlevez à vif le nerf qui se trouve dessous ;

Reployez la peau ;

Ficelez, et finissez comme pour le filet de bœuf.

TÊTE DE VEAU TORTUE.

Préparez une tête de veau comme il est dit dans mon *Livre de Cuisine*, page 497.

Mettez-la dans une boîte, et saucez avec la sauce tortue.

Les garnitures doivent être réservées dans des boîtes à part.

Faites cuire deux heures au bain-marie, après avoir soudé le couvercle de la boîte comme il a été déjà indiqué.

CONSERVES D'AGNEAU.

Prenez de beaux quartiers d'agneau ;

Parez-les ;

Faites-les cuire à la broche, aux deux tiers de leur cuisson.

Prenez des boîtes ayant à peu près les mêmes dimensions que les quartiers ;

Laissez refroidir ces parties d'agneau et mettez-les en boîte ;

Soudez les couvercles, et faites cuire deux heures au bain-marie.

ÉPAULES D'AGNEAU FARCIES.

Désossez deux épaules d'agneau ;
Farcissez avec une farce ainsi préparée :
200 grammes de chair de porc sans peaux ni nerfs ;
Ajoutez :
100 grammes de panne bien énervée ;
Assaisonnez de sel épicé ;
Farcissez les épaules ;
Ficelez-les en ballon,
Et faites-les braiser aux deux tiers de la cuisson ;
Laissez-les refroidir ;
Mettez en boîtes ;
Remplissez avec moitié bouillon et moitié de la cuisson des épaules ;
Soudez les couvercles,
Et laissez deux heures et demie au bain-marie.

COTELETTES D'AGNEAU.

Parez parfaitement les côtelettes d'agneau ;
Faites-les sauter dans du beurre clarifié ;
Laissez refroidir et rangez-les serrées dans des boîtes ;
Soudez les couvercles,
Et laissez deux heures au bain-marie.

RIS D'AGNEAU.

Choisissez de beaux ris d'agneau ;

Faites dégorger et blanchissez-les ;
Rafraîchissez et égouttez ;
Parez,
Et faites cuire à moitié dans de l'eau peu salée ;
Laissez refroidir ;
Emplissez les boîtes ;
Couvrez avec de l'eau de sel ;
Soudez les couvercles ;
Mettez une heure au bain-marie.

COTELETTES DE VEAU.

Parez des côtelettes de veau très-égales de grosseur ;
Beurrez un plat à sauter ;
Faites sauter les côtelettes aux deux tiers de la cuisson, et très-légèrement salées ;
Rangez les côtelettes serrées dans les boîtes, et remplissez-les avec du consommé très-léger ;
Soudez les couvercles ;
Mettez deux heures au bain-marie.

GIGOTS DE MOUTON ROTI.

Parez les gigots ;
Faites-les rôtir aux trois quarts de la cuisson ;
Retirez-les du feu ;
Laissez refroidir ;
Mettez en boîtes ;
Soudez ;
Faites cuire au bain-marie, et donnez une heure de cuisson par kilo de viande.

COTELETTES DE MOUTON.

Parez les côtelettes de mouton ;
Faites-les sauter à moitié cuisson ;
Rangez-les serrées dans les boîtes ;
Soudez les couvercles ;
Donnez une heure et demie de cuisson au bain-marie.

FILETS DE MOUTON DITS CARBONNADES.

Désossez trois filets de mouton ;
Ficelez-les pour leur donner une forme carré long ;
Faites-les revenir dans une casserole avec beurre ;
Assaisonnez légèrement ;
Mouillez-les avec grand bouillon ;
Faites cuire à moitié ;
Laissez refroidir ;
Mettez en boîtes ;
Couvrez-les avec la cuisson ;
Soudez le couvercle,
Et faites cuire deux heures au bain-marie.

POULARDE POUR ENTRÉE.

Épochez, videz, flambez une poularde ;
Retroussez-la pour entrée ;
Couvrez-la d'une barde de lard maintenue avec une ficelle ;

Foncez de lard une boîte de fer-blanc ;
Posez la poularde dans la boîte ;
Ajoutez 3 décilitres de consommé de volaille très-léger et 4 décilitres de graisse clarifiée ;
Soudez la boîte, et laissez au bain-marie pendant trois heures.

POULARDE TRUFFÉE.

Préparez une poularde comme ci-dessus ;
Truffez-la avec 700 grammes de truffes ;
Mettez-la dans une boîte foncée de lard ;
Soudez le couvercle, et mettez au bain-marie pendant trois heures et demie.

FRICASSÉE DE POULET.

Épochez et flambez un beau poulet ;
Découpez-le comme pour la fricassée ;
Mettez tous les morceaux dans une casserole avec de l'eau ;
Laissez dégorger vingt minutes,
Et égouttez ;
Mouillez le poulet avec grand bouillon ;
Ajoutez un bouquet garni,
Un oignon et une pincée de sel ;
Mettez le poulet sur le feu ;
Faites bouillir, et écumez ;
Égouttez dans une terrine ;
Faites un roux avec beurre et farine, et mouillez avec la cuisson ;

Laissez cuire vingt minutes en tournant avec la cuiller de bois ;

Écumez, liez avec des jaunes d'œufs ;

Nettoyez tous les membres du poulet ;

Rangez-les dans une boîte avec la sauce que vous aurez eu soin de faire refroidir ;

Soudez le couvercle, et mettez au bain-marie deux heures.

On trouvera cette recette parfaitement détaillée à la page 177 de mon *Livre de Cuisine*.

POULET A LA BONNE FEMME.

Préparez et découpez un poulet comme le précédent.

Beurrez un plat à sauter ;

Assaisonnez sur le beurre ;

Rangez les morceaux de poulet dessus, et saupoudrez de sel ;

Faites revenir sur le feu ;

Retournez au bout d'un quart d'heure, et laissez encore dix minutes ;

Saupoudrez de farine ;

Mouillez avec bouillon bien dégraissé, et faites cuire vingt minutes ;

Ensuite rangez les morceaux dans la boîte, et passez la sauce ;

Mettez dans une casserole 40 grammes de beurre, 100 grammes d'oignons épluchés et bien émincés ;

100 grammes de rouge de carottes, et faites prendre couleur sur le feu ;

Mouillez avec la sauce que vous avez passée ;

Laissez cuire vingt minutes ;

Ajoutez 100 grammes de champignons émincés,
5 grammes de persil haché très-gros ;
Laissez cuire encore dix minutes ;
Faites refroidir le tout ;
Ensuite mettez sauce et légumes sur le poulet ;
Soudez la boîte, et laissez au bain-marie comme pour la fricassée.

POULET A LA MARENGO.

Préparez un poulet comme il est dit ci-dessus ;
Ajoutez un demi-décilitre d'huile d'olive,
2 feuilles de laurier,
1 branche de thym,
1 gousse d'ail,
Sel et poivre ;
Faites cuire le poulet jusqu'à ce qu'il prenne une couleur jaune doré des deux côtés.

Le poulet cuit, retirez-le du plat, dans lequel vous mettez 30 grammes de farine ;
Tournez avec la cuiller de bois ;
Mouillez avec bouillon pour que la sauce se trouve légèrement liée ;
Faites cuire encore vingt minutes en tournant ;
Ensuite rangez tous les morceaux de poulet dans la boîte ;
Passez la sauce ;
Laissez refroidir,
Et versez la sauce sur le poulet ;
Elle devra être en quantité suffisante pour qu'il en soit recouvert.

Soudez la boîte ;
Mettez pendant deux heures au bain-marie.

CANARD DE BASSE-COUR ET CANARD SAUVAGE.

Épochez, videz, flambez, épluchez un canard ;
Retroussez-le comme pour entrée ;
Enveloppez de bardes de lard,
Et ficelez pour le maintenir ;
Mettez dans la boîte avec 3 décilitres de consommé de volaille très-léger et 3 décilitres de graisse clarifiée ;
Soudez et donnez deux heures de cuisson au bain-marie.

PIGEONS.

Épochez, videz, flambez trois pigeons de volière ;
Bridez-les comme pour entrée ;
Enveloppez-les de bardes de lard, et mouillez comme pour le canard ;
Mettez dans la boîte, laissez au bain-marie deux heures.

CAILLES.

Prenez huit cailles ;
Préparez comme les pigeons dans les mêmes proportions, et laissez deux heures de cuisson au bain-marie.

FAISAN.

Épochez, videz et épluchez un faisan ;
Retroussez-le comme pour entrée ;
Enveloppez de bardes de lard, et ficelez pour maintenir ;
Mettez-le dans la boîte avec 3 décilitres de graisse de volaille clarifiée et 3 décilitres de fumet de gibier.
Le fumet de gibier se fait avec carcasse, parures de gibier, aromates et grand bouillon.
Soudez, mettez au bain-marie,
Et donnez deux heures de cuisson.

PERDREAUX.

Épochez, videz, flambez, épluchez et retroussez comme pour entrée trois perdreaux ;
Enveloppez-les de bardes de lard, et ficelez pour les maintenir ;
Continuez comme pour le faisan ;
Soudez,
Et mettez deux heures au bain-marie.

BÉCASSES.

Préparez comme les perdreaux trois bécasses, auxquelles suffiront deux heures de cuisson.

BÉCASSINES.

Pour compléter une boîte, préparez six bécassines, comme les pigeons ;
Soudez,
Et terminez par deux heures de cuisson au bain-marie.

PLUVIERS, VANNEAUX, ORTOLANS, BECFIGUES ET MAUVIETTES.

Pour une boîte de conserve vous prenez six pluviers ou six vanneaux, et vous préparez en tout point comme pour les bécassines.

Une boîte d'ortolans, de becfigues ou de mauviettes se compose de douze pièces.

Même travail que pour les perdreaux ;
Deux heures de cuisson au bain-marie.

GIGOT ET FILET DE CHEVREUIL.

Faites préparer deux boîtes : l'une de la forme du gigot et l'autre de celle du filet ;
Parez le gigot ;
Ficelez le filet également paré ;
Couvrez l'un et l'autre d'une marinade ainsi préparée :
Dans une casserole, mettez
100 grammes de beurre,
200 grammes d'oignons émincés,

200 grammes de carottes émincées,
50 grammes de persil,
2 gousses d'ail non épluchées,
6 échalotes,
4 grammes de sel marin,
30 grains de gros poivre.

Faites revenir le tout sur le feu pendant un quart d'heure pour obtenir une couleur blonde;

Mouillez avec 5 décilitres de vinaigre et 2 litres d'eau;

Faites cuire une demi-heure à petits bouillons et passez.

Soudez les boîtes et soumettez au bain-marie pendant trois heures.

GALANTINE.

Prenez un gros chapon,
Épochez-le,
Flambez,
Épluchez,
Et désossez;
Faites une farce avec :
500 grammes de veau bien énervé,
Et 500 grammes de lard sans couenne ni nerfs.
Assaisonnez le tout de sel épicé;
Coupez en dés de 2 centimètres :
100 grammes de truffes,
100 grammes de langue à l'écarlate,
Et 100 grammes de lard blanchi;
Mêlez truffes, langue et lard dans la farce.
Étalez le chapon sur une serviette;

Assaisonnez-le légèrement, et mettez toute la farce dessus.

Donnez une forme ovale à la galantine,

Puis moulez-la très-serré dans un moule.

Faites cuire une heure au four, en ayant soin qu'elle ne prenne pas couleur ;

Laissez refroidir et démoulez.

Mettez-la dans une boîte de fer-blanc foncée de lard et ajoutez 2 décilitres de mirepoix et 3 décilitres de graisse clarifiée ;

Soudez le couvercle et laissez trois heures dans le bain-marie.

GALANTINE DE FAISAN.

Préparez un beau faisan comme il a été dit pour le chapon,

Même farce et même assaisonnement.

Donnez-lui une forme ovale,

Puis moulez-le très-serré dans un moule.

Faites cuire une heure au four, laissez refroidir et démoulez ;

Mettez dans une boîte de fer-blanc foncée de lard, et terminez comme pour la galantine de chapon.

GALANTINE DE PERDREAUX.

Faites une farce, comme il est dit pour la galantine de volaille ;

Désossez trois perdreaux ;

Étalez-les sur une serviette,

Mettez une couche de farce sur chacun des perdreaux ;

Ajoutez truffes, langue à l'écarlate et lard blanchi coupés en dés d'un demi-centimètre ;

Recouvrez chacun des perdreaux avec la farce et donnez-leur une forme ovale ;

Emballez les perdreaux dans une serviette et faites cuire une heure dans la mirepoix ;

Retirez du feu et laissez refroidir à moitié dans la cuisson ;

Égouttez,

Et déballez les galantines ;

Placez-les dans la boîte ;

Couvrez avec la cuisson passée au tamis sans être dégraissée ;

Soudez la boîte et laissez cuire deux heures au bain-marie.

GALANTINE DE CAILLES.

Préparez douze cailles comme il a été dit pour les perdreaux ;

Farcissez-les,

Et formez-les en boules ;

Mettez-les dans une serviette bien ficelée pour qu'elles conservent leur forme.

Faites-les cuire,

Laissez refroidir,

Et déballez ;

Rangez les cailles dans la boîte et finissez, comme pour les perdreaux, par deux heures de cuisson.

GALANTINE DE MAUVIETTES.

Épluchez, flambez et désossez avec soin dix-huit mauviettes ;

Préparez-les comme les cailles et finissez par deux heures de cuisson au bain-marie.

CONSERVES DE TRUFFES.

Choisissez des truffes bien saines et non musquées, car il suffit d'une mauvaise truffe pour perdre toute une boîte ;

Brossez-les,

Épluchez-les soigneusement,

Mettez-les dans les boîtes et soudez les couvercles.

Il faut deux heures et demie de cuisson au bain-marie pour une boîte de 14 centimètres de haut sur 9 de large.

Il y a des personnes qui salent les truffes et d'autres qui y ajoutent du madère :

C'est une faute, la saveur de la truffe pouvant en être altérée.

Nota. Pour les truffes à la serviette ou en hâtelets, on doit les choisir grosses, de forme ronde et de parfaite qualité,

Les brosser avec soin, les mettre dans la boîte et finir par la cuisson au bain-marie.

OIE CONFITE.

Flambez et épluchez une oie ;

Levez les filets en entier ;

Coupez les ailerons et ne laissez que le moignon de l'aile ;

Assaisonnez de sel épicé ;

Mettez dans une poêle de la graisse d'oie clarifiée,

Et faites cuire les filets vingt minutes en les retournant de chaque côté ;

Retirez-les du feu ;

Et quand ils sont froids, rangez-les très-serré dans un pot de grès ;

Ajoutez quelques feuilles de laurier, et remplissez le pot avec de la graisse d'oie clarifiée et tiède, pour qu'elle puisse pénétrer dans tous les vides.

Lorsque le tout est froid, on pose un papier dessus et l'on recouvre le pot avec un parchemin ;

Placez et conservez dans un endroit froid.

Le canard de basse-cour et le canard sauvage se conservent de la même manière ; mais, dans ce cas, on remplace la graisse d'oie par du saindoux.

CONSERVES DE FOIES GRAS.

Le choix des foies gras, comme celui des truffes, demande beaucoup de soin ;

Ils doivent être frais, blancs et très-fermes.

Faites cuire pendant une demi-heure deux foies gras avec une mirepoix légère ;

Laissez-les refroidir à moitié dans leur cuisson;
Égouttez;
Enveloppez-les de bardes de lard très-minces;
Rangez dans la boîte;
Ajoutez 2 décilitres de leur cuisson et remplissez la boîte avec de la graisse de volaille clarifiée;
Soudez le couvercle;
Mettez une heure trois quarts au bain-marie;
Laissez refroidir dans l'eau comme pour toutes les conserves.

PAIN DE FOIE GRAS.

Prenez 500 grammes de foie de veau et 500 grammes de panne de porc;
Coupez la panne en petits dés et mettez-la dans un plat à sauter avec deux feuilles de laurier, une petite branche de thym,
2 échalotes,
1 gousse d'ail non épluchée,
15 grammes de sel épicé.
Faites fondre la panne à feu doux;
Lorsqu'elle sera fondue, poussez le feu;
Ajoutez le foie coupé en dés;
Remuez quatre minutes;
Retirez du feu et laissez refroidir;
Pilez;
Ajoutez 400 grammes de panade et deux œufs entiers que vous mettez l'un après l'autre;
Passez au tamis;
Prenez un moule uni d'entrée,

Et beurrez-le.

Faites blanchir deux foies gras et laissez-les refroidir ;

Ayez 200 grammes de truffes bien brossées et épluchées ;

Coupez-les en morceaux de 2 centimètres carrés ;

Étalez une couche de farce dans le fond du moule ;

Mettez une moitié de foie gras ;

Remplissez les vides avec truffes et farce ;

Assaisonnez légèrement avec sel épicé ;

Remettez foie gras, truffes et farce, jusqu'à ce que le moule soit plein ;

Finissez par une couche de farce ;

Faites cuire une heure au bain-marie ;

Après ce temps, retirez du feu ;

Laissez refroidir ;

Mettez le pain dans une boîte de fer-blanc de 1 centimètre plus grande que le pain ;

Remplissez la boîte de graisse de volaille clarifiée ;

Soudez le couvercle, et donnez trois heures de cuisson au bain-marie.

CRÊTES.

Choisissez des crêtes de poulets gras, qu'elles soient grosses et blanches ;

Parez-les légèrement à la coupure, sans y laisser aucune plume ;

Mettez-les dans une casserole avec de l'eau en assez grande quantité pour qu'elles y trempent ;

Placez sur un feu très-vif, et tournez avec une grande cuiller ;

Retirez du feu aussitôt que la petite peau qui est dessus s'enlèvera sous la pression des doigts ;

Versez de l'eau froide dans la casserole, pour abaisser la température de l'eau ;

Retirez soigneusement la peau de chaque crête, parce que la partie qui en resterait couverte ne se dégorgerait pas ;

Toutes les crêtes ainsi dépouillées, lavez-les de nouveau et mettez-les pendant six heures dans de l'eau fortement salée avec du sel blanc ;

Lavez encore ;

Faites dégorger à grande eau, pendant quarante-huit heures ;

Changez l'eau encore quatre fois ;

Puis faites égoutter les crêtes, qui doivent devenir blanches et transparentes comme de la porcelaine ;

Mettez-les en boîte, et remplissez avec de l'eau bouillie légèrement salée ;

Soudez la boîte, et mettez au bain-marie pendant deux heures ;

Retirez du feu, et laissez refroidir dans l'eau.

ROGNONS DE COQ.

Choisissez des rognons de coq, blancs, fermes et non crevés ;

Lavez-les ;

Mettez-les en boîte avec de l'eau légèrement salée, et finissez comme pour les crêtes.

CHAPITRE VI

DES POISSONS EN BOITES

SAUMON.

Prenez une boîte d'une capacité suffisante pour contenir le saumon que vous aurez choisi, et d'une forme telle qu'il n'y vacille pas ;

Faites cuire aux trois quarts dans de l'eau salée ;
Laissez refroidir et égouttez ;
Mettez-le dans la boîte ;
Passez l'eau de sel ;
Remplissez-en la boîte ;
Soudez et mettez au bain-marie ;
Donnez trois heures d'ébullition pour un saumon de 4 kilos.

On peut aussi conserver le saumon en morceaux de 1, 2 et 3 kilos en suivant le même procédé.

TURBOT ET BARBUE.

Je conseille de ne prendre que les filets de ces poissons ;

Levez-les à cru ;

Faites-les raidir dans de l'eau de sel très-légère ;

Égouttez ;

Mettez-les dans la boîte, en plaçant deux filets au fond, et deux autres par-dessus ;

Ayez soin de placer le gros bout des filets sur le petit bout de dessous, pour éviter, autant que possible, les vides.

Passez l'eau salée, et couvrez-en les filets ;

Soudez le couvercle, et mettez deux heures au bain-marie.

DARNE D'ESTURGEON.

Prenez une darne d'esturgeon de 3 kilos ;

Enlevez les écailles du dos, et la peau ;

Emballez de bardes de lard ;

Ficelez ;

Mettez en boîte ;

Couvrez d'eau salée et bouillie ;

Soudez la boîte, et laissez au bain-marie pendant trois heures et demie.

FILETS DE SOLES.

Levez les filets de quatre moyennes soles ;

Parez et pliez ces filets en les aplatissant avec le manche du couteau ;

Assaisonnez légèrement ;

Faites-les sauter,

Et dès qu'ils sont cuits, mettez-les en presse ;

Les filets refroidis,
Parez et rangez-les dans la boîte ;
Remplissez d'eau légèrement salée ;
Soudez et laissez deux heures au bain-marie.

ROUGETS DE LA MÉDITERRANÉE.

Prenez huit rougets ;
Ébarbez et grattez-les ;
Retirez les ouïes ;
Rangez-les dans une boîte par quatre dessous, et quatre dessus en sens contraire ;
Assaisonnez avec très-peu de sel ;
Couvrez-les d'huile d'olive, et ajoutez-y quatre feuilles de laurier ;
Soudez la boîte, et faites bouillir une heure au bain-marie.

MATELOTE.

Préparez une matelote d'anguilles, comme il est dit dans mon *Livre de Cuisine*, page 240.
Ensuite mettez dans la boîte et couvrez entièrement de sauce ;
Faites cuire deux heures au bain-marie.

HOMARDS, CREVETTES ET ÉCREVISSES.

Prenez des homards vivants ;
Faites cuire à l'eau de sel avec vinaigre, thym, laurier, persil, échalotes, ail et gros poivre ;

Donnez vingt minutes de cuisson pour les homards moyens,

Et laissez refroidir ;

Épluchez la queue et les pattes ;

Mettez-les en boîte avec de l'eau de sel bouillie ;

Soudez,

Et donnez trois heures d'ébullition au bain-marie.

Choisissez 500 grammes de grosses crevettes dites *Salicoques* ou *Bouquets* ;

Rangez-les serré dans une boîte ;

Recouvrez-les d'eau salée comme il a été dit pour le homard ;

Soudez et mettez deux heures au bain-marie.

Choisissez vingt-cinq écrevisses d'égale grosseur ;

Les écrevisses à pattes rouges sont les meilleures.

Ne prenez pas celles qui sont noires sous le ventre.

Lavez-les, et faites cuire avec sel, gros poivre, vinaigre,

Persil en branches,

Et oignons en lames.

Donnez-leur dix minutes de cuisson ;

Laissez refroidir ;

Retirez l'oignon, le persil et le poivre ;

Rangez les écrevisses dans une boîte, que vous remplirez d'eau salée et bouillie ;

Soudez et mettez deux heures au bain-marie.

Quand on veut employer les écrevisses, on les retire de la boîte ; on fait bouillir 1 décilitre de vinaigre, on sale et on les chauffe dans le vinaigre.

CHAPITRE VII

LÉGUMES CONFITS AU VINAIGRE

CHOUX ROUGES.

Retirez toutes les premières feuilles dures d'un chou, et aussi les grosses côtes ;

Coupez-les en filets de 5 millimètres, le plus également possible ;

Mettez-les dans une terrine ;

Couvrez-les avec 400 grammes de sel pilé, pour chaque quantité de 2 kilos de choux ;

Remuez pour mêler le sel ;

Au bout de quatre jours, égouttez-les ;

Mettez-les dans des bocaux que vous remplirez aux trois quarts,

Et finissez de les remplir avec d'excellent vinaigre ;

Ajoutez :

50 grains de poivre,

Et 4 feuilles de laurier,

Pour 2 kilos de choux ;

Bouchez les bocaux, et placez-les dans un endroit froid.

Je recommande de mettre par-dessus les bouchons de liége de la vessie de porc bien trempée, ou du parchemin.

On aura le soin de lier la vessie très-serré, pour obtenir un bouchage parfait.

Chaque fois qu'on découvre les choux pour en faire usage, il faut faire tremper la vessie avant de la replacer.

CHOUX ROUGES A L'ANGLAISE.

Préparez-les comme les précédents.
Ajoutez :
Avec le vinaigre,
20 petits oignons blancs, blanchis et épluchés,
10 clous de girofle,
20 grammes de piment enragé,
Et 10 grammes de gingembre.

Terminez en remplissant avec du vinaigre, comme il a été dit pour les choux ordinaires.

BETTERAVES MARINÉES.

Prenez 1 kilo de betteraves qui ne soient pas filandreuses ;

Épluchez, parez et coupez-les en rouelles d'un demi-centimètre d'épaisseur ;

Fendez en deux sur la longueur celles qui seraient trop grosses, et donnez à chaque partie une forme cylindrique ;

Mettez-les dans les bocaux, que vous emplirez jusqu'aux trois quarts, comme il a été dit pour les choux.

LÉGUMES CONFITS AU VINAIGRE.

Ajoutez :
25 grammes de sucre en poudre,
8 clous de girofle,
Et 20 grammes de coriandre.

Couvrez avec du vinaigre bouilli, mais refroidi, pour éviter la casse des bocaux ;

Recouvrez et bouchez avec le même soin que pour les choux, et placez dans un endroit froid.

BETTERAVES AU CUMIN.

Préparez des betteraves de même qualité et dans les mêmes proportions que ci-dessus ;

Ajoutez :
Même quantité de sucre,
Et 25 grammes de cumin.

Terminez par l'emploi du vinaigre, et bouchez comme pour les betteraves marinées.

CHOUX-FLEURS.

Épluchez par bouquets égaux :
1 kilo de choux-fleurs ;
Mettez-les à mesure dans l'eau froide pour empêcher qu'ils ne noircissent ;
Faites bouillir dans un bassin de l'eau très-peu salée ;
Mettez-y les choux-fleurs au premier bouillon ;
Ne laissez que quatre minutes ;
Égouttez ;
Remettez dans une terrine ;

Faites bouillir du vinaigre ;

Versez-le sur les choux-fleurs;

Couvrez d'une feuille de papier, et laissez vingt-quatre heures ;

Égouttez ;

Faites bouillir de nouveau le vinaigre ;

Salez légèrement ;

Mettez les choux-fleurs dans les bocaux, et terminez comme il a été déjà dit.

CONCOMBRES.

Prenez deux concombres ;

Coupez-les en quatre dans le sens de la longueur ;

Retirez-en les semences ;

Pelez et coupez chaque quartier en tranches d'un demi-centimètre d'épaisseur ;

Parez-les pour qu'elles soient égales ;

Mettez-les dans une terrine,

Avec 100 grammes de sel blanc ;

Laissez-les huit heures dans le sel, en les remuant plusieurs fois ;

Égouttez-les ;

Rangez-les dans les bocaux ;

Ajoutez-y 3 feuilles de laurier,

25 grains de poivre ;

Remplissez avec vinaigre, et terminez comme les choux rouges.

OIGNONS BLANCS.

Choisissez 1 kilo de petits oignons blancs les plus égaux possible ;
Mettez-les à grande eau dans une bassine ;
Faites-les blanchir cinq minutes ;
Retirez du feu,
Et faites refroidir à grande eau ;
Épluchez-les ;
Mettez-les dans une terrine ;
Faites bouillir du vinaigre ;
Salez légèrement ;
Couvrez d'une feuille de papier blanc ;
Égouttez ;
Terminez comme pour les choux.

CORNICHONS POUR HORS-D'OEUVRE.

Prenez 1 kilo de cornichons longs de 5 à 6 centimètres ;
Roulez-les dans un torchon avec du gros sel, et sassez-les pour les bien nettoyer ;
Brossez-les l'un après l'autre ;
Une fois bien nettoyés, mettez-les dans une terrine avec :
500 grammes de sel pilé ;
Sautez les cornichons de temps en temps ;
Laissez-les six heures au sel ;
Égouttez ;

Placez-les dans un bocal avec :
25 petits oignons blancs, blanchis et épluchés,
2 gousses d'ail épluchées,
6 échalotes,
4 poivres longs,
25 grammes de perce-pierre,
25 grammes d'estragon ;

Couvrez de vinaigre, et bouchez avec bouchons de liége recouverts d'une vessie comme il est dit précédemment.

Lorsque, au moment de s'en servir, on veut leur donner une couleur verte,

Il faut prendre la quantité de cornichons voulue pour garnir un ravier ;

Les mettre dans un poêlon d'office couvert ;

Les faire chauffer dans le vinaigre, en les retirant avant l'ébullition.

BLÉ DE TURQUIE.

Prenez 1 kilo de jeunes épis de blé de Turquie longs de 5 centimètres ;
Parez le bout des queues ;
Faites-les blanchir à l'eau salée ;
Égouttez ;
Mettez dans une terrine ;
Couvrez avec vinaigre bouillant ;
Laissez vingt-quatre heures ;
Égouttez de nouveau ;
Faites bouillir encore le vinaigre,
Et finissez comme pour les choux-fleurs.

PETITES CAROTTES.

Prenez cinquante petites carottes nouvelles ;
Enlevez la partie verte ;
Otez la peau en les échaudant ;
Faites-les cuire à moitié dans de l'eau légèrement salée ;
Égouttez et mettez dans une terrine avec du vinaigre ;
Laissez vingt-quatre heures ;
Égouttez de nouveau ;
Faites bouillir une seconde fois le vinaigre additionné d'une nouvelle quantité de vinaigre et d'un peu de sel ;
Mettez les carottes dans un bocal,
Avec 3 feuilles de laurier,
4 clous de girofle ;
Remplissez le bocal de vinaigre,
Et recouvrez lorsque le tout est refroidi.
Ces carottes sont très-utiles pour garnir les raviers ;
Elles offrent, comme le piment du Chili et les betteraves, par leur couleur rouge, un motif de variété.

RACINES DE CÉLERI.

Épluchez quatre racines de céleri-rave qui soient bien pleines ;
Coupez-les en lames de 3 centimètres carrés sur 1 d'épaisseur ;
Faites blanchir à moitié cuisson dans de l'eau salée ;
Égouttez ;

Mettez-les dans une terrine ;
Faites bouillir du vinaigre ;
Versez-le sur les racines ;
Ajoutez :
15 grammes de fenouil,
25 grammes de grains de poivre ;
Couvrez d'une feuille de papier ;
Laissez vingt-quatre heures ;
Égouttez ;
Mettez dans des bocaux ;
Délayez de la farine de moutarde anglaise et du poivre de Cayenne ;
Avec le vinaigre remplissez les bocaux.
Cette préparation doit être d'un goût très-relevé.
Couvrez ;
Bouchez, et conservez.

PIMENTS DU CHILI.

Prenez 1 kilo de piments du Chili ;
Choisissez-les petits et, autant que possible, tous égaux ;
Coupez le bout de la tête ;
Rangez-les dans un bocal ;
Remplissez de vinaigre ;
Bouchez hermétiquement, et conservez.

GRAINES DE CAPUCINES.

Prenez 500 grammes de petites graines de capucines ;
Mettez-les dans un bocal ;

Préparez et terminez comme il a été dit précédemment pour les légumes confits.

PICKLES.

Procurez-vous des bouteilles carrées en verre blanc et à large goulot ;
Remplissez-les de :
Choux-fleurs,
Cornichons,
Carottes,
Piments,
Oignons,
Choux rouges,
Et melons verts ;
Préparez comme il a été dit au commencement du chapitre ;
Ajoutez une vingtaine de grains de poivre ;
20 baies de genièvre ;
Remplissez avec de la farine de moutarde anglaise que vous délayerez avec du vinaigre additionné de poivre de Cayenne.
La saveur de ce condiment est très-relevée.
Bouchez,
Et terminez avec soin comme il est dit précédemment.

On peut préparer ces pickles avec des choux rouges,
Des choux-fleurs,
Des oignons,
Et du blé de Turquie.

VINAIGRES COMPOSÉS.

VINAIGRE A L'ESTRAGON.

Faites sécher 500 grammes d'estragon ;
Mettez-le dans une cruche avec 30 grammes de poivre long,
12 échalotes épluchées ;
Remplissez avec 3 litres de vinaigre ;
Bouchez avec un liége, sur lequel vous collerez une bande de papier pour empêcher l'évaporation du vinaigre.
Après un mois d'infusion,
Filtrez ;
Mettez en bouteilles ;
Bouchez, et conservez à la cave.

VINAIGRE DE TABLE.

Prenez :
100 grammes de fleurs de sureau,
6 gousses d'ail,
10 échalotes épluchées,
500 grammes d'estragon,
100 grammes de graines de moutarde,
50 grammes de poivre en grains,
5 grammes de clous de girofle ;
Faites sécher les quatre premiers ingrédients pendant vingt-quatre heures ;

Mettez le tout dans une cruche avec 4 litres de vinaigre ;
Laissez infuser deux mois ;
Après ce temps,
Filtrez le vinaigre ;
Mettez en bouteilles ;
Bouchez avec soin,
Placez et conservez au froid.

VINAIGRE DE PIMENT DU CHILI.

Préparez comme pour les vinaigres ci-dessus ;
Après un mois d'infusion, filtrez et remplissez les bocaux avec du vinaigre nouveau ;
Ensuite mettez en bouteilles.

OBSERVATION.

Je recommande à ceux qui préparent des raviers pour hors-d'œuvre, appelés Variantes :

D'avoir le soin de varier les couleurs avec goût, afin d'obtenir un aspect agréable sur la table.

Lorsque les hors-d'œuvre reviennent à l'office, il importe de les replacer chacun dans son bocal respectif, parce que le piment du Chili communiquerait aux autres condiments une saveur trop prononcée.

Enfin, je conseille de mettre de préférence toutes ces conserves dans de petits bocaux, car moins elles restent longtemps entamées, meilleures elles sont.

MOUTARDE ANGLAISE.

Prenez de la farine de moutarde anglaise,
Broyez-la avec de l'eau, et mettez-la dans le moutardier.

MOUTARDE AUX ANCHOIS.

Grattez huit anchois;
Lavez et essuyez-les;
Pilez-les,
Et passez-les au tamis de soie;
Broyez 125 grammes de farine de moutarde avec de l'eau;
Mêlez avec la purée d'anchois;
Conservez dans un pot bien bouché.

MOUTARDE A LA RAVIGOTE

Épluchez 200 grammes de cerfeuil, estragon, pimprenelle et cresson alénois;
Mettez une minute à l'eau bouillante;
Égouttez et rafraîchissez;
Pressez dans une serviette;
Pilez la ravigote;
Passez au tamis de soie;
Mêlez le tout avec 200 grammes de farine de moutarde broyée à l'eau;
Conservez en pots et bouchez.
On peut y ajouter de l'ail, suivant le goût.

CHAPITRE VIII

LÉGUMES A L'EAU DE SEL

CHICORÉES.

Prenez cent têtes de chicorée ;
Retirez-en toutes les parties vertes ;
Lavez-les dans plusieurs eaux ;
Faites-les blanchir à grande eau pendant dix minutes ;
Égouttez, et rafraîchissez ;
Lorsqu'elles seront refroidies,
Égouttez de nouveau ;
Pressez-les l'une après l'autre et laissez-les entières ;
Rangez-les par couches dans un petit baril ;
Couvrez avec de l'eau bouillie et salée marquant 18 degrés au pèse-sirop.

Deux jours après, égouttez-les et faites bouillir l'eau en ajoutant du sel pour la ramener à 18 degrés ;

Recouvrez les chicorées avec cette eau lorsqu'elle sera froide ;

Maintenez 6 centimètres d'eau au-dessus des chicorées ;

Couvrez le baril.

Quand vous voudrez employer les chicorées,

Faites-les dégorger dans de l'eau et blanchir de nouveau pour finir de les cuire.

LAITUES.

Préparez les laitues comme les chicorées ;
Procédez en tout de la même manière.

FONDS D'ARTICHAUTS.

Prenez des artichauts, retirez-en les premières feuilles ;

Coupez le bout de celles qui restent ;

Faites-les blanchir, et lorsque le foin se détachera, retirez les feuilles et le foin ;

Tournez les fonds ;

Frottez-les avec du jus de citron ;

Rangez-les dans un baril qui puisse contenir la quantité que vous aurez préparée ;

Remplissez le baril d'eau bouillie et salée à 18 degrés au pèse-sirop ;

Le lendemain,

Égouttez ;

Faites bouillir l'eau ;

Ajoutez du sel pour lui redonner 18 degrés ;

Fermez le baril.

Lorsque vous voudrez les employer, faites-les tremper vingt-quatre heures dans de l'eau tiède, puis cuisez-les dans un blanc, sans sel, préparé de la manière suivante :

Prenez :

15 grammes de beurre,

20 de farine,

1 litre d'eau,

1 jus de citron ;

Faites fondre le beurre dans une casserole ;

Ajoutez la farine ;

Tournez avec la cuiller de bois pour mêler ;

Mouillez avec 1 litre d'eau ;

Ajoutez le jus de citron ;

Tournez sur le feu jusqu'à ébullition ;

Mettez les fonds d'artichauts ;

Couvrez-les avec une feuille de papier, et placez le couvercle sur la casserole.

HARICOTS VERTS.

Prenez 5 kilos de haricots verts moyens et bien tendres ;

Épluchez ;

Lavez,

Et faites blanchir cinq minutes ;

Rafraîchissez et égouttez ;

Mettez-les dans un petit baril ;

Couvrez-les avec de l'eau salée et bouillie à 18 degrés au pèse-sirop ;

Deux jours après,

Égouttez-les encore, et faites bouillir l'eau ;

Mettez du sel pour la ramener à 18 degrés ;

Couvrez les haricots, et finissez comme pour la chicorée.

CHOUX-FLEURS.

Épluchez des choux-fleurs ;
Formez-en des bouquets assez gros ;
Faites blanchir quatre minutes ;
Rafraîchissez ;
Égouttez, et terminez comme il est dit plus haut.

PETITS POIS.

Faites blanchir 10 litres de petits pois pendant dix minutes ;
Choisissez-les d'une grosseur moyenne et nouvellement cueillis ;
Rafraîchissez ;
Égouttez ;
Mettez dans le baril avec eau salée, et terminez comme il a été dit pour les haricots verts.

PIEDS DE CÉLERI.

Choisissez des pieds de céleri bien blancs et bien tendres ;
Coupez-les d'une longueur de 12 centimètres ;
Retirez les côtes dures ;
Parez ;
Brossez ;
Faites blanchir quinze minutes,
Et finissez comme pour la chicorées,

CÉLERI RAVE.

Prenez des racines de céleri bien dures et non cotonneuses ;

Parez-les en leur donnant la forme d'un quartier de pomme ;

Blanchissez-les cinq minutes ;

Puis, finissez comme il est dit ci-dessus.

CHOUCROUTE.

Prenez 12 kilos de choux blancs ;

Retirez-en les parties dures et toutes les feuilles vertes ;

Émincez les choux en filets d'un demi-centimètre de large.

Si l'on a une grande quantité de choucroute à préparer, il faut employer de préférence une machine à couper les choux ; on les coupe ainsi plus régulièrement qu'avec le couteau.

Les choux coupés, prenez un baril qui puisse les contenir à peu près exactement ;

Placez dans le fond du baril des feuilles de choux saupoudrées de sel pilé ;

Mettez dessus une couche de choux de 5 centimètres d'épaisseur ;

Recouvrez cette couche de sel, et continuez successivement les couches de choux et de sel, jusqu'à ce que le baril soit plein.

Disséminez dans les choux à mesure du travail :

10 feuilles de laurier,

Et 1 hecto de baies de genièvre ;

Couvrez la surface du baril d'un linge blanc ;

Posez dessus un rond de bois chargé d'un poids de 5 kilos.

Dès que l'eau monte à la surface,

On découvre la choucroute ;

On lave le linge, et on écume.

Si la saumure n'est pas assez abondante pour couvrir les choux,

On ajoute de l'eau salée et bouillie de manière que la choucroute baigne entièrement ;

Recommencez l'opération du lavage cinq fois pendant les quinze premiers jours ;

Après ce temps, laissez fermenter les choux.

Au bout de cinq semaines de salaison, la choucroute est à son point, et on peut l'employer.

A mesure que vous faites usage de la choucroute, recouvrez les choux de saumure, autrement ils jauniraient et pourraient moisir.

Nota. Pour 12 kilos de choux, on emploie 3 kilos de sel blanc.

Faire sécher le sel, et le piler.

La choucroute parfaitement préparée est toujours blanche.

CHAPITRE IX

CONSOMMÉS, SAUCES ET PURÉES

CONSOMMÉS.

Prenez :
2 kilos de tranche de bœuf,
1 kilo de jambe de bœuf,
1 kilo de jarret de veau,
Et 2 poules,
300 grammes de poireaux,
200 grammes de carottes,
200 grammes d'oignons,
25 grammes de céleri,
50 grammes de sel,
3 clous de girofle ;
Désossez les viandes,
Et ficelez-les ;
Videz, flambez, épluchez et bridez les poules ;
Mettez le tout dans une grande marmite que vous remplirez avec 10 litres de grand bouillon ;
Faites bouillir, et écumez ;

Rafraîchissez avec 6 décilitres d'eau que vous mettrez en trois fois.

Lorsque vous aurez bien écumé la marmite,

Ajoutez tous les légumes épluchés et lavés avec soin ;

Puis les aromates ;

Faites cuire à petits bouillons sur le coin du fourneau.

Les viandes cuites, passez le consommé à la serviette ;

Laissez refroidir, et dégraissez ;

Mettez dans chaque boîte la contenance d'un litre ;

Soudez les couvercles,

Et donnez deux heures d'ébullition au bain-marie.

Évitez pour le consommé, comme pour les sauces, de trop faire cuire les viandes.

On s'abuse en croyant obtenir un meilleur résultat par une cuisson exagérée.

ESPAGNOLE.

Mettez dans une casserole dont vous aurez beurré le fond des ronds d'oignons bien épluchés de 2 centimètres d'épaisseur ;

Désossez 3 kilos de rouelle de veau,

2 kilos de tranche de bœuf ;

Mouillez avec 1 demi-litre de bouillon ;

Mettez à feu vif.

Lorsque le bouillon commencera à se tarir, couvrez le feu et laissez tomber à glace, c'est-à-dire que le jus de la viande doit prendre la couleur acajou.

Retournez les viandes pour qu'elles prennent une couleur égale ;

Elles sont à point quand elles sont colorées d'un beau rouge brun.

Retirez-les du feu, et laissez-les couvertes pendant cinq minutes ;

Rechargez le fourneau ;

Mouillez les viandes avec 8 litres de grand bouillon ;

Mettez :

1 bouquet de persil,

1 grosse feuille de laurier,

1 branche de thym,

100 grammes de carottes,

1 oignon piqué de 3 clous de girofle ;

Faites bouillir ;

Au premier bouillon, placez sur le coin du fourneau pour faire seulement mijoter la sauce.

Laissez cuire en veillant à ce que la casserole ne soit couverte qu'aux trois quarts ;

Les viandes cuites,

Passez la sauce à travers une serviette lavée d'abord dans de l'eau chaude pour éviter qu'elle ne donne mauvais goût ;

Pendant que la sauce cuit,

Préparez un roux dans une casserole assez grande pour qu'elle contienne tout le liquide qui est en cuisson.

Ce roux se prépare avec :

300 grammes de beurre clarifié,

Et 300 grammes de farine ;

Faites cuire une heure et demie à feu très-doux.

Le roux cuit,

Mouillez-le par petites parties en tournant avec la cuiller de bois.

Évitez les grumeaux ;

Remettez sur le feu ;

Tournez de nouveau avec la cuiller jusqu'au premier bouillon ;

Replacez sur le coin du fourneau pendant une heure et demie ;

Écumez parfaitement,

Et passez à l'étamine dans une grande casserole à glacer ;

Faites réduire vingt minutes en tournant avec la cuiller de bois ;

Évitez que la sauce ne s'attache ;

Laissez refroidir ;

Mettez en boîte ;

Soudez le couvercle,

Et laissez au bain-marie une heure et demie.

VELOUTÉ.

Beurrez une casserole ;

Rangez sur le beurre des rouelles d'oignons, coupées de 2 centimètres d'épaisseur ;

Mettez 3 kilos de sous-noix de veau ficelée ;

Ajoutez-y deux poules vidées, flambées, épluchées et bridées ;

N'employez pas de vieilles poules, parce qu'elles ne donneraient qu'un mauvais résultat ;

Versez dans la casserole 8 décilitres de bouillon blanc ;

Mettez sur un feu doux ;

Faites suer la viande sans qu'elle prenne couleur ;

Après une heure et demie de cuisson,

Mouillez avec 8 litres de grand bouillon ;

Ajoutez :

Un bouquet de persil avec thym et laurier.

1 oignon piqué de 3 clous de girofle,
100 grammes de carottes;
Faites bouillir :
Au premier bouillon,
Remettez sur le coin du fourneau,
Et terminez comme il a été dit pour l'espagnole.

PURÉE DE TRUFFES.

Brossez et épluchez 1 kilo de truffes;
Pilez-les longuement dans un mortier;
Ajoutez-y 100 grammes de beurre fin;
Passez au tamis de Venise;
Emplissez des boîtes de la contenance d'un demi-litre;
Soudez les couvercles,
Et donnez une heure et demie de cuisson au bain-marie.

On remarquera que dans cette préparation je n'ai point employé de sel, parce que la sauce qu'on ajoutera en finissant la purée suffira pour saler.

Cette purée se termine en ajoutant 2 décilitres d'espagnole au madère et réduite,
Et 60 grammes de beurre fin.

Ne faites point bouillir cette purée, parce qu'elle grainerait et perdrait de sa qualité.

PURÉE DE CHAMPIGNONS.

Épluchez, lavez et tournez 2 kilos de champignons;
Mettez-les, à mesure qu'ils sont tournés, dans une casserole avec jus de citron, eau et sel;

Faites cuire à grand feu pendant quatre minutes ;

Retirez-les ;

Laissez-les refroidir ;

Égouttez et pilez avec 100 grammes de beurre très-fin ;

Passez-les au tamis de Venise ;

Mettez en demi-boîtes, comme il est dit pour la purée de truffes ;

Donnez une heure et demie d'ébullition, et terminez comme pour les truffes.

Quand on veut faire usage de cette purée, on finit avec un velouté à l'essence de champignons, et réduit.

Nota. Je recommande de ne jamais laisser tremper les champignons.

On doit les éplucher et les laver très-promptement.

Le champignon étant spongieux absorbe l'eau et se détruit facilement à la cuisson.

PURÉE D'ARTICHAUTS.

Enlevez les feuilles de trente-six artichauts ;

Faites-les blanchir ;

Rafraîchissez-les ;

Enlevez-en le foin ;

Tournez les fonds pour enlever les parties dures, et frottez-les avec du citron pour les blanchir ;

Faites-les cuire dans un blanc et laissez refroidir à moitié ;

Essuyez et passez au tamis de Venise ;

Mettez en demi-boîtes ;

Soudez les couvercles ;

Laissez une heure et demie au bain-marie.
Cette purée se finit avec velouté réduit ou béchamel.

Observation. Pour la préparation du blanc, voyez Fonds d'artichauts en boite.

PURÉE DE CARDONS.

Prenez toutes les parties tendres de quatre pieds de cardon ;
Parez-les ;
Faites-les blanchir ;
Retirez avec soin la petite peau qui se trouve dessus ;
Faites cuire dans un blanc, comme pour les fonds d'artichauts ;
Égouttez, passez à l'étamine,
Et mettez en demi-boîtes ;
Soudez les couvercles,
Et donnez une heure un quart de cuisson au bain-marie.

PURÉE DE CÉLERI.

Épluchez douze pieds de céleri rave, et quatre pieds de céleri en branches, dont vous ne réservez que le blanc ;
Faites blanchir ;
Égouttez,
Et rafraîchissez ;
Mettez dans une casserole de l'eau et de la graisse de volaille clarifiée, pour couvrir les céleris de 2 centimètres.

Faites cuire :

Lorsque le céleri en branche s'écrasera sous le doigt,

Dégraissez parfaitement ;

Égouttez ;

Passez à l'étamine,

Et terminez comme il est dit plus haut ;

Laissez une heure et demie au bain-marie ;

Finissez cette purée avec velouté réduit ou béchamel.

Si l'on veut la servir au maigre, il faut cuire les céleris à l'eau et au beurre, puis la finir avec du beurre fin et de la crème double, ou encore avec une béchamel maigre.

Pour la purée de :

Champignons,

Cardons,

Artichauts au maigre,

Même manière de finir que ci-dessus.

PURÉE DE CAROTTES POUR POTAGES.

Prenez des carottes de Crécy ;

Grattez et lavez ;

Enlevez tout le rouge des carottes pour en obtenir 2 kilos ;

Mettez dans une casserole avec du bouillon très-léger ;

Faites cuire à feu doux jusqu'à ce que les carottes puissent passer par l'étamine ;

Emplissez des demi-boîtes,

Et terminez par une heure et demie au bain-marie.

PURÉE DE POIS.

Faites cuire à grande eau et avec peu de sel 6 litres de pois moyens, frais cueillis et écossés, en ajoutant 14 grammes de sel de Vichy par litre d'eau ; ce sel sert à conserver la couleur verte des légumes ;

Laissez-les cuire convenablement ;

Égouttez et passez-les à l'étamine ;

Mettez en boîtes d'un demi-litre, et donnez deux heures d'ébullition.

OBSERVATION

L'expérience m'a appris que pour obtenir de bonnes conserves, il faut, autant que possible, s'en tenir à la préparation la plus simple : ainsi n'employer que très-peu de sel,

Très-peu de beurre,

Et pas d'aromates.

Autrefois on cuisait les petits pois comme on les prépare pour entremets, sans toutefois les lier, et on les mettait en boîtes ;

Mais aujourd'hui tous les fabricants de conserves ont reconnu que la méthode anglaise, c'est-à-dire la simple cuisson à l'eau peu salée, donne un bien meilleur résultat.

GELÉE POUR CONSERVES.

Désossez, faites blanchir et dégorger 6 pieds de veau,

Ficelez-les ;

Mettez-les dans une marmite avec 3 kilos de jambe de derrière de bœuf, désossée et ficelée,

2 jarrets de veau,

2 poules,

10 litres d'eau ;

Faites bouillir et écumez ;

Garnissez la marmite avec 300 grammes d'oignons,

3 clous de girofle,

3 grammes de poivre en grains,

300 grammes de carottes,

300 grammes de poireaux ;

Salez comme pour le bouillon ;

Ajoutez un bouquet de persil garni de 2 feuilles de laurier et une branche de thym ;

Faites mijoter les pieds de veau jusqu'à entière cuisson ;

Retirez les viandes à mesure qu'elles sont cuites, une cuisson trop prolongée nuisant à la qualité de la gelée ;

Lorsque le tout sera cuit, passez à la serviette ;

Dégraissez entièrement ;

Faites bouillir ;

Mettez sur le coin du fourneau, et écumez ;

Essayez de temps en temps, en versant sur une assiette froide un peu de bouillon, s'il est assez consistant pour former gelée ; sinon, continuez à réduire.

Pour la clarifier,

Employez 10 blancs d'œufs,

1 décilitre de madère, et une demi-cuillerée à bouche de jus de citron par litre, de gelée.

Il faut, avant de clarifier, s'assurer de l'assaisonnement, et au besoin le compléter, cette gelée devant être de haut goût.

Mettez dans une casserole les blancs d'œufs, le madère, le jus de citron et un litre de gelée froide ;

Fouettez le tout ;

Mettez le reste de la gelée sur le feu jusqu'au premier bouillon ;

Retirez du feu ;

Ayez une chausse très-propre, bien suspendue ;

Placez une casserole dessous ;

Versez une première fois la gelée dans la chausse,

Et recommencez à verser une seconde fois pour obtenir une gelée très-limpide.

Autant que possible il faut passer la gelée dans un endroit chaud : le travail se fait mieux et plus vite.

Mettez la gelée dans des boîtes de la contenance d'un litre ;

Soudez et donnez deux heures d'ébullition au bain-marie.

Je recommande la minutieuse propreté des marmites et des casseroles pour la préparation des gelées, dont la limpidité tient beaucoup à cette précaution.

Dans quelques grandes maisons cette précaution est poussée au point de faire étamer à neuf les ustensiles chaque fois qu'ils doivent servir.

GLACE DE VIANDE POUR VOYAGE.

Mettez dans une grande marmite,

5 kilos de tranche de bœuf,

3 jarrets de veau sans les os,

2 poules,

10 litres de grand bouillon,

60 grammes de sel ;

Mettez sur le feu ;

Faites bouillir ;

Écumez ;

Ajoutez 300 grammes de carottes,
Même quantité d'oignons et de poireaux ;
Faites mijoter jusqu'à parfaite cuisson.
Passez le bouillon à la serviette, et dégraissez ;
Faites réduire le tout jusqu'à ce que le liquide prenne la consistance de la mélasse ;
Tournez avec une cuiller de bois pour empêcher la glace de s'attacher au fond de la casserole ;
Employez des boyaux de bœuf salés et dégorgés ;
Laissez refroidir la glace ;
Essuyez les boyaux, nouez un des bouts ;
Emplissez ;
Nouez l'autre bout ;
Laissez refroidir entièrement.
Lorsque l'on veut faire usage de cette glace,
On coupe en tranches minces, et l'on retire l'enveloppe de boyau ;
On fait dissoudre dans l'eau chaude et l'on donne un seul bouillon.
Avec cette glace on peut faire tous les potages et toutes les sauces possibles.
Elle remplace avec beaucoup d'avantage les tablettes de bouillon.

CHAPITRE X

DES CONSERVES DE LÉGUMES

A LA VAPEUR OU AU BAIN-MARIE

OBSERVATIONS PRÉLIMINAIRES

Il y a lieu de recourir à l'usage du bain-marie dans les maisons particulières, ce moyen se trouvant généralement à la portée de toutes les cuisines.

Quant à la vapeur, elle convient surtout aux grandes fabriques de conserves.

Je recommande de nouveau d'apporter beaucoup de soin dans le choix des légumes ;

De les prendre dans leur maturité naturelle ;

De les employer frais cueillis et parfaitement sains ;

D'exécuter promptement les différentes opérations et de n'agir que sur de petites quantités à la fois, quel que soit le nombre de conserves qu'on aura à préparer.

CHAMPIGNONS.

Choisissez des champignons fraîchement cueillis, bien fermes et non creux ;
Épluchez,
Lavez promptement,
Épongez sur un torchon.
Pour un kilo de champignons mettez :
Le jus d'un demi-citron,
Même quantité d'eau,
Et une pincée de sel ;
Tournez les champignons ;
Ajoutez un décilitre d'eau ;
Mettez sur un feu très-vif ;
Couvrez la casserole et faites bouillir quatre minutes ;
Mettez dans une terrine ;
Lorsque les champignons sont refroidis,
Égouttez-les, mettez en boîtes,
Et ajoutez à la cuisson une quantité d'eau suffisante pour que ces boîtes soient remplies.

Soudez, soumettez au bain-marie pendant deux heures, lorsque la contenance des boîtes n'excède pas un litre.

PARURES DE CHAMPIGNONS.

Hachez les parures des champignons ;
Pressez-les dans un torchon pour en extraire toute l'eau ;
Hachez et mettez demi-partie d'échalotes et persil pour une partie de parures de champignons ;

Lavez,

Et pressez échalotes et persil ;

Mettez le tout dans une casserole avec beurre fin. ;

Faites revenir cinq minutes sur le feu en tournant avec une cuiller de bois ;

Laissez refroidir ;

Mettez en demi-boîtes, et donnez une heure de cuisson.

Ces parures de champignons s'emploient pour gratin, sauces piquantes et italiennes.

CEPS DE BORDEAUX.

Choisissez des ceps à peu près de la même grosseur ;

Épluchez, lavez ;

Épongez sur une serviette ;

Saupoudrez uniformément de sel, à la dose de 10 grammes par boîte ;

Emplissez la boîte d'huile d'olives et ajoutez deux gousses d'ail non épluchées ;

Soudez ;

Donnez trois heures d'ébullition au bain-marie, pour des boîtes de la contenance d'un litre.

ARTICHAUTS ENTIERS.

Préparez trois artichauts pour une boîte ;

Otez les premières feuilles et coupez 2 centimètres de l'extrémité des autres feuilles ;

Tournez les fonds ;

Faites blanchir afin de retirer le foin ;

Frottez les fonds avec du jus de citron ;
Mettez dans l'eau fraîche ;
Égouttez ;
Placez dans les boîtes ;
Remplissez avec de l'eau légèrement salée, et additionnée de jus de citron ;
Soudez ;
Faites bouillir deux heures au bain-marie.

FONDS D'ARTICHAUTS.

Prenez neuf artichauts, dont vous enlèverez les feuilles dures ;
Faites blanchir,
Rafraîchissez ;
Retirez le foin ;
Tournez les fonds d'égale grosseur ;
Parez,
Frottez ces fonds avec du jus de citron ;
Faites un blanc avec :
10 grammes de beurre,
30 grammes de farine ;
Mouillez avec 2 litres d'eau, le jus de 2 citrons, en ajoutant 10 grammes de sel ;
Faites cuire le blanc vingt minutes, mettez dedans les fonds d'artichauts ;
Faites bouillir un quart d'heure ;
Retirez du feu ;
Laissez refroidir ;
Passez chaque fond dans l'eau tiède ;
Essuyez ;

Mettez en boîte et remplissez avec de l'eau bouillie, légèrement salée et acidulée avec jus de citron ;

Soudez, et laissez deux heures au bain-marie.

ARTICHAUTS EN QUARTIERS.

Préparez quatre artichauts sains, bien tendres et frais cueillis ;

Enlevez toutes les feuilles dures ;

Tournez les fonds ;

Coupez en quatre chaque artichaut ;

Retirez-en le foin, faites blanchir dans de l'eau légèrement salée ;

Égouttez ;

Frottez chaque morceau avec jus de citron ;

Faites cuire à moitié dans un blanc, et terminez comme il est dit ci-dessus ;

Soudez la boîte, et mettez au bain-marie deux heures.

CONCOMBRES.

Prenez huit concombres pour la contenance d'une boîte d'un litre ;

Coupez-les en quatre dans le sens de la longueur ;

Enlevez la peau et les pepins ;

Coupez chaque morceau sur le travers et en biais de 4 centimètres d'épaisseur ;

Parez ces nouveaux morceaux en arrondissant leurs angles ;

Plongez-les dans de l'eau légèrement acidulée avec du jus de citron ;

Mettez-les avec de l'eau dans une bassine assez grande pour qu'on puisse les remuer facilement ; faites bouillir,

Et à moitié cuisson, retirez du feu ;

Laissez un peu refroidir,

Et quand les morceaux seront à moitié froids, égouttez sur une serviette ;

Rangez les morceaux dans la boîte en les serrant ;

Remplissez avec de l'eau acidulée et légèrement salée,

Et terminez par une heure de cuisson au bain-marie.

CHICORÉE.

Prenez cinquante chicorées ;

Retirez-en toutes les parties dures et vertes ;

Lavez et faites blanchir jusqu'à ce qu'elles s'écrasent sous le doigt ;

Rafraîchissez ;

Égouttez ;

Pressez par petites parties dans un torchon pour extraire l'eau ;

Hachez-les menu ;

Desséchez-les dans une casserole avec du beurre fin ;

Laissez refroidir ;

Mettez en boîtes, soudez et laissez deux heures au bain-marie.

PETITS POIS.

Prenez des pois moyens, récemment cueillis et fraîchement écossés : du soin apporté à ce choix dépend la réussite de l'opération.

Faites-les cuire aux trois quarts à grande eau peu salée ;
Égouttez, étalez sur une serviette ;
Laissez refroidir ;
Mettez en boîtes ; remplissez, avec de l'eau bouillie refroidie, additionnée de 4 grammes de bicarbonate de soude ou sel de Vichy par litre ;
Soudez et donnez deux heures de cuisson au bain-marie.

HARICOTS FLAGEOLETS.

Prenez des haricots récemment cueillis et fraîchement écossés ;
Lavez-les ;
Faites-les blanchir à grande eau peu salée ;
A moitié de leur cuisson, terminez en tout point comme il a été dit pour les petits pois.

CAROTTES POUR GARNITURE.

Prenez des carottes nouvelles, longues de 5 centimètres et, autant que possible, de même grosseur ;
Tournez-les en forme de poire et coupez le petit bout ;
Faites-les blanchir dans de l'eau peu salée, et terminez comme ci-dessus, en ne laissant qu'une heure trois quarts au bain-marie.

CARDONS.

Prenez les parties tendres des pieds de cardon ;
Coupez-les en morceaux longs de 9 centimètres ;
Ébarbez avec soin les piquants qui se trouvent de chaque côté ;
Faites-les blanchir pour enlever la peau qui les recouvre ;
Parez-les de nouveau sans altérer la côte de chaque morceau ;
Faites-les cuire aux deux tiers dans un blanc, comme il a été indiqué pour les artichauts en boîte ;
Laissez refroidir ;
Égouttez ;
Passez à l'eau tiède et essuyez ;
Terminez comme il a été dit pour les artichauts en boîte, en donnant deux heures d'ébullition.

PIEDS DE CÉLERI.

Épluchez et parez dix pieds de céleri ;
Coupez-les d'une longueur de 10 centimètres ;
Lavez et brossez ;
Faites blanchir,
Rafraîchissez,
Égouttez et mettez dans un blanc ;
Faites cuire à moitié,
Et terminez comme il a été dit précédemment.

CÉLERI RAVE.

Préparez des racines de céleri rave dit céleri de Strasbourg ;
Coupez-les de la forme d'un quartier de pomme ;
Parez ;
Faites blanchir,
Et égouttez ;
Faites cuire à moitié dans un blanc, et finissez comme pour la préparation des fonds d'artichauts.

LAITUES.

Prenez quarante-huit laitues ;
Retirez-en les premières feuilles, qui sont presque toujours dures ;
Épluchez le trognon ;
Lavez-les et faites blanchir ;
Égouttez et rafraîchissez ;
Faites cuire dans du bouillon ;
Étalez-les sur une serviette ;
Coupez-les en deux ;
Retirez les trognons ;
Étalez les laitues, et reployez les bords et le bout de chacune de ces laitues sur le milieu ;
Rangez dans les boîtes les laitues ainsi parées,
Et choisissez de préférence des boîtes de forme carrée.
Donnez deux heures de bain-marie pour une grande boîte.

Les laitues peuvent aussi être préparées de la même manière que la chicoré *hachée* et *desséchée*.

NAVETS.

Tournez des navets en forme de poire ;
Faites blanchir,
Et finissez comme il a été dit pour les carottes.

ASPERGES.

Employez des boîtes plus hautes que les boîtes ordinaires, et pouvant contenir dix-huit belles asperges ;
Grattez les légumes avec soin ;
Faites blanchir cinq minutes dans de l'eau salée ;
Retirez, rafraîchissez et épongez sur une serviette ;
Rangez-les dans la boîte ;
Marquez-en la partie supérieure, pour ne pas être exposé à ce que les asperges soient renversées ;
Remplissez d'eau légèrement salée ;
Soudez le couvercle ; donnez une heure et demie d'ébullition au bain-marie.

OSEILLE.

Épluchez 4 kilos d'oseille ;
Faites-la blanchir avec 4 litres d'eau ;
Quand elle est bien fondue,
Égouttez-la sur un tamis ;

Passez au tamis de Venise ;

Emplissez la boîte ;

Soudez le couvercle et donnez une heure et demie de bouillon au bain-marie.

TOMATES ENTIÈRES.

Prenez de préférence des tomates provenant du Midi ;

Retirez la partie verte ;

Passez-les une demi-minute à l'eau bouillante pour retirer facilement la pellicule qui les recouvre ;

Égouttez sur un tamis, et laissez refroidir ;

Faites un trou de 2 centimètres ;

Retirez-en les pepins avec le manche d'une cuiller à café ;

Rangez les tomates très-serré dans la boîte ;

Soudez et faites bouillir trente minutes au bain-marie.

Ces tomates sont particulièrement destinées à être farcies.

TOMATES EN PURÉE.

Retirez les parties vertes des tomates ;

Partagez-les en morceaux ;

Mettez-les dans une casserole avec :

Thym,

Laurier,

Et oignons.

La proportion d'aromates à employer pour 15 grosses tomates est :

Une feuille de laurier,

Une petite branche de thym,
Un oignon piqué de deux clous de girofle.

Faites fondre les tomates sur un feu vif ;

Tournez avec une cuiller de bois pour éviter qu'elles ne s'attachent ;

Lorsqu'elles seront en purée,

Égouttez sur un tamis ;

Faites réduire de moitié l'eau pendant que vous passez la purée à l'étamine ;

Ajoutez à la purée l'eau ainsi réduite ;

Ensuite conservez dans des bouteilles de champagne, qui conviennent parfaitement à ce genre de conserves ;

Bouchez, ficelez et laissez au bain-marie pendant une demi-heure.

J'indique dans le procédé suivant la manière d'empêcher la casse des bouteilles.

On jette quelquefois l'eau qui s'écoule à travers le tamis ; c'est un tort, ce liquide étant aussi bon que la pulpe.

AUTRE PROCÉDÉ DE CONSERVATION DES DIVERS LÉGUMES.

Prenez des bouteilles dites à champagne ;

Remplissez-les, jusqu'à 2 centimètres du bouchon, de petits pois récemment cueillis et fraîchement écossés ;

Choisissez des bouchons très-sains, tels qu'on les emploie pour le bouchage à la mécanique.

Le succès de ces conserves dépend de la perfection du bouchage.

Ficelez les bouteilles ;

Mettez une claie en osier dans le fond d'un chaudron ;

Garnissez l'intervalle entre les bouteilles avec du foin ou de vieux linge, pour éviter la casse ;

Remplissez le vase aux trois quarts avec de l'eau ;

Faites bouillir à feu nu ;

A la première ébullition, prenez l'heure exacte et faites bouillir à petits bouillons pendant trois heures ;

Remplacez l'eau qui s'évapore par de nouvelle eau bouillante, afin de ne pas interrompre l'opération de la cuisson ;

Laissez refroidir, et retirez les bouteilles.

Nota. On peut faire toutes les conserves de légumes par le même procédé, en se servant de flacons appropriés à cet usage.

CHAPITRE XI

DES CONSERVES DE FRUITS

AU SIROP, AU BAIN-MARIE OU A LA VAPEUR

Le plus grand soin doit être apporté dans la préparation des conserves.

Les fruits seront choisis très-sains et frais cueillis ;

Ils seront parés en y touchant le moins possible,

Mis en bouteilles sans les froisser.

L'opération sera menée vivement, pour que le contact de l'air altère le moins possible la couleur des fruits.

Le sirop sera préparé à l'avance, les bouteilles bien rincées et les bouchons bien choisis ;

On devra prévoir à peu près la quantité de conserves à employer dans l'année, pour n'en pas préparer plus qu'il n'est nécessaire.

Appliquez ces procédés généraux aux recettes particulières que je vais décrire.

ANANAS ENTIER.

L'ananas entier doit être renfermé dans une boîte de fer-blanc.

Parez-le à vif;

Mettez-le dans une boîte qui laisse un vide d'un centimètre autour du fruit;

Emplissez de sirop à 24 degrés jusqu'à ce qu'il soit recouvert;

Soudez,

Et donnez trente minutes d'ébullition au bain-marie.

ANANAS POUR COMPOTE.

Épluchez à vif, et parez plusieurs ananas dont les débris peuvent être employés à faire du punch et des glaces.

Coupez trois tranches rondes de 8 millimètres d'épaisseur. Le reste de l'ananas doit être séparé en deux et détaillé en tranches demi-rondes de la même épaisseur.

Mettez dans des bouteilles à large goulot;

Remplissez avec du sirop à 24 degrés;

Bouchez et ficelez;

Mettez au bain-marie dix minutes.

Nota. Lorsque vous servirez ces ananas en compote, préparez 2 hectos de sucre en sirop cuit à 38 degrés;

Égouttez la compote, et laissez-la deux heures dans le sirop;

Passez le jus au tamis, et ajoutez-le au mélange d'ananas et de sirop;

Laissez une heure;

Égouttez de nouveau ;

Dressez les demi-tranches en rosace dans un compotier et placez un rond d'ananas au milieu ;

Passez le sirop ;

Faites-le cuire à 34 degrés ;

Laissez refroidir.

Cinq minutes avant de servir la compote, couvrez-la avec le sirop et servez.

PARURES D'ANANAS.

Emplissez une bouteille de parures provenant de plusieurs ananas ;

Couvrez avec du sirop à 20 degrés ;

Bouchez, ficelez et donnez dix minutes d'ébullition.

Conservez ces parures pour punch et glaces.

Nota. Le sirop trop cuit altérant l'arome des fruits, je conseille de ne pas dépasser les degrés prescrits.

ABRICOTS PAR MOITIÉS.

Choisissez des abricots-pêches de plein vent,

Beaux de couleur,

Assez mûrs pour que les noyaux se détachent ;

Séparez-les en deux ;

Retirez les noyaux ;

Mettez en bouteilles, la section des abricots en dessus ;

Servez-vous d'une cuiller de bois pour faire cette opération ;

Serrez les moitiés d'abricots dans les bouteilles et ne remplissez que jusqu'à 4 centimètres du bouchon ;

Mettez du sirop à 28 degrés, qui recouvre les abricots, sans cependant toucher le bouchon ;

Bouchez ;

Ficelez les bouteilles, et donnez deux minutes d'ébullition au bain-marie.

ABRICOTS VERTS CONFITS.

Prenez des abricots verts dont le noyau n'est pas encore formé ;

Blanchissez-les dans de l'eau, additionnée de 5 grammes de potasse par litre ;

Rafraîchissez une heure ;

Égouttez sur un tamis ;

Essuyez avec une serviette ;

Mettez dans une bouteille et remplissez avec du sirop à 28 degrés, en y ajoutant 5 grammes de sel de Vichy par litre ;

Bouchez ;

Ficelez, et mettez deux minutes au bain-marie.

Je conseille de mettre dans des quarts de bouteille ces abricots dont l'emploi est assez limité.

PÊCHES PAR MOITIÉ.

Prenez des pêches dites mignonnes, mûres à point, et surtout bien saines ;

Coupez-les en deux ;

Mettez-les dans l'eau bouillante pour en retirer la peau ;

Otez les noyaux, et mettez en bouteilles avec du sirop à 32 degrés ;

Bouchez,

Ficelez,

Et soumettez deux minutes au bain-marie.

POIRES D'ANGLETERRE.

Faites blanchir des poires d'Angleterre à peine mûres ;

Donnez un seul bouillon ;

Retirez du feu ;

Rafraîchissez ;

Égouttez ;

Tournez les poires pour enlever la pelure ;

Ne laissez qu'un centimètre de queue ;

A mesure qu'elles sont tournées,

Mettez-les en bouteilles avec du sirop à 32 degrés ;

Emplissez les bouteilles,

Bouchez, ficelez,

Et soumettez au bain-marie pendant huit minutes d'ébullition.

POIRES DE BON-CHRÉTIEN

Coupez en deux des poires de bon-chrétien ;

Blanchissez-les deux minutes à l'eau bouillante ;

Rafraîchissez,

Et égouttez-les ;

Pelez les demi-poires en trois coups de couteau ;

Mettez à mesure dans les bouteilles ;

Couvrez-les de sirop à 38 degrés ;
Bouchez, ficelez,
Et mettez huit minutes au bain-marie.

POIRES DE CATILLAC.

Prenez de moyennes poires de catillac très-saines ;
Coupez-les en quatre,
Et quelques-unes par moitié, pour réserver des ronds que l'on placera sur le milieu des compotes ;
Parez chaque quartier en trois coups de couteau ;
Plongez-les à mesure dans l'eau ;
Retirez et placez-les dans une casserole nouvellement étamée ;
Versez dessus assez d'eau pour qu'ils en soient recouverts de quelques centimètres ;
Ajoutez, pour 3 litres de poires et d'eau, 2 hectos de sucre et une petite cuiller à café de carmin liquide ;
Aux trois quarts de la cuisson, retirez du feu ;
Laissez refroidir ;
Égouttez ;
Ayez le soin de mettre dans chaque bouteille un rond de poire qui vous servira à dresser la compote ;
Mettez du sucre dans la cuisson pour faire un sirop à 30 degrés ;
Et lorsqu'il sera froid, remplissez la bouteille ;
Laissez seize minutes au bain-marie.

POIRES DE CRASSANE.

(POUR GELÉES.)

Coupez en quatre des poires de crassane bien saines et mûres ;
Épluchez-les ;
Mettez à mesure dans de l'eau acidulée avec jus de citron ;
Égouttez et mettez dans une bassine ;
Couvrez d'eau ;
Ajoutez un jus de citron,
Et 100 grammes de sucre en morceaux par un litre de poires et d'eau ;
Faites cuire à petit feu ;
Maintenez la bassine couverte ;
Lorsque les poires sont à moitié cuites,
Laissez refroidir, égouttez ;
Remplissez la bouteille aux deux tiers,
Et recouvrez avec l'eau de la cuisson ;
Bouchez, ficelez,
Et donnez dix minutes d'ébullition au bain-marie.

POMMES DE CALVILLE.

Choisissez des pommes de Calville de forme ronde et régulière ;
Coupez-les en deux ;
Retirez les pepins avec une cuiller à café ;
Enlevez la peau en trois coups de couteau, l'un sur le

dessus et les deux autres sur chacun des côtés. Pour bien faire cette opération, il faut que la pomme tourne sur le couteau et non le couteau sur la pomme.

A mesure que vous parez les pommes, mettez-les dans de l'eau additionnée de jus de citron ;

Égouttez, blanchissez à grande eau pendant quatre minutes ;

Laissez refroidir ;

Mettez en bouteilles ;

Couvrez avec du sirop à 30 degrés,

Et terminez en laissant au bain-marie deux minutes.

La meilleure saison pour préparer cette conserve est du 15 novembre au 15 décembre.

CERISES POUR COMPOTE.

Choisissez des cerises de Montmorency, grosses et d'un beau rose, sans taches ni meurtrissures ;

Coupez les queues de manière qu'il n'en reste pas plus de 2 centimètres ;

Mettez-les dans des bouteilles avec du sirop à 24 degrés ;

Bouchez, ficelez et laissez au bain-marie deux minutes.

CERISES SANS NOYAUX.

Employez de grosses et belles cerises bien saines ;

Épluchez-les en évitant de les déchirer ;

Mettez en bouteilles ;

Couvrez-les de sirop à 24 degrés ;

Bouchez, ficelez,
Et terminez par deux minutes d'ébullition.

CORNOUILLES.

Choisissez ces fruits sains, mûrs et aussi gros que possible ;
Coupez les queues de 2 centimètres ;
Mettez en bouteilles ;
Ajoutez du sirop à 28 degrés ;
Bouchez, ficelez et laissez deux minutes au bain-marie.

PRUNES DE MIRABELLE.

Prenez des mirabelles d'un jaune clair, pas trop mûres, ni tachées, ni fendues ;
Laissez 1 centimètre de queue ;
Mettez en bouteilles en les tassant légèrement ;
Remplissez avec du sirop à 25 degrés ;
Bouchez, ficelez et donnez cinq minutes d'ébullition au bain-marie.

PRUNES DE REINE-CLAUDE.

Choisissez des prunes de reine-Claude qui ne soient ni trop mûres, ni tachées, ni fendues ;
Piquez-les avec une épingle pour qu'elles blanchissent plus facilement ;
Mettez-les dans une bassine à grande eau et faites frémir sur le feu ;

Maintenez le feu doux pour que le bouillon ne monte pas plus vite que les prunes à la surface de l'eau ;

Égouttez sur un tamis ;

Rangez dans les bouteilles ;

Versez dessus du sirop à 38 degrés ;

Donnez quatre minutes d'ébullition.

VERJUS.

Récoltez le verjus lorsqu'il est arrivé à sa grosseur, mais sans être mûr ;

Blanchissez-le à grande eau ;

Additionnez de 5 grammes de sel de Vichy.

Si l'on prépare plusieurs conserves, la même eau servira pour blanchir les fruits.

Rafraîchissez ;

Égouttez ;

Fendez chaque grain de verjus sur le côté pour en retirer les pepins ;

Mettez le verjus dans une terrine et couvrez-le avec du sirop à 24 degrés ;

Laissez macérer jusqu'au lendemain ;

Égouttez pour réduire le sirop, auquel vous ajouterez du sucre ;

Remettez le verjus dans le sirop ;

Remuez en tournant la bassine et ne laissez pas bouillir ;

Faites refroidir et mettez en bouteilles ;

Bouchez, ficelez et laissez deux minutes au bain-marie.

POMMES D'API.

Choisissez des pommes d'api d'égale grosseur et de même couleur ;

Tournez-les pour enlever la peau, et mettez-les dans de l'eau acidulée avec jus de citron ;

Faites blanchir à petits bouillons ;

Retirez-les, enlevez les pepins avec un vide-pommes de 1 centimètre de diamètre ;

Remettez les pommes dans de l'eau bouillante, et finissez de les blanchir lorsqu'elles fléchissent sous le doigt ;

Retirez-les du feu ;

Rafraîchissez, égouttez sur un tamis ;

Rangez dans les bouteilles ;

Couvrez avec du sirop à 38 degrés ;

Bouchez et ficelez ;

Mettez au bain-marie deux minutes.

POIRES DITES BLANQUETTES.

Choisissez des poires de blanquette à peine mûres et d'égale grosseur ;

Tournez-les et mettez-les à mesure dans de l'eau additionnée de jus de citron ;

Blanchissez dix minutes à très-petits bouillons, et rafraîchissez ;

Mettez en bouteilles avec sirop à 30 degrés, ficelez et donnez deux minutes d'ébullition au bain-marie.

ÉPINE-VINETTE.

Choisissez de belles grappes d'épine-vinette ;
Égrenez et mettez en bouteilles avec du sirop à 38 degrés ;
Bouchez, ficelez et mettez deux minutes au bain-marie.

GROSEILLES ROUGES.

Égrenez des groseilles rouges peu mûres; triez les grains ;
Emplissez les bouteilles ;
Versez du sirop à 30 degrés ;
Bouchez, ficelez,
Et laissez bouillir deux minutes au bain-marie.

GROSEILLES BLANCHES.

Même procédé que pour les groseilles rouges.

MURES.

Choisissez des mûres qui ne soient pas arrivées à leur complète maturité ;
Épluchez ;
Mettez en bouteilles, en ayant soin d'incliner le vase, pour que les fruits, coulant le long des parois, arrivent au fond sans être froissés ;

Remplissez avec du sirop à 38 degrés ;
Bouchez, ficelez et soumettez à deux minutes d'ébullition.

FRAISES.

Prenez des fraises des quatre saisons à peine mûres et très-saines ;
Épluchez ;
Mettez en bouteilles et terminez en procédant de la même manière que pour les mûres.

FRAMBOISES.

Choisissez des framboises rouges ou blanches très-saines et peu mûres ;
Épluchez-les rapidement ;
Mettez en bouteilles, couvrez de sirop à 38 degrés ;
Bouchez, ficelez et donnez deux minutes d'ébullition au bain-marie.

PURÉE D'ANANAS.

Pilez et passez au tamis de Venise trois ananas ;
Prenez 500 grammes de sucre en poudre pour même quantité de pulpe ;
Mêlez parfaitement ;
Mettez en bouteilles ;
Bouchez, ficelez et laissez cinquante minutes au bain-marie.

PURÉE D'ABRICOTS.

Choisissez des abricots de plein vent bien mûrs ;
Passez-les au tamis de Venise ;
Employez 500 grammes de sucre pilé pour même quantité de purée ;
Mêlez et terminez comme il est dit ci-dessus ;
Donnez deux minutes d'ébullition au bain-marie.

PURÉE DE PÊCHES.

Choisissez de belles pêches bien mûres ;
Préparez la purée, et terminez l'opération comme il a été dit pour les abricots.

PURÉE DE BRUGNONS.

Même procédé que pour la purée de pêches.

PURÉE DE REINE-CLAUDE, DE MIRABELLES, DE MONSIEUR.

Choisissez des prunes bien mûres ;
Préparez la purée,
Et terminez comme ci-dessus, en donnant deux minutes d'ébullition.

PURÉE DE FRAISES.

Épluchez avec soin des fraises des quatre saisons fraîchement cueillies ;
Passez-les au tamis ;
Ajoutez 500 grammes de sucre pour 500 grammes de purée de fraises ;
Soumettez deux minutes au bain-marie.

PURÉE DE FRAMBOISES.

Même procédé que pour les fraises.

PURÉE DE MURES.

Même procédé que ci-dessus.

PURÉE DE POIRES DE CRASSANE.

Épluchez des poires de crassane bien mûres et bien saines ;
Faites-les cuire à petit feu avec 4 décilitres d'eau pour 1 kilo de poires ;
Passez au tamis ;
Ajoutez 1 kilo de sucre en poudre pour 1 kilo de purée ;

Mettez en bouteilles ;
Bouchez, ficelez et donnez quatre minutes d'ébullition.

PURÉE DE POMMES.

Épluchez des pommes de calville ;
Plongez-les à mesure dans de l'eau bouillante, tenue au coin du fourneau ;
Faites-les cuire à plein feu jusqu'à ce que la pomme puisse passer au travers d'un tamis ;
Réservez l'eau qui doit servir pour faire la gelée de pommes ;
Ajoutez 500 grammes de sucre pour 500 grammes de purée ;
Mettez en bouteilles, et au bain-marie pendant quatre minutes.

PURÉE DE COINGS.

Pour cette purée, mêmes soins et même procédé que pour les pommes de calville ;
Réservez l'eau pour faire la gelée ;
Quatre minutes d'ébullition au bain-marie.

PURÉE DE GROSEILLES A MAQUEREAU.

Prenez 2 kilos de groseilles à maquereau à peine mûres ;
Épluchez-les ;

Faites-les cuire avec 2 décilitres d'eau ;
Passez au tamis ;
Mettez en bouteilles ;
Bouchez et ficelez ;
Donnez vingt minutes d'ébullition au bain-marie.

Nota. Cette purée de groseilles est très-appréciée lorsqu'elle est servie avec des viandes rôties ou des poissons bouillis.

PURÉE DE GROSEILLES A MAQUEREAU AU SUCRE.

Même préparation que pour la purée précédente.
Employez 2 kilos de sucre pour 2 kilos de groseilles ;
Faites cuire ;
Passez au tamis ;
Mettez en bouteilles et finissez comme ci-dessus.

Ces conserves s'emploient pour les puddings anglais et les petites pâtisseries.

On peut même en faire des glaces.

CHAPITRE XII

DES PURÉES DE FRUITS CONSERVÉES A FROID

OBSERVATION

Pour les purées de fruits conservées à froid,
Faites dans une cave très-fraîche une fosse de 30 centi-

Fig. 13. — Bouteilles dans la fosse.

mètres de profondeur sur 20 de largeur et 2 mètres de longueur ;

Dans le fond de la fosse, mettez une couche de sable de 3 centimètres d'épaisseur.

La fosse ainsi préparée,

Rangez-y les bouteilles de purée,

Et remplissez de sable.

Ce procédé ne vaut pas la glacière; cependant il peut avantageusement remplacer l'usage du bain-marie.

Si vous disposez d'une glacière, les purées seront préparées avec parties égales de sucre et de fruits.

PURÉE DE FRAISES A FROID

Faites une purée de fraises à froid ;

Ajoutez :

500 grammes de sucre en poudre pour 500 grammes de purée ;

Mettez en bouteilles ;

Ficelez et enterrez dans la fosse.

PURÉE DE FRAMBOISES, DE PÊCHES, D'ABRICOTS, DE REINE-CLAUDE.

Procédez comme ci-dessus.

PURÉE DE POIRES DE CRASSANE A FROID.

Faites cuire la poire de crassane dans du sirop à 10 degrés ;

Égouttez et passez au tamis ;

Ajoutez à 500 grammes de purée même quantité de sucre en poudre.

PURÉE D'ANANAS.

Pilez les ananas sans les parer ;
Passez au tamis,
Et terminez comme il a été indiqué pour les autres purées.

CHAPITRE XIII

DES GELÉES DE FRUITS

La plupart des espèces de pommes peuvent servir à préparer de la gelée.

Cependant je ferai remarquer que, pour l'obtenir bien blanche, il faut employer de préférence :

Les pommes de calville, de reinette, du Canada, d'Angleterre.

Un mélange de pommes de calville et de pommes du Canada donne le meilleur résultat.

La base des gelées

De citron,

D'orange,

Et de toutes les gelées de fleurs, est la gelée de pommes qui est décrite ci-après.

Cependant on peut employer d'autres espèces, mais il faut s'attendre à ce que les gelées soient plus ou moins colorées. La saison la plus favorable pour faire les gelées est du 15 novembre au 15 décembre.

GELÉE DE POMMES.

Mettez dans une bassine 2 litres d'eau, faites-la frémir sur le coin du fourneau;

Épluchez 1,250 grammes de pommes de Calville et autant de pommes de reinette;

Coupez-les en tranches;

Plongez-les dans la bassine que vous soumettrez à un feu vif jusqu'à ce qu'elles soient en marmelade;

Versez cette purée dans une chausse en molleton de laine, dont vous aurez maintenu par des attaches l'écartement de l'ouverture;

Laissez filtrer jusqu'à ce que le liquide s'écoule clair;

Reprenez la partie trouble;

Reversez-la dans la chausse de manière que le tout soit limpide;

Pesez ce liquide;

Ajoutez-y du sucre concassé dans la proportion de 300 grammes pour 500 grammes de jus;

Faites cuire à 28 degrés au pèse-sirop;

Mettez dans des pots;

Écumez;

Laissez entièrement refroidir;

Appliquez directement sur la gelée un rond de papier imbibé d'eau-de-vie;

Recouvrez les pots d'une feuille de papier maintenue par un ou deux tours de ficelle;

Conservez dans un endroit sec et froid.

GELÉE DE POMMES DE ROUEN.

Cette gelée se prépare de la même manière ; seulement, on y ajoute des écorces de citron confit coupées en filets de 2 millimètres et jetées dans la gelée deux minutes avant de la retirer du feu.

GELÉE DE VERJUS.

Égrenez 2 kilos de verjus peu mûr, et divisez en deux chaque grain ;

Mettez 3 litres d'eau dans une bassine, faites cuire le verjus jusqu'à ce qu'il s'écrase sous le doigt ;

Versez-le dans la chausse ;

Filtrez et reversez dans le filtre le premier passé jusqu'à ce qu'il coule très-clair ;

Pesez le jus, et pour 500 grammes, ajoutez dans la bassine 300 grammes de sucre concassé ; faites cuire à 28 degrés ;

Mettez en pots ;

Laissez prendre et couvrez.

GELÉE DE GRENADES.

Mettez dans une bassine 2 kilos de graines de grenades avec 2 litres d'eau, laissez cuire vingt minutes ;

Filtrez à la chausse ;

Mettez 6 hectos de sucre par kilo de jus, et finissez comme pour la gelée de verjus.

Ajoutez quelques gouttes de carmin si la couleur était trop pâle.

GELÉE DE CASSIS.

Égrenez 2 kilos de grappes de cassis ;
Faites fondre sur le feu dans 1 litre d'eau ;
Filtrez dans la chausse ;
Mettez 600 grammes de sucre par kilo de jus ;
Faites cuire à 28 degrés et finissez comme la gelée de pommes.

GELÉE D'ÉPINE-VINETTE.

Faites cuire dans 3 litres d'eau 2 kilogrammes de fruits d'épine-vinette jusqu'à ce qu'ils s'écrasent sous le doigt ;
Filtrez ;
Ajoutez 600 grammes de sucre par kilo de jus ;
Faites cuire à 28 degrés, et terminez comme pour le verjus.

GELÉE DE COINGS.

Épluchez des coings pour en avoir 2 kilos ;
Mettez-les dans l'eau à mesure que vous les épluchez, pour éviter qu'ils ne rougissent ;
Retirez et plongez-les dans une bassine avec 4 litres d'eau ;
Laissez cuire jusqu'à ce que le coing soit en marmelade ;
Versez dans la chausse ;

Filtrez;

Ajoutez 600 grammes de sucre par kilo de jus;

Finissez comme pour la gelée de pommes;

Ajoutez des filets d'écorce d'orange confite coupés très-mince.

Cette addition donne de la finesse au produit.

GELÉE DE CITRONS.

Préparez du jus comme il est dit pour la gelée de pommes;

Ajoutez-y le jus filtré de six citrons et le zeste de trois pour 2 kilos de pommes;

Faites cuire *au gros boulet*, $1^{kil},200$ de beau sucre;

Ajoutez le jus de citron et le jus de pommes;

Donnez un seul bouillon.

Si la gelée n'avait pas atteint 28 degrés, on lui donnerait quelques bouillons de plus.

Nota. La cuisson *au gros boulet* se fait ainsi :

Mettez dans une bassine $1^{kil},200$ de beau sucre avec 7 décilitres d'eau;

Faites bouillir;

Écumez;

Nettoyez le bord de la bassine avec une petite éponge mouillée, en évitant qu'il ne tombe de l'eau dans le sucre.

Lorsque le sirop commence à être rapproché, on l'essaye en y trempant le bout du doigt et en le reportant immédiatement dans de l'eau froide tenue à portée.

Le sirop est à point, si l'on peut rouler le sucre qui adhère au doigt et en faire une boule.

GELÉE D'ORANGES.

Même préparation et même travail que ci-dessus.

Ajoutez quelques gouttes de carmin liquide pour leur donner une teinte rose.

GELÉE DE FRAMBOISES.

Prenez 2 kilos de belles framboises ;

Épluchez-les avec soin et mettez-les dans une bassine avec 1 litre et demi d'eau ;

Faites bouillir dix minutes ;

Passez à la chausse ;

Mettez 600 grammes de sucre par chaque kilo de jus ;

Cuisez à 28 degrés ;

Laissez prendre et couvrez les pots.

GELÉE DE CERISES.

Prenez 2 kilos de cerises de Montmorency, enlevez les queues et les noyaux ;

Mettez dans une bassine avec un litre et demi d'eau ;

Lorsqu'elles sont cuites,

Filtrez le jus et terminez comme pour les framboises.

GELÉE DE MURES.

Prenez 2 kilos de mûres d'une maturité parfaite ;

Épluchez et procédez en tout point comme il a été dit précédemment.

GROSEILLES BLANCHES DE BAR.

Épepinez 1 kilo de groseilles blanches ;
Faites cuire 1 kilo de sucre *au boulet*, comme il a été dit pour la gelée de citrons ;
Mettez dans le sucre les groseilles avec le jus qu'elles ont rendu ;
Retirez du feu ;
Tournez la bassine pour mêler les groseilles avec le sucre ;
Couvrez et laissez dix minutes ;
Remettez au feu pour obtenir un seul bouillon ;
Versez dans des pots ou des godets de cristal ;
Écumez parfaitement ;
Laissez prendre et couvrez.

GELÉE DE GROSEILLES ROUGES.

Même travail et même proportion de sucre et de fruits.

GELÉE DE FRAMBOISES ENTIÈRES, ROUGES OU BLANCHES.

Prenez 1 kilo de framboises peu mûres et très-grosses ;
Épluchez ;
Faites cuire un kilogramme de sucre *au boulet*, dans un grand poêlon d'office ;

Versez-y les framboises avec soin pour éviter de les briser ;

Faites tourner le fruit en agitant le poêlon ;

Couvrez un quart d'heure en laissant le poêlon sur le coin du fourneau, et remettez sur le feu pour obtenir un seul bouillon ;

Versez la gelée dans des pots de cristal ou de porcelaine ;

Laissez prendre et couvrez.

CERISES CONFITES.

Épluchez de belles cerises de Montmorency, pour en avoir 2 kilos ;

Évitez de les déchirer en retirant les noyaux ;

Mettez dans une petite bassine 1 kilo de sucre cassé en petits morceaux ;

Ajoutez les cerises et faites-les cuire à la grande nappe.

On obtient cette cuisson lorsque, en trempant l'écumoire dans les confitures et l'élevant inclinée en l'air, le sirop s'en écoule formant sur le bord une nappe de 2 à 3 centimètres de large ;

Retirez les cerises du feu ;

Mettez dans une terrine et recouvrez ;

Le lendemain remettez les cerises dans une bassine ;

Ajoutez 200 grammes de sucre cassé en petits morceaux ;

Faites bouillir ;

Écumez ;

Et lorsque le sirop sera de nouveau cuit à la nappe,

Ajoutez les cerises, donnez un seul bouillon ;

Retirez du feu ;

Mettez en pots ;

Laissez prendre ;
Couvrez avec papier et ficelez.

FRAISES CONFITES.

Prenez 1 kilo de fraises, dites belle Reine, peu mûres ;
Faites cuire *au boulet* 1 kilo de sucre ;
Mettez les fraises dans le poêlon ;
Couvrez-le, et laissez près du feu pendant une heure ;
Remettez sur le feu ;
Faites bouillir à feu vif pendant deux minutes ;
Retirez du feu ;
Écumez ;
Mettez en pots ;
Laissez prendre et couvrez.

GELÉE DE POIRES D'ANGLETERRE, GARNIE DE FRUITS.

Coupez en quatre et épluchez 2 kilos de poires d'Angleterre que vous aurez choisies peu mûres, pour éviter qu'elles ne se mettent en marmelade ;
Faites-les blanchir ;
Égouttez et mettez-les dans une terrine avec du sirop bouillant et marquant 20 degrés ;
Recouvrez-la, et après quatre jours égouttez les poires ;
Ajoutez du sucre au sirop ;
Faites cuire à 22 degrés ;
Quatre jours après, recommencez la même opération en faisant bouillir jusqu'à ce que le sirop atteigne 30 degrés ;

Mettez en pots et ne couvrez qu'au bout de vingt-quatre heures.

GELÉE DE FLEURS.

Je rappelle ici que le jus de pommes est la base des gelées de fleurs ;

Qu'il se prépare en novembre et décembre ;

Qu'il se conserve en bouteilles bouchées et ficelées, ayant subi la cuisson au bain-marie pendant quatre minutes.

GELÉE DE VIOLETTES.

Préparez 2 kilos de gelée de pommes, comme il est dit au commencement du chapitre ;

Ajoutez-y, cinq minutes avant la cuisson, 250 grammes de pétales de fleurs de violettes des bois ;

Aussitôt que la gelée aura atteint 28 degrés au pèse-sirop,

Placez un tamis très-propre sur une terrine d'office ;

Versez la gelée sur le tamis ;

Mettez en pots ;

Laissez prendre ;

Couvrez comme pour la gelée de pommes.

Avant de passer la gelée on ajoute quelques gouttes de carmin liquide pour rendre la couleur plus nette et plus franche.

GELÉE DE ROSES.

Même préparation que pour les violettes,

En employant 150 grammes de pétales de roses dites cent-feuilles.

GELÉE DE FLEURS D'ORANGER.

Pour 2 kilos de gelée de pommes, mettez seulement 50 grammes de pétales mondés de fleurs d'oranger ;
Terminez sans mettre de carmin.

GELÉE D'OEILLETS ROUGES DITS GIROFLES.

Pour 2 kilos de gelée de pommes,
Ajoutez 30 grammes de pétales d'œillet et quelques gouttes de carmin pour donner une couleur rouge.

CHAPITRE XIV

DES SALADES

Je vais décrire ici certaines salades composées et très-appréciées, dont que la dépense n'est pas excessive, et qui sont appropriées aux diverses saisons.

SALADE D'ÉTÉ.

Elle se compose :
De 8 laitues,
25 grammes de câpres,
6 anchois,
6 œufs durs,
Du cresson alénois ;
Le tout assaisonné de vinaigre aromatisé, d'huile, de sel et de mignonnette.

Épluchez les laitues ;
Réservez les feuilles vertes pour l'office ;

Ne prenez que les cœurs que vous couperez en huit ;
Faites durcir les œufs ;
Séparez les blancs des jaunes ;
Hachez chaque partie des œufs séparément ;
Faites dégorger huit anchois ;
Grattez-les ;
Séparez-les en deux ;
Retirez-en les arêtes et coupez-les en petits morceaux ;
Mettez dans le saladier les cœurs de laitues ;
Ajoutez les anchois, les œufs, le cresson alénois grossièrement haché, et enfin les câpres ;
Mettez le sel et la mignonnette, l'huile et le vinaigre de table.

Cette salade ne doit être assaisonnée qu'au moment de servir.

SALADE DITE DES CHASSEURS.

Elle se compose :
De bœuf fumé,
De saumon fumé,
De langue à l'écarlate,
De blé de Turquie,
D'œufs durs,
De piments du Chili,
D'oignons,
De chair de citron,
De pommes de terre,
De céleri en branches,
Et de farine de moutarde.
Faites durcir les œufs ;

Cuisez les pommes de terre sans qu'elles s'écrasent sous le doigt ;

Coupez le céleri en dés et faites-le blanchir ;

Coupez le bœuf fumé, le saumon, la langue écarlate et le blé de Turquie en dés d'un demi-centimètre carré ;

Ajoutez un huitième de piment émincé ;

Hachez séparément le blanc et le jaune des œufs ;

Épluchez les oignons, en retranchant la partie dure ;

Coupez-les en dés et lavez dans plusieurs eaux.

On lave les oignons en les mettant dans le bout d'un torchon que l'on trempe trois fois dans l'eau et que l'on presse fortement.

Le tout ainsi préparé,

Mettez avec ordre et par parties dans un saladier avec fournitures hachées gros ;

Assaisonnez avec vinaigre de table, sel, farine de moutarde et huile.

On prépare la farine de moutarde en la délayant dans de l'eau.

Goûtez pour savoir si l'assaisonnement est bon.

La chair du citron doit être divisée et les pepins enlevés.

SALADE MACÉDOINE.

C'est le hasard qui m'inspira l'idée de cette composition ; voici dans quelle circonstance :

Je me trouvais un jour chez un de mes amis, aux environs de Fontainebleau, lorsque la maîtresse de la maison, qui depuis plusieurs jours avait de nombreux invités, me fit part de son embarras pour donner un repas confortable, quand ses provisions neuves étaient épuisées, et que ses ressources ne se composaient plus que de restes des jours précédents.

Je la rassurai en lui disant que j'agirais au mieux pour l'honneur de sa cuisine.

Mon premier soin fut d'aller visiter le garde-manger.

J'y trouvai volaille, gibier, viandes de boucherie qui provenaient de dessertes abondantes.

L'idée me vint d'en composer une salade dite macédoine.

L'exécution ne se fit pas attendre :

Je parai les viandes de volaille, de gibier et de boucherie qui formèrent le principal de ma *salade à la macédoine*.

Je préparai une énorme mayonnaise, que je mis avec les viandes dans un grand saladier, en y ajoutant des laitues, des olives, des anchois, des œufs durcis, des variantes au vinaigre et une forte ravigote.

Je mêlai le tout,

Et j'assaisonnai de haut goût.

Ma salade, précédée d'un bon potage, suivie de fruits du jardin, de petits fours et de quelques autres accessoires, composa un excellent repas très-apprécié des convives.

Et j'eus plus tard la satisfaction de rencontrer l'un d'eux, qui me témoigna de nouveau la reconnaissance de l'estomac.

SALADE D'HIVER.

Elle se compose :
D'une partie de harengs saurs,
De pommes de reinette,
De céleri en branches,

De haricots flageolets,
De haricots verts,
De radis,
De pommes de terre,
De cerfeuil,
Et de lentilles ;

Retirez la peau et les arêtes des harengs ;

Coupez en dés même quantité de pommes de reinette et de pommes de terre ;

Mettez une cuillerée à bouche de vinaigre dans le saladier pour éviter que les pommes ne noircissent ;

Coupez aussi en petits filets de 2 centimètres de long sur un demi de large la même quantité de céleri ;

Versez le tout dans le saladier,
Et faites mariner dans le vinaigre avec sel et poivre ;
Cinq minutes avant de servir,
Ajoutez l'huile et le cerfeuil,
Mélangez bien la salade en la retournant,
Et assurez-vous si l'assaisonnement est bon.

AUTRE SALADE D'HIVER.

Elle se compose avec :
2 hectos de salsifis,
2 hectos de harengs saurs,
2 hectos de petits choux de Bruxelles,
1 hecto de choux rouges marinés,
Et du cerfeuil ;

Épluchez, et faites cuire les salsifis et les choux de Bruxelles dans l'eau salée ;

Retirez-les quand ils sont encore un peu fermes ;

Faites dessaler les harengs ;
Retirez-en la peau et les arêtes,
Et coupez-les en dés ;
Hachez les choux rouges, mêlez le tout dans un saladier ;
Assaisonnez avec poivre,
Peu de sel,
Une pointe de poivre de Cayenne,
Huile et vinaigre.

AUTRE SALADE D'HIVER.

Ayez des haricots flageolets,
Des haricots verts,
Des pommes de terre,
Des betteraves,
De la fourniture et des oignons ;
Faites cuire les légumes,
Et préparez comme suit :
Coupez les pommes de terre et les betteraves en dés d'un demi-centimètre ;
Épluchez, hachez et lavez les oignons dans plusieurs eaux, et pressez-les dans un torchon ;
Mettez les quatre premiers légumes par parties égales dans un saladier ;
Ajoutez-y l'oignon et le cerfeuil ;
Assaisonnez avec vinaigre, sel, poivre, huile, et retournez longtemps.

SALADE DE ROMAINES ET DE THON.

Épluchez deux belles romaines, dont vous aurez retiré les premières feuilles ;

Coupez en dés 1 hecto de thon mariné,
Et 100 grammes d'oignons.

Nota. Il est bon de faire subir à l'oignon, pour le rendre plus digestif, une opération préalable qui consiste à le mettre dans un torchon que l'on trempe à plusieurs reprises dans l'eau fraîche.

Ajoutez de l'estragon haché ;

Assaisonnez avec poivre de Cayenne, sel, huile et vinaigre de table.

SALADE DE CHICORÉE.

Épluchez de la chicorée de Meaux, c'est la meilleure espèce ;

Lavez et égouttez avec soin ;

Mettez-la dans le saladier.

Ajoutez de la ravigote hachée, composée :

De cerfeuil,

D'estragon,

De pimprenelle

Et de deux échalotes très-finement hachées ;

Et lavez à plusieurs eaux, comme il a été dit pour l'oignon ;

Assaisonnez d'une mayonnaise légère, dans laquelle vous ajouterez deux piments du Chili très-finement hachés.

MAYONNAISE POUR SALADE.

Mettez dans une terrine un jaune d'œuf soigneusement séparé du blanc et du germe ;

Assaisonnez d'une forte pincée de sel ;

Mêlez avec une cuillerée d'huile ;

Ajoutez en deux ou trois fois une cuillerée de vinaigre, puis, peu à peu, une quantité d'huile suffisante pour obtenir huit cuillerées de mayonnaise, dose ordinaire que comporte une salade.

Assaisonnez de haut goût.

AUTRE SALADE D'HIVER.

Elle se compose :

D'une partie de pommes de terre,

    Idem   de céleri,

    Idem   de betteraves,

D'une demi-partie de harengs saurs,

De 20 grammes de cerfeuil haché,

Et de 50 grammes de cornichons également hachés.

Faites cuire et refroidir les pommes de terre ;

Faites dessaler le hareng, et coupez en petits dés betteraves et harengs ;

Faites blanchir dans de l'eau salée le céleri, rafraîchissez ;

Égouttez sur une serviette et à demi-cuisson ;

Mettez dans le saladier les pommes de terre, les cornichons, les racines de céleri et la fourniture ;

Assaisonnez de sel, poivre, huile et vinaigre ;

Et réservez la betterave pour l'ajouter au moment de servir.

AUTRE SALADE D'ÉTÉ.

Elle se compose :
De fonds d'artichauts,
Pointes d'asperges,
Navets,
Carottes nouvelles,
Petits pois,
Haricots verts,
Concombres verts,
Et raiponces.

Préparez des fonds d'artichauts comme il est dit au chapitre IX ;

Coupez-les en dés d'un demi-centimètre carré ;

Coupez les asperges vertes en morceaux égaux ;

Faites blanchir,

Égouttez,

Taillez de même les navets et les carottes que vous ferez cuire à l'eau de sel ;

Lorsqu'on ne peut se procurer de bons navets, on les remplace par du radis noir, que l'on prépare comme les navets.

Rafraîchissez,

Égouttez ;

Blanchissez les haricots coupés en losanges ;

Coupez les concombres et les raiponces en dés ;

Blanchissez,

Égouttez ;

Mettez le tout dans un saladier ;

Assaisonnez avec une mayonnaise légère, et ajoutez une forte ravigote grossièrement hachée.

SALADE NORVÉGIENNE.

2 hectos de harengs marinés,
3 hectos de pommes de terre cuites à l'eau,
3 hectos de pommes de reinette,
1 hecto d'anchois,
2 hectos de saumon fumé,
3 hectos d'olives,
2 hectos de cornichons,
1 hecto de câpres,
1 hecto de ravigote hachée,
1 hecto de chair de citron,
24 huîtres,
15 grammes de piment du Chili ;
Assaisonnez avec vinaigre composé et huile ;
Coupez en dés les harengs marinés, le saumon, les pommes de terre et les pommes de reinette ;
Coupez les anchois après les avoir dessalés et parfaitement nettoyés ;
Ajoutez la chair du citron et les cornichons ;
Mettez le tout dans un saladier ;
Ajoutez la ravigote hachée,
Les câpres et les olives dont on aura retiré les noyaux ;
Assaisonnez avec l'huile et le vinaigre ;
Hachez les piments ;
Ne mêlez les huîtres qu'au moment de servir.

SALADE DE HAMBOURG.

500 grammes de choucroute,

200 grammes de queues d'écrevisses,
25 grammes de raifort,
300 grammes de bœuf fumé,
50 grammes d'oignons,
25 grammes d'estragon ;
Hachez la choucroute après l'avoir lavée et pressée ;
Mettez-la dans un saladier avec le bœuf de Hambourg coupé en dés ;
Râpez le raifort ;
Épluchez les queues d'écrevisses ;
Hachez l'estragon ;
Blanchissez l'oignon ;
Assaisonnez avec sel, poivre blanc, huile et vinaigre.

SALADE RUSSE.

200 grammes ogoursis,
200 grammes saumon fumé,
100 grammes filets de poulet,
100 grammes filets de soles,
100 grammes carottes,
100 grammes choux-fleurs en petits bouquets,
100 grammes haricots verts,
100 grammes petits pois,
100 grammes langue à l'écarlate ;
Épluchez et émincez les ogoursis, pour en avoir 200 grammes ;
Coupez en dés le saumon fumé et les filets de poulets et de soles ;
Préparez le rouge de carotte en carrés d'un centimètre ;
Faites cuire à l'eau de sel ;

Coupez les haricots verts en losanges ;

Faire cuire les pois et les choux-fleurs par petits bouquets ;

Divisez la langue à l'écarlate en petits dés ;

Mettez tous ces ingrédients dans un saladier avec 1 hecto de ravigote ;

Assaisonnez avec une mayonnaise à la gelée ainsi faite :

Mettez dans un plat à sauter un décilitre et demi de gelée ;

Faites fondre,

Laissez refroidir,

Fouettez la gelée sur la glace ;

Faites refondre ;

Mettez huile, vinaigre et poivre de Cayenne ;

Refouettez sur la glace ;

Mêlez le tout ;

Goûtez pour vous assurer de l'assaisonnement, qui doit être de haut goût.

CHAPITRE XV

DES SIROPS

PRINCIPES POUR FILTRER.

Il y a plusieurs manières de filtrer : voici celle qui réussit le mieux :

Prenez trois feuilles de papier à filtrer ;
Mettez-les à grande eau dans un poêlon d'office,
Faites chauffer et battez pour les diviser,
Égouttez sur un tamis ; lavez la pâte plusieurs fois à l'eau froide ;
Égouttez de nouveau ;
Pressez ;
Mettez-la dans une terrine.

Délayez cette pâte de papier avec une partie du jus ou du sirop que vous voulez filtrer et versez dans une chausse en molleton de laine sous laquelle sera placée une terrine destinée à recevoir le liquide, que vous reverserez plusieurs fois dans la chausse jusqu'à ce qu'il passe très-clair.

Seconde manière de filtrer qui, à défaut de chausse, est encore très-bonne :

Ayez une grande carafe avec un entonnoir en verre,
Du papier à filtrer que vous disposez en plis.

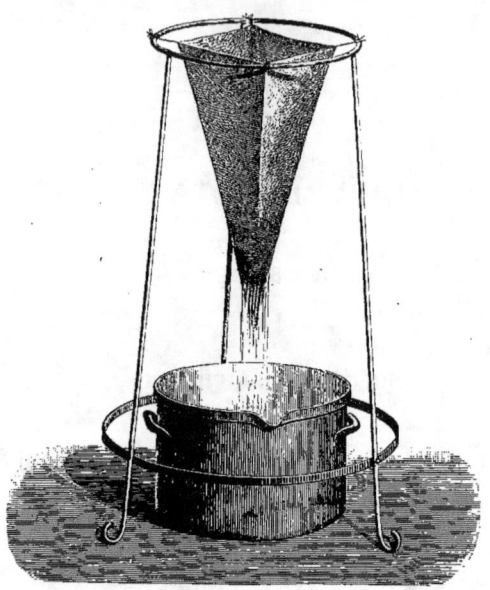

Fig. 14. — Filtration.

Posez le papier dans l'entonnoir ;
Versez le jus dans le filtre, et recommencez l'opération jusqu'à ce que le liquide coule très-clair.

Lorsqu'il se sera écoulé une certaine quantité de liquide, retirez-le, versez-le dans un autre vase, afin que si le filtre crève, la liqueur qu'il contient ne vienne pas troubler celle qui est clarifiée.

On peut filtrer aussi avec du papier préparé comme pour la chausse ; mais on remplace alors celle-ci par un tamis de Venise, d'une grandeur telle que la surface soit entièrement couverte par le mélange de papier et de jus ;

DES SIROPS.   189

On verse le tout sur le tamis ;

On laisse couler le jus, et on recommence l'opération jusqu'à ce qu'il soit limpide.

Fig. 15. — Filtration.

MANIÈRE DE FAIRE UN FILTRE EN PAPIER

Pour faire un filtre, on prendra un carré de papier et

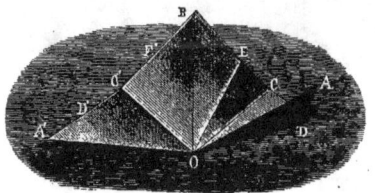

Fig. 16. — Pliage du filtre.

on le pliera en deux, en plaçant un des coins sur le coin

opposé. Le point A' sera ensuite amené sur A, et l'on obtiendra ainsi le pli OB. Le point O est le centre où viennent se réunir tous les plis, qui se font d'ailleurs en partageant chaque angle en deux parties égales :

OA' amené sur OB donnera le pli OC',
OA — OB — OC,
OA — OC — OD,
OA — OC' — OE,
OA' — OC' — OD',
OA' — OC — OE'.

On aura ainsi sept plis dans le même sens : il s'agit de les séparer par huit plis inverses. Pour cela, on portera OA sur OC, puis on le repliera sur OD de façon à partager la partie AOD par un premier pli inverse.

Laissant OA sur OD, on portera OD sur OE, et on le ramènera sur OC : on aura ainsi un second pli inverse au milieu de la portion DOC.

De la même façon, laissant OA et OD sur OC, on portera OC sur OB et on le ramènera sur OE ; puis, laissant OA, OD, OC avec OE, on portera OE sur OE' et on le ramènera sur OB.

On répétera les mêmes opérations sur la partie A'OB,

Fig. 17. — Filtre en papier.

l'on régularisera les contours par un coup de ciseaux et l'on obtiendra le filtre représenté par la figure 17.

Les plis de ce filtre seront alternativement dans un

sens et dans l'autre, sauf les plis extrêmes de droite et de gauche, qui correspondent aux côtés OA et OA'. On divisera ces deux plis extrêmes par de petits plis inverses, et le filtre sera terminé.

SIROP DE CERISES.

Prenez 1 kilo 500 grammes de cerises aigres ;
Enlevez les queues et les noyaux ;
Jetez les fruits à mesure dans une terrine,
Et quand ils sont tous préparés, mettez-les dans un poêlon d'office avec un litre d'eau et faites-les cuire.
Versez-les dans la chausse ;
Filtrez,
Pesez le jus,
Et mettez 1 kilo 500 grammes de sucre par kilo de jus.
Faites cuire à 32 degrés,
Et mettez le fond du poêlon dans une grande terrine d'eau pour le faire refroidir le plus vite possible, afin d'éviter le candi du sirop dans les bouteilles.
Pour tous les sirops de fruits on n'emploie pas de papier, la pulpe en faisant l'office ;
Bouchez avec soin et conservez dans un endroit froid et sec.

SIROP DE GROSEILLES.

Faites cuire sur le feu 1 kilo 500 grammes de groseilles rouges dans 1 litre d'eau ;

Ajoutez 1 kilo 500 grammes de sucre par kilo de fruit,
Et procédez comme il est dit pour les cerises.

SIROP DE FRAMBOISES.

Choisissez 1 kilo 500 grammes de framboises bien saines ;
Mettez-les dans un poêlon avec un litre d'eau, et finissez comme il a déjà été indiqué.

SIROP D'ORANGES.

Levez le zeste de six oranges que vous laisserez dégorger pendant deux heures dans de l'eau ;
Ajoutez six autres oranges aux six dont vous avez levé le zeste, pressez le jus et filtrez ;
Faites un sirop avec 1 kilo 500 grammes de sucre à 34 degrés ;
Mêlez dans le sirop le zeste et le jus d'oranges et remettez au feu pour obtenir 32 degrés ;
Passez au tamis pour retirer le zeste ;
Faites refroidir et finissez comme pour les sirops précédents.
Si l'on prépare ce sirop après le mois de janvier,
On ajoutera le jus de trois citrons,
Pour lui donner plus d'acidité.

SIROP DE CITRONS.

Levez le zeste de six citrons ;
Faites-les dégorger dans de l'eau ;

Pressez le jus de douze citrons ;
Filtrez-le, et terminez comme il est dit ci-dessus.

SIROP DE FRAISES.

Épluchez 1 kilo de fraises des quatre saisons ;
Faites cuire 1 kilo de sucre au boulet ;
Mettez les fraises dans le sirop ;
Donnez-leur un seul bouillon ;
Versez le tout dans une terrine ;
Laissez infuser deux heures,
Et passez à la chausse.

Si le sirop a plus de 32 degrés, on en diminue la consistance en versant un peu d'eau bouillante sur les fruits, de manière cependant à rester à 32 degrés.

Terminez comme pour le sirop de cerises ;
Ficelez les bouchons et conservez dans un endroit très-frais.

SIROP D'ÉPINE-VINETTE.

Prenez 1 kilo de fruits d'épine-vinette ;
Épluchez-les en retirant les parties vertes,
Et faites-les cuire dans un litre d'eau jusqu'à ce qu'ils s'écrasent sous le doigt ;
Passez à la chausse,
Filtrez ;
Mettez 1 kilo 500 grammes de sucre pour 1 kilo de jus ;
Faites cuire à 32 degrés,
Et terminez comme ci-dessus.

SIROP DE GRENADES.

Prenez 1 kilo 500 grammes de graines de grenade;
Faites-les cuire dans un litre d'eau et procédez comme pour le sirop précédent.

SIROP DE MÛRES.

Prenez 1 kilo 500 grammes de mûres en pleine maturité;
Faites-les cuire dans les proportions indiquées ci-dessus;
Filtrez, et terminez comme pour le sirop de fraises.

SIROP D'ORGEAT.

Mondez 500 grammes d'amandes douces et 5 grammes d'amandes amères;
Faites rafraîchir pendant quatre heures dans un vase plein d'eau;
Pilez, avec addition de 100 grammes de sucre jusqu'à ce qu'elles soient en pâte;
Mouillez peu à peu, pendant l'opération, avec un litre d'eau;
Passez-les avec expression dans un torchon bien lavé;
Faites cuire 1 kilo de sucre au gros boulet;
Retirez du feu,
Laissez refroidir,
Et versez le lait d'amandes dans le sucre en agitant le poêlon;
Ajoutez une cuillerée à bouche d'eau de fleurs d'oranger,

Et couvrez lorsque le sucre sera dissous ;
Mettez en bouteilles,
Ficelez et conservez dans un endroit froid.

Comme il est facile de se procurer des amandes toute l'année, on fera bien de préparer ce sirop par petites parties afin de l'avoir toujours frais.

SIROP DE GOMME.

Faites dissoudre 500 grammes de belle gomme arabique dans un litre d'eau froide ;
Remuez de temps en temps jusqu'à parfaite dissolution ;
Passez au tamis ;
Cuisez 1 kilo de sucre au gros boulet ;
Ajoutez-y l'eau gommée,
Et remuez avec l'écumoire ;
Amenez le sirop à 32 degrés ;
Ajoutez 20 grammes d'eau de fleurs d'oranger ;
Mettez en bouteilles,
Bouchez et conservez dans un endroit froid.

SIROP D'ASPERGES.

Coupez toute la partie tendre d'une suffisante quantité d'asperges pour en obtenir 1 kilo 500 grammes ;
Faites cuire dans 2 litres d'eau, jusqu'à évaporation d'un litre de liquide ;
Versez dans une chausse ;
Filtrez,
Pesez,

Et par litre de jus recueilli employez 1 kilo 900 grammes de sucre cassé en petits morceaux ;

Faites cuire à 32 degrés, au bain-marie couvert ;

Laissez refroidir ;

Mettez en bouteilles,

Bouchez et conservez au froid.

SIROP DE BOURGEONS DE SAPIN DE RUSSIE.

Prenez 100 grammes de bourgeons de sapin,

100 grammes d'alcool à 60 degrés;

1 litre d'eau,

2 kilos de sucre ;

Faites infuser les bourgeons de sapin dans l'alcool pendant douze heures ;

Faites bouillir l'eau ;

Versez sur l'alcool ;

Bouchez parfaitement le vase ;

Laissez infuser six heures ;

Passez à travers une serviette en pressant légèrement ;

Prenez 1 kil. 500 de sucre par litre d'infusion, dans laquelle vous le ferez dissoudre au bain-marie en vase clos ;

Retirez du bain-marie ;

Écumez,

Laissez refroidir,

Mettez en bouteilles,

Bouchez et conservez au frais.

SIROP DE MÛRES ET VINAIGRE.

Faites digérer 1 kilo de mûres dans un litre de vinaigre, pendant quelques jours ;
Filtrez ;
Faites cuire au gros boulet 1 kil. 500 de sucre,
Et terminez comme pour le sirop de fraises.

SIROP MÉDICINAL DE LIMAÇONS.

Prenez 250 grammes de chair de limaçons ;
Faites cuire dans un litre d'eau à très-petits bouillons ;
Passez à la chausse ;
Mettez dans un poêlon 700 grammes de sucre en morceaux, avec le jus des limaçons ;
Faites cuire à 32 degrés ;
Hâtez le refroidissement ;
Mettez en bouteilles,
Bouchez et conservez au frais.

SIROP D'ACIDE CITRIQUE.

Acide citrique, 10 grammes ;
Eau pure, 20 grammes ;
Sirop de sucre à 32 degrés, 970 grammes ;
Infusion alcoolique de zeste de citron, 15 grammes.
Cette infusion se fait avec 10 grammes de zeste macéré pendant huit jours dans 20 grammes d'alcool.

Faites dissoudre l'acide dans l'eau ;

Ajoutez au sirop la dissolution et l'alcool aromatique ;

Mélangez à froid.

Une cuillerée à bouche de ce sirop dans 2 décilitres d'eau fournit une boisson d'été très-rafraîchissante et très-agréable.

(Codex de 1866.)

SIROP DE FLEURS D'ORANGER.

500 grammes d'eau de fleurs d'oranger ;

1 kilo de beau sucre cassé en très-petits morceaux ;

Faites dissoudre à froid dans l'eau de fleurs d'oranger ;

Filtrez ;

Conservez dans des bouteilles bien bouchées.

Nota. Les sirops d'eau d'anis, de cannelle, de laurier-cerise et de menthe poivrée se préparent de la même manière dans les mêmes proportions.

(Codex de 1866.)

SIROP DE COQUELICOTS.

Pétales secs de coquelicots,	100 grammes.
Eau bouillante,	1,000 —
Sucre en petits morceaux,	1,500 —

Faites bouillir l'eau ;

Mettez les pétales de coquelicots dans un pot à couvercle,

Versez l'eau bouillante dessus ;

Laissez infuser six heures ;

Passez avec expression ;

Filtrez;

Mettez le sucre dans un pot à couvercle avec l'infusion, et faites fondre au bain-marie.

Nota. Préparez de même les sirops des substances suivantes :

Fleurs sèches de camomille,
Chèvrefeuille,
Pivoine,
Cônes de houblon,
Feuilles sèches d'absinthe,
Saponaire,
Feuilles sèches d'hysope,
Lierre terrestre,
Scabieuse,
Polygala.

(Codex de 1866.)

SIROP D'OEILLETS.

Pétales d'œillets rouges frais,	500 grammes.
Eau pure,	1,500 —
Sucre,	1,500 —

Épluchez les pétales d'œillets ;

Mettez-les dans un pot de grès qu'on peut couvrir hermétiquement ;

Versez l'eau bouillante dessus ;

Laissez infuser six heures ;

Passez dans une serviette bien lavée et exprimez,

Filtrez au papier ;

Mettez dans un poêlon d'office le sucre cassé en morceaux ;

Versez l'infusion dessus ;

Faites réduire à 30 degrés ;

Laissez refroidir ;

Mettez en bouteilles, bouchez et conservez au frais.

SIROP DE VIOLETTES.

Pétales de violettes fraîches,	500 grammes,
Eau filtrée, un litre et demi,	1,500 —
Sucre, 2 kil. 500 ;	2,500 —

Épluchez les pétales de violettes ;

Mettez-les dans un pot de grès couvert parfaitement ;

Versez l'eau bouillante dessus ;

Laissez infuser douze heures ;

Passez avec expression à travers une serviette bien lavée à l'eau chaude et séchée ;

Laissez reposer ;

Décantez, c'est-à-dire tirez à clair ;

Mettez l'infusion dans un poêlon d'office ;

Ajoutez le sucre et faites cuire à 30 degrés ;

Laissez refroidir ;

Mettez en bouteilles,

Bouchez et conservez au frais.

Pour obtenir ce sirop d'une belle couleur, on doit se servir d'ustensiles de cuivre non étamé ou d'argent.

SIROP DE GUIMAUVE.

Racine de guimauve,	50 grammes.
Eau,	300 —
Sirop de sucre à 32 degrés,	1,500 —

Nettoyez parfaitement la racine de guimauve ;
Coupez-la en petits morceaux ;
Faites infuser douze heures dans les 300 grammes d'eau ;
Passez au tamis de soie ;
Ajoutez l'infusion au sirop ;
Faites réduire à 30 degrés au pèse-sirop ;
Laissez refroidir ;
Mettez en bouteilles et conservez au frais.

On peut ajouter à ce sirop 15 gouttes d'eau de fleurs d'oranger.

Le sirop de consoude se prépare de la même manière.

(Codex de 1866.)

SIROP DE GOUDRON.

Eau de goudron,	525 grammes.
Sucre blanc,	1,000 —

Cassez le sucre en petits morceaux, et le mettez avec l'eau de goudron dans un pot qui ferme hermétiquement ;
Faites fondre au bain-marie ;
Filtrez ;
Mettez en bouteilles,
Couchez et conservez.

(Codex de 1866.)

SIROP DES CINQ RACINES.

Racine d'ache,	100 grammes.
D'asperge,	100 —

Racine de fenouil,	100 grammes.
De persil,	100 —
De petit houx,	100 —
Eau bouillante,	3,000 —
Sucre blanc,	2,000 —

Versez la moitié de l'eau bouillante sur les racines coupées et dépoudrées ;

Laissez infuser pendant douze heures, en remuant de temps en temps ;

Passez sans expression ;

Filtrez la liqueur au papier dans un lieu frais ;

Faites une seconde infusion des racines dans le reste de l'eau ;

Passez et exprimez.

Avec le produit de cette seconde opération vous ferez, en y ajoutant le sucre, un sirop par coction et clarification.

Lorsque le sirop marquera bouillant 1,26 au densimètre (30° Baumé), évaporez-le d'une quantité égale au poids de la première infusion, et ramenez-le à 1,26 en y mélangeant celle-ci.

Passez.   (Codex de 1866.)

Nota. Tous ces sirops sont souvent prescrits par les médecins, et comme il n'est pas toujours facile de se les procurer à la campagne, j'ai cru utile d'en donner la recette.

Il faut une certaine habitude pour les préparer convenablement, et surtout pour les obtenir d'une grande limpidité, ce qui à la vérité n'ajoute rien à leurs propriétés médicinales, mais les fait prendre aux malades avec moins de répugnance.

La plupart de ces prescriptions, étant tirées du Codex, ont la sanction des hommes les plus compétents.

CHAPITRE XVI

DIVERSES RECETTES POUR LES SOIRÉES

PAINS AU FOIE GRAS.

Ayez vingt-quatre pains de gruau de forme ovale, de 7 centimètres de long sur 4 de large ;
Ouvrez-les dans le sens de la longueur, sans les séparer ;
Garnissez-les avec farce de foie gras ;
Refermez-les ;
Dressez et servez.
Si ces pains doivent être préparés d'avance, il faut les envelopper dans une serviette afin qu'ils ne se dessèchent pas.

PAINS A LA FRANÇAISE.

Faites préparer vingt-quatre petits pains en pâte de pain à potage de même forme que les précédents ;
Chapelez-les ;
Faites dessus une entaille de 3 centimètres de large et autant de long ;

Retirez la mie,
Et garnissez l'intérieur avec :
Blanc de volaille,
Truffes,
Et langue à l'écarlate coupée en dés ;
Ajoutez de la ravigote hachée,
Et de la mayonnaise à la gelée.

On peut faire aussi des petits pains à la française au maigre avec :
Des tranches minces de homard,
Des filets d'anchois soigneusement préparés,
Des câpres,
Et de la ravigote assaisonnés de mayonnaise à l'œuf.

SANDWICHS.

Faites ramollir, dans un endroit chaud, du beurre très-fin ;

Assaisonnez de sel et moutarde et pétrissez avec une cuiller ;

Prenez un pain demi-rassis, de la veille seulement,

Enlevez-en toute la croûte,

Beurrez la surface la plus large de la mie et coupez une première tartine d'un demi-centimètre d'épaisseur, et continuez à faire de nouvelles tartines, jusqu'à ce que tout le pain soit employé ;

Prenez chaque tranche de pain beurrée,

Couvrez-la de lames de jambon très-minces et recouvrez ensuite les parties de jambon avec une tranche de pain beurré ;

Pressez légèrement.

Lorsque toutes les tranches de pain auront été garnies,

Coupez-les en carrés de 7 centimètres de long sur 4 de large ;

Rassemblez toutes les sandwichs ;

Couvrez-les d'une serviette pour éviter qu'elles ne sèchent,

Et ne les découvrez qu'au moment de servir.

GALETTES SALÉES.

Mettez sur une table très-propre :

500 grammes de farine,

30 grammes de beurre,

10 grammes de sel,

250 grammes d'eau ;

Détrempez la farine avec l'eau ajoutée en plusieurs fois ;

Travaillez fortement pour obtenir une pâte lisse ;

Laissez reposer la pâte une heure ;

Coupez-la en quatre parties ;

Abaissez-la avec le rouleau à un demi-centimètre d'épaisseur et laissez reposer un peu ;

Maintenez à la même épaisseur, par quelques tours de rouleau, l'abaisse qui tend à se rétrécir ;

Préparez des plaques d'office très-propres et légèrement beurrées ;

Piquez l'abaisse avec une fourchette pour l'empêcher de clocher au four ;

Coupez et détaillez la pâte en ronds de 4 centimètres de diamètre avec un coupe-pâte uni ;

Mouillez légèrement d'eau les galettes, à l'aide d'un pinceau, et les saupoudrez de sel pilé et bien sec ;

Faites cuire à four gai ;

Lorsque les galettes seront cuites,

Mettez-les sur un tamis.

On peut aussi servir ces galettes dans le courant d'un dîner ;

Elles y sont généralement bien accueillies.

TIMBALES CHAUD-FROID DE POULET.

Faites une pâte à brioche comme suit :
500 grammes de farine,
500 — de beurre,
10 — de levûre,
10 — de sel,
10 — de sucre,
9 œufs.

Passez la farine sur la table,

Prenez-en un quart, faites un trou au milieu ;

Mettez la levûre,

Délayez avec de l'eau chaude à 30 degrés ;

Faites une pâte mollette et la mettez dans un endroit chaud pour la faire revenir.

Faites un trou dans ce qui reste de farine, mettez sel et sucre, deux cuillerées à bouche d'eau pour faire fondre le sucre et le sel,

Ajoutez le beurre et quatre œufs,

Pétrissez farine, beurre et œufs ;

Fraisez la pâte ;

Mettez ce qui reste d'œufs l'un après l'autre ;

Lorsque le levain sera doublé de volume, mêlez-le avec la pâte ;

DIVERSES RECETTES POUR LES SOIRÉES.

Faites revenir la pâte pendant quatre heures ;

Beurrez de petits moules ovales appelés moules à gâteaux de riz ;

Travaillez la pâte avec la cuiller de bois et remplissez chaque moule à moitié ;

Faites-les cuire au four ;

Parez le dessus pour qu'ils puissent se tenir droits ;

Démoulez et évidez-les en ne leur laissant qu'un centimètre d'épaisseur ;

Remplissez les timbales avec les filets de poulet coupés en dés et saucez de sauce chaud-froid.

Épochez, videz et flambez un poulet ;

Levez les deux filets et les filets mignons ;

Mettez ce qui reste du poulet dans une casserole avec une carotte, un oignon, peu de sel et un bouquet garni :

Faites bouillir ;

Écumez et finissez de cuire le poulet sur le coin du fourneau ;

Retirez-le sur une assiette,

Saupoudrez de sel ;

Passez la cuisson à la serviette ;

Faites un roux avec 40 grammes de farine et 30 grammes de beurre ;

Mouillez le roux avec la cuisson,

Tournez sur le feu avec une cuiller de bois ;

Au premier bouillon mettez sur le coin du fourneau,

Faites mijoter vingt minutes et écumez ;

Mettez en plein feu ;

Faites réduire et, lorsque la sauce couvrira la cuiller, passez-la à travers une passoire très-fine ou une étamine ;

Remuez-la légèrement avec une cuiller pour éviter qu'une peau ne se forme dessus ;

Parez les filets et les filets mignons ;

Faites-les sauter dans du beurre sans qu'ils prennent couleur ;

Mettez-les en presse ;

Lorsqu'ils sont refroidis, coupez en dés de 4 millimètres;

Mêlez-les avec la sauce et garnissez les timbales ;

Servez-les sur un plat garni de serviettes.

TIMBALES PURÉE DE VOLAILLE.

Préparez les timbales comme celles dites *chaud-froid* ;

Faites cuire le poulet sans retirer les filets ;

Laissez refroidir à moitié dans sa cuisson ;

Égouttez ;

Faites la sauce de même que celle du chaud-froid ;

Levez les chairs du poulet ;

Pilez ;

Mouillez-les avec la sauce qui doit être plus réduite que celle dite chaud-froid ;

Passez à l'étamine ;

Garnissez les timbales avec cette purée lorsqu'elle sera froide.

PETITES TIMBALES DE CHAUD-FROID DE FILETS DE PERDREAUX.

Épochez, videz et flambez deux perdreaux ;

Levez les filets et les filets mignons, en retirant les nerfs ;

Aplatissez-les et enlevez les petites peaux qui les recouvrent ;

Sautez-les deux minutes de chaque côté dans du beurre et très-peu de sel ;

Mettez ce qui reste des perdreaux dans une casserole ;

Ajoutez :

Une carotte, un oignon,

Un bouquet de persil,

Avec thym et laurier ;

Mouillez avec 2 litres de bouillon et très-peu de sel ;

Faites bouillir, écumez ;

Finissez de cuire sur le coin du fourneau ;

Faites un roux avec 40 grammes de farine et 35 grammes de beurre ;

Passez la cuisson des perdreaux à la serviette ;

Mouillez le roux avec la cuisson ;

Tournez sur le feu jusqu'au premier bouillon ;

Mettez vingt minutes sur le coin du fourneau ;

Écumez, faites réduire à grand feu en tournant avec une cuiller de bois jusqu'à ce que la sauce masque la cuiller ;

Passez à la passoire très-fine, remuez légèrement, de temps en temps, pour éviter qu'il ne se forme une peau sur la sauce ;

Coupez les filets en petits dés de 4 millimètres ;

Saucez et garnissez les timbales préparées comme celles de chaud-froid de poulet.

Les timbales de filets de mauviettes, de bécasses et bécassines et de tout le petit gibier, se préparent de la même manière.

OEUFS A LA NEIGE.

6 œufs,

70 grammes de sucre en poudre,

28 grammes de sucre de vanille,

1 litre de lait ;

Séparez les blancs des jaunes des six œufs,

Mettez les blancs dans un bassin et les jaunes dans une terrine ;

Fouettez les blancs jusqu'à ce qu'ils soient très-fermes ;

Mettez 40 grammes de sucre en poudre et 10 grammes de sucre de vanille ;

Mêlez le tout, légèrement, pour ne pas absorber les blancs ;

Faites bouillir le lait dans une casserole plate avec :

30 grammes de sucre en poudre et 10 grammes de sucre de vanille.

Mettez avec une cuiller d'argent des parties de blanc fouetté gros comme un œuf de poule,

Laissez pocher deux minutes,

Égouttez sur un tamis ;

Continuez l'opération jusqu'à ce que tous les blancs soient employés ;

Laissez refroidir ;

Mettez les jaunes dans une casserole, mêlez-les avec le lait ;

Liez-les sur le feu sans faire bouillir ;

Lorsque la liaison masque la cuiller,

Retirez du feu et remuez quelques minutes ;

Passez au tamis ;

Dressez les œufs en rocher,

Saucez les œufs à la neige avec la liaison,

Et servez le reste dans une saucière.

OEUFS A LA NEIGE AU CHOCOLAT.

6 œufs,
60 grammes de sucre,
125 — de chocolat,
1 litre de lait,
20 grammes de sucre de vanille ;
Séparez les blancs des jaunes,
Fouettez les blancs très-ferme ;
Mêlez 40 grammes de sucre en poudre, et finissez comme les œufs à la neige à la vanille.

OEUFS A LA NEIGE AU CAFÉ.

Faites un décilitre d'essence de café ;
Préparez les blancs comme il est dit ci-dessus ;
En mêlant le sucre ajoutez deux cuillerées à bouche d'essence de café ;
Mettez le reste du décilitre d'essence dans le lait ;
Faites bouillir,
Et pochez les blancs ;
Préparez la sauce avec les jaunes et le lait, comme il est indiqué plus haut ;
Dressez et servez de même.

Les œufs à la neige, parfumés au zeste de citron, à l'orange et à la fleur d'oranger, se préparent de la même manière.

BUNS AU CORINTHE.

500 grammes de farine,
80 — de beurre,
80 — de sucre,
3 œufs, 3 décilitres de lait,
18 grammes de levûre,
30 — de raisin de Corinthe parfaitement épluché, lavé et séché,
10 grammes de sel ;

Mettez le quart de la farine dans une terrine ;
Divisez la levûre dans un décilitre de lait tiède ;
Passez au tamis ;
Faites une pâte mollette en ajoutant du lait chaud ;
Faites revenir à l'étuve ou dans un endroit chaud ;
Dans une autre terrine, mettez le reste de la farine,
Le sel,
Le sucre,
Le beurre,
Et un œuf ;
Pétrissez le tout ;
Ajoutez deux œufs l'un après l'autre ;
Lorsque le levain a doublé de grosseur,
Ajoutez-le dans l'autre terrine ;
Travaillez fortement avec la main ;
Mettez le reste du lait ;
Ajoutez le raisin de Corinthe ;
Partagez cette pâte par 30 grammes ;
Moulez en ronds sur des plaques qui auront été bien nettoyées et beurrées ;

Faites-les revenir, et, lorsqu'ils auront doublé de volume, faites-les cuire à four chaud ;

Avant de les retirer du four, dorez les buns avec un pinceau et du lait ;

Remettez-les une minute au four ;

Retirez-les et mettez-les sur un clayon.

Ces gâteaux se servent indifféremment chauds ou froids ;
Ils sont très-bons avec le thé.

MUFFINS.

500 grammes de farine,
30   —   de sel,
30   —   de levûre,
4 décilitres de lait ;

Passez la farine au tamis dans une terrine ;

Délayez la levûre dans 3 décilitres de lait chaud à 35 degrés, et ajoutez à la farine détrempée ;

Mêlez avec une cuiller de bois ;

Travaillez et ajoutez le dernier décilitre de lait chaud et le sel ;

Lorsque la pâte est lisse, faites-la revenir dans un endroit chaud ou à l'étuve ;

Lorsque la pâte a doublé de volume,

Mettez-la sur la table, coupez en morceaux de 40 grammes,

Abaissez-les au rouleau de l'épaisseur de 2 centimètres ;

Rangez-les sur des plaques et écartés les uns des autres ;

Faites-les revenir dans un endroit chaud, et, lorsqu'ils auront doublé de volume, faites-les cuire à four doux, parce qu'il ne faut pas que ces gâteaux soient colorés ;

Lorsqu'ils sont cuits,
Séparez-les en deux par le travers ;
Étalez du beurre frais, légèrement salé ;
Remettez les morceaux les uns sur les autres ;
Dressez sur un plat garni d'une serviette bien chaude,
Et servez.

CRÊPES AU SUCRE ET AU SEL.

Mettez dans une terrine :
250 grammes de farine,
3 œufs entiers,
Une pincée de sel,
Un petit verre d'eau-de-vie ;
Faites fondre dans 4 décilitres de lait 50 grammes de beurre ;
Mêlez la farine avec les œufs en ajoutant un peu de lait pour que la pâte ne corde pas, inconvénient qu'elle subit lorsqu'elle est détrempée trop ferme ;
Travaillez les œufs et la farine avec la cuiller de bois ;
Mêlez le lait et le beurre en plusieurs fois ;
Faites chauffer une poêle à crêpes ;
Essuyez-la ;
Beurrez ;
Jetez dedans une cuillerée de pâte ;
Étendez-la sur tout le fond de la poêle ;
Faites cuire,
Retournez ;
Faites cuire l'autre côté ;
Retirez la crêpe faite,
Saupoudrez de sucre ou de sel, selon le goût des convives.

BEIGNETS SOUFFLÉS DITS PETS DE NONNE.

Mettez dans une casserole :
 3 décilitres d'eau,
 15 grammes de beurre,
 15 — de sucre,
 Une pincée de sel ;
Mettez sur le feu jusqu'au premier bouillon ;
Retirez ;
Ajoutez :
 45 grammes de farine ;
Mêlez ;
Remettez sur le feu pour dessécher la pâte, pendant quatre minutes, en remuant avec la cuiller de bois ;
Retirez du feu ;
Mouillez avec quatre œufs employés l'un après l'autre ;
Cette pâte doit être mollette sans pour cela s'étaler ;
Versez la pâte d'une épaisseur de 2 centimètres sur un couvercle de casserole ;
Soyez muni d'une longue cuiller de cuivre dont vous aurez nettoyé le crochet ;
Le couvercle étant tenu de la main gauche,
Enlevez avec ce crochet des morceaux de pâte de la grosseur d'une petite noix ;
Jetez-les à mesure dans une poêle remplie de graisse clarifiée et chaude ;
Tenez la friture sur le coin du fourneau, et, lorsque vous aurez préparé une quantité suffisante de beignets,
Remettez la poêle en plein feu ;
Agitez les beignets avec l'écumoire pour qu'ils prennent couleur également ;

Lorsqu'ils sont suffisamment frits,
Égouttez-les sur une grille ou sur une serviette ;
Saupoudrez-les de sucre ;
Dressez et servez chaud.

On peut aromatiser cette pâte avec du zeste de citron ou d'orange, de la vanille ou de la fleur d'oranger.

BEIGNETS DE CRÈME D'AMANDES.

200 grammes de farine,
 4 œufs,
50 grammes de sucre en poudre,
30 — d'amandes douces,
15 amandes amères bien pilées ;

Ajoutez :
Le lait,
Et le beurre ;
Faites cuire à feu nu en tournant avec la cuiller ;
Lorsque la crème est cuite,
Beurrez un plafond à rebord ou un plat de terre de pipe ;
Mettez la crème dedans en lui donnant l'épaisseur de 2 centimètres ;
Laissez complétement refroidir ;
Coupez la crème en morceaux carrés de 4 centimètres ;
Battez des œufs comme pour une omelette ;
Mettez-y une petite pincée de sel ;
Trempez chaque morceau de crème dans les œufs battus ;
Panez-les avec de la mie de pain passée au tamis de crin ;
Vingt minutes avant de servir, faites frire à friture chaude ;

Lorsque ces beignets auront pris une couleur jaune doré,
Retirez et égouttez sur une grille ;
Saupoudrez-les de sucre ;
Dressez et servez chaud.

TARTINES DE PAIN DE SEIGLE.

Préparez des tartines de pain de seigle de 8 centimètres de long sur 4 de large ;
Étalez du beurre bien fin sur l'une des tartines ;
Saupoudrez légèrement de sel,
Et recouvrez avec une autre tartine ;
Mettez-les en presse et ne dressez qu'au moment de servir.

TRANCHES DE PAIN GRILLÉES.

Coupez de la mie de pain en tranches égales de 8 centimètres de long sur 5 de large et 1 d'épaisseur ;
Faites griller d'une couleur blonde chacun des côtés et conservez très-chaud avec des coquilles de beurre mises à part.

GAUFRES FLAMANDES.

Prenez :
500 grammes de farine,
500 — de beurre,
5 décilitres de lait,
15 grammes de sucre,

4 grammes de sel,
15 — de levûre,
10 jaunes d'œufs,
6 blancs fouettés,
5 décilitres de crème à la chantilly, dite *crème fouettée*;

Mettez le beurre dans une terrine chauffée de manière qu'elle soit seulement tiède ;

Travaillez le beurre avec une cuiller de bois ;

Cassez les œufs, mettez les jaunes un à un dans le beurre,

Et mêlez ;

Passez la farine au tamis ;

Mêlez par cuillerées à bouche avec le beurre et les jaunes ;

Ajoutez par petites parties le lait en même temps que la farine.

Ce mélange doit se faire avec grand soin,

Et conserver à la pâte une certaine mollesse.

Divisez la levûre dans du lait tiède et passez-la dans la pâte ;

Ajoutez le sel et le sucre,

Mêlez ;

Puis fouettez six blancs que vous mêlerez légèrement à la pâte avec la crème fouettée ;

Laissez revenir deux heures dans un endroit chaud ;

Ayez un gaufrier à gros carrés plus profonds que ceux qu'on emploie ordinairement ;

Faites chauffer également, ce que l'on obtient en retournant le gaufrier ;

Lorsqu'il est chaud, on donne quelques coups de cuiller à la pâte que l'on couche en épaisseur sur un côté du gaufrier ;

Fermez l'instrument et retournez-le ;

La gaufre cuite, démoulez-la en l'enlevant avec un couteau d'office ;

Saupoudrez de sucre et servez chaud.

Il y a des gaufriers avec lesquels on peut faire deux gaufres à la fois ;

Elles sont plus petites ; et cependant ce sont celles qu'on préfère généralement.

GAUFRES HOLLANDAISES.

Prenez :
300 grammes de farine,
200 — de sucre,
140 — de beurre,
L'écorce râpée d'un citron,
Une cuillerée à bouche de rhum,
Une petite pincée de sel,
Un œuf entier et un jaune d'œuf en plus ;
Opérez de la manière suivante :

Rassemblez sur la table, beurre, sucre, œufs, farine, citron, sel et rhum ;

Travaillez la pâte de manière qu'elle soit bien lisse ;

Divisez-la en parties de la grosseur d'un petit œuf de poule ;

Faites chauffer un gaufrier ordinaire,

Et mettez-y un de ces morceaux ;

Fermez le gaufrier avec précision pour que la gaufre prenne une forme ovale-longue ;

Retournez le gaufrier, et, lorsque la gaufre est d'une couleur jaune doré,

Démoulez et placez sur un tamis.

Ces gaufres se servent froides.

On peut remplacer le rhum par de l'eau-de-vie ou du kirsch.

GAUFRES D'OFFICE.

Prenez :
200 grammes de farine,
200 — de sucre,
50 — de beurre,
3 œufs,
Une pincée de sel,
5 grammes d'eau-de-vie,
5 — de fleurs d'oranger,
Et 5 décilitres d'eau.

Mettez :

Le sucre, la farine et les œufs dans une terrine ;

Travaillez ce mélange pour en obtenir une pâte lisse ;

Faites fondre sur le feu le beurre dans 2 décilitres d'eau ;

Réservez un décilitre en cas de besoin ;

Ajoutez l'eau-de-vie,

Le sel,

L'eau de fleurs d'oranger ;

Mettez l'eau et le beurre dans la pâte en plusieurs fois ;

Ajoutez l'eau qui vous reste, si la pâte est trop ferme ;

Cette pâte doit masquer la cuiller de l'épaisseur de 3 millimètres.

La cuisson de ces gaufres est plus facile que celle des gaufres flamandes. Il faut un feu moins vif, mais toujours égal.

Faites chauffer le gaufrier ;

Beurrez-le, très-légèrement pour la première fois, et l'essuyez ;

Lorsqu'il est chaud,

Mettez la pâte avec une grande cuiller ;

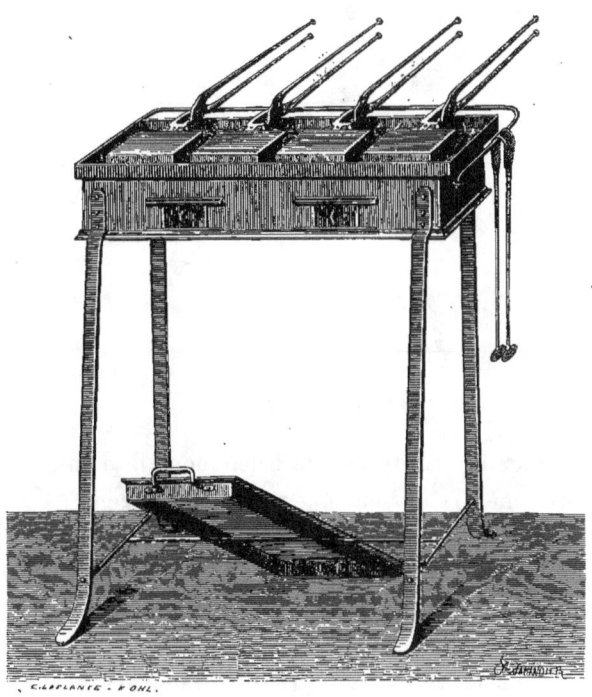

Fig. 18. — Fourneau à gaufres.

Placez le gaufrier au-dessus de la terrine, en l'inclinant un peu pour qu'il soit rempli d'un seul coup ;

Mettez sur le feu ;

Retournez le gaufrier, et assurez-vous si la gaufre a une couleur égale ;

Retirez cette première gaufre, qui ne doit pas être mangée, parce qu'elle a servi à essuyer le gaufrier.

Recouvrez le gaufrier de pâte ;
Faites cuire,

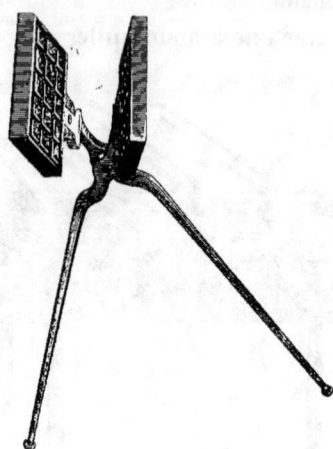

Fig. 19. — Moule à gaufres.

Et roulez la gaufre sur un bâton dont le diamètre est proportionné à la grosseur que vous voulez obtenir ;
Rangez les gaufres sur un tamis,
Et conservez à l'étuve jusqu'au moment de servir.

GELÉE DE PIEDS DE VEAU A L'ANGLAISE.

Désossez trois pieds de veau ;
Faites-les blanchir,
Et rafraîchissez ;
Mettez-les dans une marmite avec 4 litres d'eau ;
Faites-les cuire jusqu'à ce qu'ils fléchissent sous le doigt ;
Passez le bouillon à la serviette,
Dégraissez avec soin ;

Laissez prendre la gelée ;

Si elle n'est pas très-ferme, il faut la faire réduire en l'écumant plusieurs fois pour qu'il ne reste aucune parcelle de graisse.

Lorsque la gelée est assez ferme, lavez le dessus avec de l'eau plus que tiède,

Et agissez vivement ;

Mettez dans une casserole la gelée de pieds de veau ;

Pour un litre de gelée très-ferme,

Ajoutez :

1 décilitre de madère,

3 hectos de sucre,

4 clous de girofle,

5 grammes de cannelle,

5 — de gingembre ;

Fouettez trois blancs d'œufs avec un décilitre d'eau,

Le jus de deux citrons,

Et le zeste d'un citron ;

Mettez à feu vif ;

Tournez avec un fouet de buis ou de fil de fer ;

Au premier bouillon retirez du feu ;

Passez à la chausse, et faites prendre la gelée au moyen de la glace pour hâter l'opération ;

Au moment de servir, démoulez la gelée,

Hachez-la grossièrement,

Mettez dans des verres à madère et servez froid.

On peut mouler aussi cette gelée dans de petits moules de cuivre à reliefs variés et la servir sur des soucoupes.

PETITS PAINS DE TRUFFES.

Ayez des petits pains de pâte à potage comme les petits pains à la française,

Fendez-les par le milieu,

Retirez-en la mie,

Garnissez avec des lames de truffes saucées au madère;

Appuyez légèrement, pour réunir les deux côtes du pain, afin de masquer l'intérieur.

PETITS PAINS DE CHAUD-FROID DE BÉCASSES.

Ayez des petits pains pareils aux précédents;

Ouvrez-les sur le dessus;

Retirez la mie;

Garnissez avec des filets de bécasses coupés en dés,

Saucés d'une sauce chaud-froid.

La garniture doit dépasser le pain d'un centimètre.

On peut également garnir avec des filets de perdreaux rouges saucés d'un velouté réduit.

Ces pains se font aussi avec des filets de poularde et avec les filets d'autres gibiers de choix.

PAINS A L'ALLEMANDE.

Prenez :

500 grammes de farine,

  20   —   de levûre,

3 décilitres de lait,
10 grammes de sel,
10 — de sucre,
100 — de beurre,
40 — de cumin ;

Passez la farine au-dessus d'une terrine que vous faites tiédir ;

Délayez la levûre dans un décilitre de lait tiède ;

Faites un levain avec la levûre du lait à 30 degrés et le quart de la farine ;

Laissez prendre au levain un volume double ;

Alors mettez le reste de la farine avec le lait pour faire une pâte ferme ;

Ajoutez sel, sucre, beurre, et travaillez le tout ;

Mouillez avec le reste du lait toujours à 30 degrés ;

Il faut que cette pâte soit mollette ;

Laissez revenir trois heures ;

Rompez cette pâte, c'est-à-dire travaillez-la avec une cuiller,

Puis laissez reposer une heure.

Divisez la pâte en morceaux de 60 grammes ;

Moulez ces morceaux de la longueur de 8 centimètres,

Mettez-les sur une plaque d'office,

Dorez avec de l'œuf battu,

Faites revenir ;

Au moment de mettre au four,

Redorez,

Et semez du cumin sur chaque pain ;

Faites cuire à four chaud ;

Retirez les pains, et mettez en réserve sur un clayon.

CROQUETS SUISSES.

Prenez :
250 grammes de farine,
100 — d'amandes,
10 — de gingembre en poudre,
120 — de sucre en poudre,
Une pincée de sel,
30 grammes de cédrat coupé en petits dés ;
Frottez les amandes dans un torchon,
Coupez-les en filets sur leur longueur ;
Mettez le sucre dans une terrine avec un décilitre d'eau,
Le gingembre, le sel et la farine ;
Faites une pâte mollette ;
Ajoutez les amandes ;
Si la pâte est trop ferme, allongez avec quelques gouttes d'eau ;
Divisez en morceaux de 50 grammes ;
Roulez-les en bâtons de 7 centimètres de long ;
Rangez-les à 5 centimètres de distance les uns des autres sur des plaques d'office légèrement beurrées ;
Faites cuire à four chaud ;
Retirez-les dès qu'ils sont blonds,
Et mettez-les sur un tamis.

GINGER-BREAD.

Prenez :
500 grammes de farine,
500 — de miel,

60 grammes de mélasse,
60 — de gingembre en poudre,
15 — de potasse,
4 — de carbonate d'ammoniaque,
200 — de cédrat coupé en petits dés ;
Mettez dans un poêlon le miel et la mélasse ;
Faites fondre sur le feu en remuant avec la spatule ;
Ajoutez la moitié de la farine, la potasse et le carbonate d'ammoniaque pulvérisés ;
Mettez le reste de la farine ;
Travaillez pendant dix minutes cette pâte avec les deux mains en l'allongeant et la reployant ;
Mettez dans une terrine,
Et laissez reposer huit jours ;
Au moment de cuire la pâte,
Recommencez le travail qui consiste à allonger la pâte en la tenant dans la main gauche, et la tirant avec la main droite; reployez-la et continuez ce travail dix minutes, ce qui y fait pénétrer l'air et la rend plus légère ;
Ajoutez le cédrat ;
Abaissez d'un centimètre d'épaisseur ;
Tracez-y des divisions d'une longueur de 7 centimètres sur 4 de largeur ;
Dorez légèrement avec de l'œuf battu ;
Faites cuire à feu vif ;
Retirez du four quand le tout a pris une couleur brune ;
Séparez les ginger-bread ;
Mettez-les sur un tamis et conservez au froid.

CROQUETS ORDINAIRES.

Prenez :
500 grammes de farine,
250   —   de sucre,
250   —   d'amandes,
L'écorce râpée de deux citrons,
Un décilitre d'eau,
Une pincée de sel ;
Opérez ainsi :
Frottez les amandes dans un torchon pour les nettoyer ;
Tamisez la farine et remettez-la sur la table ;
Faites un trou au milieu du tas ;
Placez-y le sucre, le sel, l'écorce de citron râpée, les amandes et l'eau ;
Pétrissez le tout et faites une pâte ferme ;
Beurrez une plaque d'office ;
Abaissez de 2 centimètres d'épaisseur et de 8 de largeur ;
Mettez les bandes ainsi formées sur des plaques d'office légèrement beurrées ;
Dorez avec de l'œuf battu ;
Tracez des divisions ;
Faites cuire à feu vif ;
Retirez et mettez les bandes sur la table ;
Coupez les croquets d'un centimètre et demi de large ;
Rangez sur la plaque et faites prendre couleur à la coupe, c'est-à-dire aux deux côtés des croquets ;
Réservez sur un tamis et au sec.

CRAQUELINS.

Prenez :
30 grammes de sucre,
500 — de farine,
10 — de sel ;

Mettez la farine sur la table après l'avoir passée au tamis ;

Faites un trou au milieu ;

Ajoutez-y le sel et la levûre délayée dans 2 décilitres et demi d'eau chauffée à 30 degrés ;

Travaillez cette pâte en la pétrissant avec les deux mains ;

Mettez-la dans une terrine et laissez-la deux heures ;

Divisez-la ensuite en morceaux de 50 grammes et formez-en des gimblettes ;

Mettez-les sur une plaque d'office étamée ;

Dorez les craquelins avec de l'œuf battu ;

Semez du cumin dessus et redorez pour fixer le cumin ;

Faites cuire à four gai.

KOUQUES.

Prenez :
500 grammes de farine,
15 — de levûre,
1 décilitre de lait,
10 grammes de sucre,
10 — de sel,

200 grammes de beurre,

Et six œufs entiers ;

Mettez dans une terrine la farine tamisée ;

Faites un trou au milieu ;

Délayez la levûre dans la moitié d'un décilitre de lait ;

Chauffez à 30 degrés ;

Laissez revenir, et lorsque le mélange a doublé de volume,

Mettez le sucre, le sel, le beurre et le reste du lait ;

Pétrissez ;

Ajoutez les six œufs l'un après l'autre ;

Travaillez fortement cette pâte, et lorsqu'elle est bien lisse, laissez-la revenir dans un endroit chaud et privé d'air ;

Trois heures après saupoudrez de farine la table ;

Mettez la pâte dessus ;

Coupez-la en morceaux de 60 grammes ;

Donnez à chaque morceau la forme d'une navette allongée ;

Rangez-les à la distance de 4 centimètres les uns des autres sur une plaque d'office étamée ;

Dorez à l'œuf ;

Faites cuire à four chaud ;

Fendez les kouques sur le côté sans les séparer ;

Mettez dans les fentes du beurre très-fin et légèrement salé ;

Servez-les très-chaudes, rangées sur une serviette.

BISCOTINS A LA CANNELLE.

Prenez :
   4 jaunes d'œufs,
120 grammes de sucre,
   3 hectos de farine,
  60 grammes de beurre,
  20   —   de cannelle en poudre,
Et une pincée de sel ;
Préparez comme suit :
Mettez les jaunes d'œufs et le sucre dans une terrine ;
Travaillez avec la spatule ;
Ajoutez la cannelle, le sel et le beurre fondu ;
Travaillez de nouveau ;
Mettez la farine ;
Mêlez avec la cuiller,
Et faites une pâte lisse ;
Divisez cette pâte en morceaux de 50 grammes ;
Roulez-les en bâtons d'un centimètre et demi de grosseur ;
Posez les biscotins sur des plaques d'office cirées à la cire vierge ;
Rangez-les à 3 centimètres l'un de l'autre ;
Dorez à l'œuf battu et faites cuire à feu gai ;
Lorsque les biscotins sont d'une couleur blonde, retirez-les du feu,
Et les mettez sur un tamis au sec.

FLUTES D'ANIS DE VERDUN.

Prenez :
250 grammes de farine,
125 — de sucre,
60 — de beurre,
10 — d'anis vert haché très-fin,
Une pincée de sel,
Un œuf entier et quatre jaunes d'œufs ;
Passez la farine au tamis, sur la table ;
Faites un trou au milieu du tas ;
Mettez-y le sucre, le beurre, l'anis haché, le sel et les œufs ;
Pétrissez pour faire une pâte très-lisse et mollette ;
Ajoutez un jaune ou deux, si la pâte est trop ferme ;
Divisez la pâte en morceaux de 50 grammes ;
Roulez-les en bâtons d'un centimètre et demi ;
Mouillez-les avec du blanc d'œuf ;
Enlevez la mousse et posez le côté mouillé sur de petits anis de Verdun ;
Rangez-les sur des plaques d'office légèrement beurrées,
Et faites cuire à four gai.

BARQUETTES SALÉES.

Prenez :
250 grammes de farine,
100 — de beurre,
8 — de sel,

100 grammes d'eau ;
Tamisez la farine sur la table ;
Faites un trou ;
Mettez-y le sel, le beurre et une partie d'eau ;
Pétrissez,
Et ajoutez le reste de l'eau en plusieurs fois ;
Faites une pâte bien lisse ;
Laissez reposer une heure ;
Divisez en morceaux de 50 grammes et moulez ;
Abaissez les morceaux d'une forme ovale et d'une épaisseur de 3 millimètres ;
Mettez-les sur une plaque d'office ;
Dorez à l'œuf battu ;
Faites, avec une fourchette, une vingtaine de piqûres sur chaque barquette ;
Semez du sel dessus ;
Faites cuire à four chaud ;
Servez ces gâteaux sur un plat garni d'une serviette chaude.

PETITS FOURS POUR LE THÉ.

Prenez :
500 grammes de farine,
100 — de beurre,
100 — de sucre,
Des zestes d'orange râpés,
25 grammes d'amandes amères pilées finement,
Un œuf,
Et du lait ;
Tamisez la farine sur la table, faites un trou au milieu ;

Mettez-y le sucre, les amandes, les zestes d'orange, le beurre, une pincée de sel, un décilitre de lait en plusieurs fois et l'œuf ;

Pétrissez et faites une pâte avec suffisante quantité de lait pour qu'elle soit d'une bonne consistance ;

Laissez reposer une heure ;

Abaissez avec le rouleau la pâte à 7 millimètres d'épaisseur ;

Coupez-la avec un coupe-pâte de 5 centimètres de diamètre, et cannelé ;

Mouillez très-légèrement la surface avec de l'œuf battu, et posez-la sur du sucre en grains de la grosseur d'une tête d'épingle ;

Rangez sur des plaques d'office légèrement beurrées ;

Faites cuire à four gai ;

Réservez sur un tamis et mettez dans un endroit sec.

LÉCRELETS DE SUISSE.

Prenez :

300 grammes de miel,

125 — d'amandes non mondées et coupées en filets,

15 grammes de cannelle en poudre,

10 — de girofle en poudre,

5 — de muscade râpée,

8 — de potasse,

Le zeste râpé d'un citron,

60 grammes d'écorce de citron confit,

60 — d'orange coupée en petits dés,

Un demi-décilitre de kirschwasser,

500 grammes de farine ;

Opérez de la manière suivante :

Faites fondre le miel dans un poêlon d'office ;

Écumez ;

Retirez du feu et mettez-le dans une terrine qui n'ait jamais contenu un corps gras ;

Ajoutez les amandes, le cédrat, la cannelle, le kirsch, le girofle ;

Mélangez le tout avec une cuiller de bois ;

Faites dissoudre la potasse dans un peu d'eau chaude, et versez dans la terrine ;

Ajoutez la farine, et laissez déposer quatre jours.

Reprenez la pâte, travaillez-la à la main en l'étirant pendant dix minutes ;

Saupoudrez la table de farine et abaissez la pâte de 6 millimètres d'épaisseur ;

Saupoudrez de farine des plaques carrées et très-propres ;

Posez l'abaisse dessus, et faites cuire à four gai ;

Mettez sur la table la pâte cuite ;

Brossez pour en retirer la farine, et remettez-la sur la plaque ;

Faites chauffer et coupez les lécrelets sur la plaque de la longueur de 8 centimètres sur 4 sans les détacher ;

Ayez du sucre cuit au petit soufflé, et glacez le tout avec un pinceau et d'un seul coup.

Il ne faut pas que le pinceau passe deux fois sur la même place ; cette opération se fait pendant que la feuille est encore chaude.

Quand la surface glacée est bien sèche, cassez les lécrelets à l'endroit de la coupure ;

Rangez-les au fur et à mesure sur un tamis, et réservez au sec.

BATONS A L'ORANGE.

Prenez :
6 œufs,
150 grammes de sucre en poudre,
Le zeste râpé d'une orange,
De la farine,
Une pincée de sel ;
Fouettez les six œufs avec le sucre, le sel et l'orange ;
Passez la farine au tamis pour en faire une pâte ferme ;
Une fois la pâte bien mêlée et lisse, laissez-la reposer une heure ;
Mettez-la dans un poêlon d'office assez grand pour qu'il ne soit qu'à moitié rempli ;
Roulez la pâte en cordons d'un centimètre et demi de grosseur, sur une longueur de 7 centimètres ;
Rangez les morceaux sur une feuille d'office que vous aurez farinée ;
Lorsque toute la pâte est ainsi divisée, mettez les bâtons dans l'eau bouillante, et agitez le poêlon pour éviter qu'ils ne s'attachent ; à mesure qu'ils montent sur l'eau, enlevez-les avec l'écumoire et mettez-les dans l'eau fraîche ;
Faites tremper une heure, et égouttez-les ;
Faites-les ressuyer à l'air ;
Rangez-les sur des plaques d'office légèrement beurrées ;
Dorez le dessus, et faites cuire d'une couleur blonde.

PETITS PAINS A L'ANIS.

Prenez :
300 grammes de sucre,

100 grammes de farine,

15 — d'anis vert,

Un blanc d'œuf fouetté,

Une pincée de sel,

Neuf jaunes d'œufs ;

Passez la farine au tamis ;

Mettez le sucre, le sel, les jaunes d'œufs, l'anis haché très-fin ;

Travaillez le tout à la spatule ;

Ajoutez le blanc d'œuf fouetté ;

Préparez des moules ovales en fer-blanc de 7 centimètres de long sur 2 et demi de large ;

Beurrez-les légèrement ;

Mettez la pâte dans chaque moule ;

Semez des anis de Verdun dessus ;

Faites cuire à four gai ;

Et lorsque les petits pains sont cuits d'une couleur blonde, réservez sur un tamis dans un endroit sec.

PAINS PARISIENS POUR LE THÉ.

Prenez :

300 grammes de farine,

100 — de beurre,

8 — de sel,

5 — de sucre,

6 jaunes d'œufs,

8 grammes de levûre,

Et crème ;

Passez la farine dans un tamis, et faites un trou pour y mettre le beurre, le sucre, le sel et les jaunes d'œufs ;

Pétrissez en ajoutant de la crème en plusieurs fois ;

Quand la pâte est bien battue, qu'elle n'adhère plus ni aux mains ni à la terrine, délayez la levûre dans le quart d'un décilitre d'eau chaude à 30 degrés, et ajoutez à la pâte qui doit être mollette ;

Laissez revenir trois heures ;

Mettez la pâte sur la table, et divisez en morceaux de 50 grammes ;

Moulez-les d'une forme ovale longue ;

Laissez revenir une heure ;

Dorez à l'œuf battu ;

Faites cuire les pains à four vif, et servez-les chauds.

CANAPÉS POUR HORS-D'ŒUVRE.

CANAPÉS D'ANCHOIS.

Coupez des lames de mie de pain de 7 centimètres de long sur 4 de large et de 8 millimètres d'épaisseur ;

Faites-les griller légèrement des deux côtés ;

Étalez du beurre très-fin sur un côté de la tartine ;

Masquez le beurre avec des filets d'anchois, des œufs durs et du persil hachés.

On sert ces canapés comme hors-d'œuvre dans un dîner ou dans les soirées avec des sandwichs.

CANAPÉS DE CAVIAR.

Préparez des lames de pain comme pour les canapés d'anchois ;
Couvrez de beurre très-fin une des surfaces,
Et étalez dessus du caviar frais.
Si c'est du caviar mariné, ramollissez-le avec de l'huile et du jus de citron.

CANAPÉS DE JAMBON.

Préparez des lames de pain bien égales ;
Étalez sur une des surfaces du beurre très-frais ;
Couvrez le beurre avec des lames de jambon de Bayonne ou d'York coupées très-mince.

CANAPÉS DE LANGUES A L'ÉCARLATE.

Préparez et finissez comme les canapés au jambon.

CANAPÉS DE HOMARD.

Coupez des ronds de pain de 5 centimètres de diamètre et de 8 millimètres d'épaisseur ;
Faites griller légèrement des deux côtés ;
Couvrez une des surfaces de beurre de homard ;
Assaisonnez de sel et de poivre de Cayenne ;

Mettez sur chaque canapé un rond de queue de homard moins grand que le rond de pain, et entourez-le d'un cordon de câpres.

CANAPÉS AU SAUMON FUMÉ.

Préparez le pain comme pour les canapés aux anchois ;
Couvrez de beurre très-fin et peu assaisonné ;
Placez dessus des lames de saumon fumé légèrement grillées.

CANAPÉS DE THON.

Préparez des lames de pain comme il est dit aux canapés d'anchois ;
Faites-les griller légèrement ;
Couvrez de beurre très-fin ;
Coupez des lames de thon ; ajoutez du jus de citron dessus et de la ravigote hachée,
Et terminez comme je l'ai indiqué plus haut.

CANAPÉS DE BOEUF ROTI, POUR LES CHASSES.

Coupez des ronds de pain comme pour les canapés de homard ;
Faites griller légèrement des deux côtés ;
Couvrez une des surfaces de beurre très-fin, et mettez dessus des lames de bœuf rôti bien coupées ;
Glacez les lames de bœuf avec de la glace de viande et servez.

DU THÉ.

La préparation de cette boisson demande certains soins de détail que je vais indiquer :

D'abord faites choix de thés de première qualité.

Le mélange des différentes espèces étant affaire de goût, chacun peut le composer à sa manière.

Ainsi :

500 grammes de Pecko (pointes blanches) avec 60 grammes de thé dit Poudre à canon donnent un bon résultat ; il en est de même de parties égales de Pouchong et de Pecko, tous deux classés dans les thés noirs.

Ayez en réserve une bouilloire qui ne serve que pour la préparation du thé ;

Échaudez la théière et égouttez-la ;

Mettez-y tout de suite la quantité de thé voulue avec une petite quantité d'eau bouillante ;

Laissez infuser dix minutes et remplissez après avec de l'eau bouillante.

Il est bon d'avoir de l'eau toute prête sur un réchaud ou dans un somoward, comme en Russie, pour remplir la théière selon les besoins.

On peut servir, en même temps,

Des sandwichs,

Du pain de brioche,

Des tartines de pain de seigle ou de froment beurrées,

De la crème double très-épaisse et froide,

De l'eau-de-vie,

Du rhum.

CHAPITRE XVII

SORBETS ET GLACES

Pour bien travailler les glaces, la sorbétière ne doit être remplie qu'à moitié et être sanglée parfaitement;

Pour bien sangler la sorbétière, taillez un morceau de

Fig. 20. — Sorbétière et sa spatule.

glace de 7 centimètres d'épaisseur et de la grandeur du fond du seau ;

Couvrez-le de sel très-sec et bien pilé ;

Posez la sorbétière dessus en ayant soin de la couvrir ;

Garnissez tout le tour de la sorbétière de glace pilée et de sel, en plusieurs couches fortement foulées et montant jusqu'au haut du seau ;

Laissez cinq minutes la sorbétière sans y toucher ;

Retirez le couvercle ; lavez et essuyez-le ;

Mettez l'appareil jusqu'à moitié seulement de la sorbétière ;

Commencez à glacer en faisant tourner la sorbétière de la main gauche ; en même temps de la main droite frottez l'appareil avec la spatule sur les parois de la sorbétière pour le rendre très-lisse ;

Détachez, et continuez le travail jusqu'à ce que l'appareil soit pris, et moulez.

Il faut sangler le moule comme on sangle la sorbétière ;

Couvrez le moule de glace et mettez dessus un torchon mouillé d'eau salée et plié en quatre ;

Laissez deux heures, et démoulez sur une assiette couverte d'une serviette.

Nota. Une bonne précaution à prendre est de boucher l'ouverture du couvercle du moule avec du beurre, afin d'empêcher l'eau salée de pénétrer dans l'appareil qui se glace.

GLACES A LA VANILLE.

Prenez :
1 litre de crème,
400 grammes de sucre en poudre,
Une forte gousse de vanille,
12 jaunes d'œufs,

Et 3 décilitres de crème fouettée ;

Faites bouillir la crème ;

Fendez la gousse de vanille en plusieurs morceaux sur sa longueur ;

Faites-la infuser dans la crème et couvrez la casserole ;

Mettez les jaunes d'œufs et le sucre dans une terrine ;

Travaillez-les avec une spatule ;

Mêlez la crème avec les jaunes et passez au tamis de soie ;

Faites lier sur le feu en tournant avec la spatule et en prenant garde que la crème ne bouille ;

Quand la crème masque bien la spatule, on la verse dans une terrine et on l'agite avec une cuiller, pour éviter qu'elle ne se couvre d'une peau.

Dès qu'elle est refroidie, faites prendre à la glace dans une sorbétière en la travaillant avec une grande spatule ;

La crème prise, ajoutez-y la crème fouettée ;

Recouvrez la sorbétière de son couvercle avec de la glace dessus.

Vous pouvez servir en rocher sur une serviette, ou mouler, à volonté.

Le moulage se fait après avoir mis la crème ;

On sangle fortement le moule pendant deux heures.

Observation. Pour toutes les crèmes à infusion on ne doit faire infuser les substances qu'après avoir fait bouillir la crème : par ce procédé on évite de faire tourner l'une et de perdre les autres.

GLACES AU CAFÉ.

Faites bouillir 12 décilitres de crème ;

Ajoutez :

250 grammes de café en grains torréfiés ;

Mettez dans une terrine 12 jaunes d'œufs,

400 grammes de sucre en poudre ;

Travaillez le sucre et les jaunes ;

Mettez la crème ; faites-la prendre ;

Passez au tamis de soie,

Et finissez comme pour les glaces à la vanille.

MOUSSES GLACÉES.

Avant de décrire les différentes recettes de mousses, il

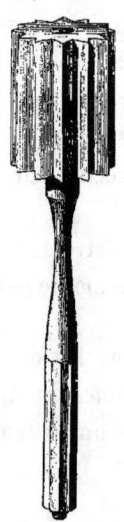

Fig. 21. — Frouloir.

convient d'indiquer les ustensiles propres à la préparation de ces boissons :

1° Le frouloir.

C'est un instrument en buis, long de 30 centimètres; le gros bout qui trempe dans la terrine doit être évidé au milieu et façonné de cercles cannelés; les cercles sont au nombre de six et enveloppent une boule creuse.

Cette disposition permet d'accélérer le mouvement du frouloir, et de rendre la mousse plus légère et plus abondante.

Le haut du frouloir (ou le manche) est de forme octogone pour faciliter le frôlement qui se fait entre les deux mains avec plus de vivacité.

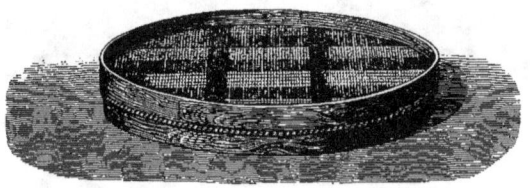

Fig. 22. — Tamis à égoutter.

On trouve cet instrument chez les boisseliers et les marchands de tamis.

2° Deux grandes terrines;

3° Des tamis de crin pour égoutter;

4° Une écumoire en cuivre étamé;

5° Un grand couteau pour détacher les mousses de l'écumoire;

6° Un frouloir et une cave pour glacer les mousses.

Quoique ce genre de rafraîchissement soit peu usité aujourd'hui, je crois devoir en donner la recette. Le temps peut revenir où les soirées et les bals ne seront plus donnés que pour la forme et où les amphitryons tiendront à satisfaire leurs invités par la recherche et la délicatesse des rafraîchissements.

Les mousses, par leur légèreté, sont même supérieures aux glaces et aux sorbets.

Fig. 23. — Cave à glacer.

Elles sont fraîches sans laisser au palais une sensation quelquefois trop vive ; elles n'altèrent pas, comme beaucoup de boissons sucrées.

Enfin elles ont l'avantage d'être hygiéniques, en ce qu'elles n'apportent aucun trouble dans les fonctions de l'estomac.

MOUSSES AU CHOCOLAT.

Mettez dans un grand poêlon d'office,
800 grammes de chocolat,
300 — de sucre en morceaux,
18 décilitres d'eau ;
Faites fondre sur le feu en remuant avec la spatule ;

Donnez dix minutes d'ébullition et passez au tamis de soie.

Remettez le chocolat dans un poêlon d'office, et faites cuire en tournant toujours avec la spatule jusqu'à ce qu'il masque la cuiller ;

Retirez l'appareil du poêlon d'office et mettez-le dans une terrine très-propre ;

Laissez refroidir plusieurs heures, placez sur une grande terrine un tamis à égoutter ;

Frôlez l'appareil sur le bord de la terrine plutôt qu'au milieu.

Dès que la mousse se produit et que les bulles en sont petites et serrées, enlevez-la et mettez sur le tamis.

Il faut que la partie d'appareil qui couvre l'écumoire soit en dessus ;

Continuez l'opération jusqu'à ce que tout l'appareil et même les égouttures soient convertis en mousse.

La mousse bien égouttée, prenez des verres de cristal à anses et bien évasés ;

Remplissez-les en pyramide, avec beaucoup de légèreté ;

Sanglez la cave et rangez dedans les verres de mousse ;

Recouvrez et ne les en retirez que pour les servir.

Ce travail exige beaucoup de soin :

Il faut éviter de secouer le tamis ;

Il faut emplir les verres avec précaution ;

Ne pas tasser la mousse, tout le mérite de cette boisson consistant dans sa légèreté.

On peut y ajouter du sucre de vanille.

MOUSSES AU CAFÉ.

8 décilitres de crème double,
2 décilitres et demi d'essence de café,
3 hectos de sucre en poudre ;
Mélangez parfaitement ;
Passez au tamis de soie, et procédez comme pour la mousse au chocolat.

MOUSSES AUX FRAISES.

8 décilitres de crème double,
3 — de jus de fraises,
3 hectos de sucre en poudre,
Une pointe de carmin clarifié ;
Procédez comme ci-dessus.

MOUSSES AU MARASQUIN.

8 décilitres de crème,
2 — de marasquin,
250 grammes de sucre en poudre ;
Mêlez et passez au tamis de soie ;
Même travail que ci-dessus.

MOUSSES AU LAIT D'AMANDES.

Mondez et pilez à l'eau :
100 grammes d'amandes douces,

50 grammes d'amandes amères ;
Mouillez avec 3 décilitres d'eau ;
Pressez à travers une grosse serviette lavée à l'eau chaude et rincée à l'eau froide ;
Ajoutez :
9 décilitres de crème,
3 hectos de sucre en poudre,
Le lait d'amandes ;
Mêlez ;
Passez au tamis de soie et terminez comme la mousse au chocolat.

Si ces appareils moussaient difficilement, on pourrait jouter un peu de crème.

GLACES AUX AVELINES.

12 décilitres de crème,
12 jaunes d'œufs,
400 grammes de sucre en poudre,
210 — d'amandes d'avelines,
3 décilitres de crème,
Un quart de décilitre de kirsch ;
Faites torréfier les amandes d'avelines dans un poêlon d'office, en les agitant souvent pour qu'elles ne prennent pas couleur.

Faites bouillir la crème ;
Faites infuser les avelines ;
Quand la crème est froide, égouttez-les ;
Pilez-les en pâte,
Et mouillez avec la crème ;
Passez avec expression à l'étamine ;

Mêlez la crème aux jaunes d'œufs et au sucre ;
Et quand elle est bien liée ajoutez le kirsch,
Et finissez comme pour les glaces à la vanille.

GLACES AU CHOCOLAT.

1 litre de crème,
12 jaunes d'œufs,
400 grammes de sucre en poudre,
Une gousse de vanille,
250 grammes de chocolat,
3 décilitres de crème fouettée ;

Procédez en tout de la même manière que pour les glaces à la vanille.

GLACES AUX FRUITS.

Ces glaces diffèrent entièrement des précédentes.
Elles sont très-agréables et d'un goût très-fin. Je vais en indiquer la recette pour divers fruits.

GLACES AUX FRAISES.

Passez au tamis des fraises des quatre saisons en quantité suffisante pour obtenir 5 décilitres de jus ;
Mettez-le dans une terrine, avec 400 grammes de sucre en poudre ;

Mêlez le sucre, les fraises et un litre de crème ;
Passez au tamis ;
Ajoutez quelques gouttes de carmin liquide ;
Faites glacer à la sorbétière.
Il faut que cette crème soit d'une couleur rose pâle.

GLACES A L'ANANAS.

Prenez 360 grammes d'ananas ;
Épluchez-les et coupez-les en morceaux ;
Mettez dans une terrine et versez dessus 5 décilitres de sirop de sucre chaud à 35 degrés ;
Laissez infuser ;
Égouttez ;
Pilez les ananas en ajoutant 5 décilitres de crème ;
Passez au tamis de Venise ;
Ajoutez un quart de décilitre de jus de citron ;
Mêlez le tout et repassez au tamis de soie ;
Frappez à la sorbétière, et terminez comme pour les glaces précédentes.

GLACES AUX FRAMBOISES.

Préparez 5 décilitres de purée de framboises ;
Passez-les au tamis de Venise ;
Ajoutez 5 décilitres de sucre en sirop à 35 degrés,
Le quart d'un décilitre de citron,
4 décilitres de crème ;
Mêlez le tout ;

Repassez au tamis,

Et terminez comme la crème glacée à la vanille.

GLACES AUX GROSEILLES.

Employez 5 décilitres de sirop à 35 degrés, pour 5 décilitres de jus de groseilles;

Passez au tamis,

Et terminez comme pour les autres glaces.

On peut remplacer un décilitre de jus de groseilles par égale quantité de jus de framboises ;

On obtient ainsi un produit plus parfumé.

GLACES AUX ABRICOTS.

Choisissez des abricots mûrs à point, trop de maturité diminuant la finesse de l'arome ;

Préparez avec ces fruits 5 décilitres de purée que vous passerez au tamis de Venise, au-dessus d'une terrine ;

Ajoutez 5 décilitres de sirop à 35 degrés,

Une cuillerée à bouche de liqueur de noyaux et un décilitre d'eau ;

Repassez le tout au tamis ;

Faites glacer et terminez comme il a été dit.

Pour les glaces à la pêche on procédera entièrement de même.

CHAPITRE XVIII

LES BISCHOFFS, LES PUNCHS ET LES SABAYONS

BISCHOFF AU VIN DE CHABLIS.

Mettez dans une terrine d'office 250 grammes de sucre en morceaux,
Le zeste d'un citron ;
Faites infuser dans 4 décilitres d'eau ;
Passez au tamis de soie dans un saladier ;
Pelez à vif 2 citrons ;
Coupez-les en tranches et retirez-en les pepins ;
Mettez le vin dans le saladier, 3 bouteilles, avec le liquide sucré et les tranches de citron ;
Servez de l'eau de Seltz à part.

BISCHOFF AU VIN DE POUILLY.

Même préparation.

BISCHOFF AU VIN DE CHAMPAGNE.

Faites fondre dans une terrine 200 grammes de sucre dans 5 décilitres d'eau ;
Ajoutez le zeste d'une orange et le jus de 4 oranges ;
Filtrez sur l'entonnoir en verre dans du papier plié ;
Passez le sirop froid au tamis et dans un saladier,
Et ajoutez le vin de Champagne ;
Servez à part, dans un bol, des morceaux de glace cassés, très-clairs et parfaitement propres.

BISCHOFF D'ÉTÉ AU VIN DE SAUTERNE.

Mettez dans un saladier un litre de sirop à 30 degrés et 2 bouteilles de vin de Sauterne,
Avec 500 grammes de fraises des quatre saisons bien épluchées et lavées ;
Faites infuser pendant trois heures ;
Passez à la chausse ;
Servez de l'eau de Seltz à part.

BISCHOFF ALLEMAND AU VIN DU RHIN.

Faites infuser dans un litre de sirop froid à 30 degrés
15 grammes de cumin,
Et 15 grammes de coriandre ;
Mettez dans un bol et ajoutez 2 bouteilles de vin de Forster ;

Faites infuser vingt-quatre heures ;
Filtrez avec soin,
Et servez.

BISCHOFF AU VIN DE JOHANNISBERG ET DE SPARKIN.

Même préparation.

BISCHOFF AU VIN DE PICARDAN.

Faites infuser dans un litre de sirop à 28 degrés le zeste de deux bigarades ;
Ajoutez le jus de deux citrons, et versez deux bouteilles de vin de Picardan ;
Laissez infuser pendant une heure et filtrez à la chausse.
Lorsqu'on frappe les bischoffs, ils acquièrent une qualité supérieure et sont plus agréables au goût.

BISCHOFF AU VIN DE MARSALA.

Prenez 500 grammes de cerises dont vous ôterez les queues ;
Ouvrez-les et mettez-les dans une terrine avec 200 grammes de sucre en poudre et ajoutez deux bouteilles de vin de Marsala ;
Laissez infuser douze heures, passez à la chausse ;
Servez à part des morceaux de glace bien lavés et de l'eau de Seltz.

VIN CHAUD.

Faites infuser dans 2 décilitres de sirop chaud :
10 grammes de cannelle cassée en petits morceaux,
    5   —   de girofle.

Cette infusion doit être faite à l'avance et mise en réserve dans une bouteille bien bouchée.

Préparez le vin chaud comme il suit :

Mettez dans un poêlon d'office 200 grammes de sucre en morceaux avec un décilitre d'eau. Quand le sucre est fondu, ajoutez deux bouteilles de vin de Bordeaux,
4 cuillerées à bouche de l'infusion de cannelle et girofle ;
Mêlez, goûtez,
Et augmentez l'infusion, si cela est nécessaire ;
Faites chauffer sans ébullition ;
Servez dans une coupe d'argent ou dans un bol de porcelaine.

On ajoute assez ordinairement aux vins chauds des tranches de citron.

Je n'en conseille pas l'usage, quoique cette mode soit générale, parce que j'ai toujours remarqué que le citron donne de l'acidité à cette boisson, qui avant tout doit être d'un goût savoureux.

On peut ajouter à la cannelle et au girofle une petite quantité de gingembre ;
Ces aromates sont préférables au citron.

La préparation est la même pour tous les vins rouges.

LES BISCHOFFS, LES PUNCHS ET LES SABAYONS.

On doit toujours employer les meilleures qualités de vin, que ces boissons soient froides ou chaudes.

PUNCH CHAUD ORDINAIRE.

Faites infuser dans un litre d'eau bouillante :
20 grammes de thé,
Le zeste de deux oranges,
Le zeste de deux citrons ;
Mettez dans un poêlon d'office 300 grammes de sucre avec 2 décilitres d'eau,
Une bouteille de rhum,
Et une bouteille d'eau-de-vie ;
Mettez sur le feu et faites brûler ;
Remuez de temps en temps avec une louche en argent, pour que le rhum et l'eau-de-vie ne s'éteignent qu'au bout de huit minutes ;
Ajoutez l'infusion de thé au contenu du poêlon ;
Mêlez ;
Passez au tamis ;
Ajoutez le jus de six oranges filtré avec soin ;
Conservez au chaud pour servir.
On ne met le jus d'orange qu'au dernier moment.
Si l'on veut obtenir un punch plus léger, on se contente d'ajouter de l'eau bouillante.

PUNCH A L'AMÉRICAINE.

Faites infuser dans un litre d'eau :
20 grammes de thé,

10 grammes de cannelle,
Le zeste de deux bigarades,
5 grammes de gingembre en morceaux,
Une prise de poivre de Cayenne ;
Mettez dans un poêlon d'office 300 grammes de sucre en morceaux avec deux bouteilles de rhum ;
Faites brûler cinq minutes ;
Passez l'infusion au tamis de soie dans le rhum ;
Ajoutez le jus de trois citrons ;
Filtrez comme pour le punch ordinaire ;
Servez très-chaud.

PUNCH AU WHISKY.

Mettez dans un poêlon d'office 400 grammes de sucre en morceaux avec 8 décilitres d'eau ;
Donnez un bouillon ;
Passez au tamis ;
Ajoutez une bouteille de whisky ;
Servez très-chaud dans un bol.

PUNCH AU KIRSCH.

Préparez et procédez comme pour le punch au whisky.

PUNCH CHAUD A L'ANANAS.

Mettez dans un poêlon d'office 200 grammes de sucre en morceaux,

Une demi-bouteille de rhum,
Une demi-bouteille d'eau-de-vie ;
Faites brûler comme pour le punch ordinaire ;
Ajoutez 6 décilitres de sirop d'ananas très-corsé ;
Versez dessus une bouteille de vin de Champagne sec ;
Passez au tamis de soie ;
Réservez au bain-marie ;
Au moment de servir le punch, ajoutez le jus de trois oranges filtré avec soin.

SABAYON AU MADÈRE.

Mettez dans une terrine :
300 grammes de sucre en poudre,
6 jaunes d'œufs ;
Travaillez le sucre avec les jaunes ;
Délayez avec 6 décilitres de vin de Madère ;
Ajoutez le quart d'un décilitre d'infusion de vanille ;
Passez le tout au tamis ;
Mettez dans une chocolatière en froulant et tournant comme pour faire le chocolat ;
Servez dans des tasses chaudes.
Cette boisson fait toujours plaisir à la fin d'un bal.

SABAYON AU RHUM.

Préparez de même que pour le sabayon au madère ;
Remplacez la vanille par la cannelle ;
Terminez de même et servez chaud.

Observation. On obtient les diverses infusions en mettant les substances dans une bouteille avec du sirop chaud, cuit à 28 degrés.

SABAYON AU KIRSCH.

Mettez dans une terrine 6 jaunes d'œufs,
Un décilitre de kirsch,
4 décilitres de sirop à 20 degrés ;
Finissez et servez comme le sabayon au madère.

SABAYON A LA VANILLE.

Prenez :
6 jaunes d'œufs,
Un décilitre d'infusion de vanille,
4 décilitres de crème,
200 grammes de sucre en poudre ;
Mettez les jaunes d'œufs et le sucre dans une terrine ;
Travaillez-les à la spatule ;
Mettez l'infusion de vanille avec le lait ;
Faites lier sur le feu et finissez comme pour le sabayon au madère.

SABAYON AU CAFÉ.

Mettez 6 jaunes d'œufs dans une terrine avec 300 grammes de sucre en poudre ;
Travaillez à la spatule ;
Ajoutez 5 décilitres de café à l'eau ;
Passez au tamis et finissez comme il a été dit.

SABAYON AU CHOCOLAT.

Faites fondre dans une casserole deux tablettes de chocolat à la vanille dans 5 décilitres de lait ;
Mettez dans une terrine 6 jaunes d'œufs,
200 grammes de sucre en poudre ;
Travaillez les jaunes et le sucre ;
Ajoutez le chocolat et le lait ;
Mêlez bien le tout ;
Passez au tamis de Venise,
Et finissez comme le sabayon au madère.

SABAYON AU VIN DE MARSALA.

Mettez même quantité de jaunes d'œufs et de sucre, mais sans infusion de vanille,
Et terminez comme le sabayon au madère.

PUNCH FROID AU RHUM.

Sanglez fortement une sorbétière ;
Mettez dedans une bouteille de vin de Chablis,
Le jus de 4 citrons, sans pepins,
3 décilitres de sirop à 24 degrés ;
Faites prendre à la glace.
Lorsque l'appareil est ferme, ajoutez 4 blancs d'œufs de meringue à l'italienne, préparés avec 150 grammes de sucre cuit au petit boulet.

Quand la meringue est bien mêlée, fermez la sorbétière;

Couvrez-la de glace;

Cinq minutes avant de servir, ajoutez un demi-décilitre de rhum.

PUNCH FROID AU VIN DE CHAMPAGNE.

Mettez dans une sorbétière deux bouteilles de vin de Champagne,

Un demi-litre de sirop à 28 degrés;

Quand la glace est prise, ajoutez 4 blancs d'œufs de meringue à l'italienne, — préparés avec 100 grammes de sucre cuit au boulet;

Mêlez parfaitement;

Couvrez la sorbétière jusqu'au moment de servir.

PUNCH AU MARASQUIN A LA ROMAINE.

Faites prendre dans la sorbétière 2 litres de glace au marasquin;

Ajoutez de la meringue à l'italienne,

Et procédez comme il est dit pour le punch à la romaine et au rhum;

Finissez et servez de même.

PUNCH FROID A L'ANANAS.

Préparez 2 litres de glace à l'ananas bien frappés;

Mêlez avec la glace une demi-bouteille de vin de Champagne sec,

4 blancs d'œufs de meringue à l'italienne;

Travaillez et finissez comme le punch à la romaine au rhum.

PUNCH A LA ROMAINE AUX FRAISES.

Faites prendre dans la sorbétière 2 litres de glace à la fraise ;

Ajoutez un décilitre de vin de Sauterne,

2 cuillerées à bouche de jus de citron,

4 œufs de meringue à l'italienne,

Quelques gouttes de carmin liquide pour que le punch soit d'un rose franc ;

Couvrez la sorbétière et mettez en réserve jusqu'au moment de servir.

SALADES DE FRUITS

SALADE D'ANANAS.

Pelez à vif un ananas ; coupez-le en deux ; retirez-en les parties dures ;

Émincez chaque morceau de l'épaisseur de 4 millimètres ;

Mettez les morceaux dans un saladier avec 60 grammes de sucre en poudre pour 500 grammes d'ananas ;

Laissez mariner deux heures ;

Au moment de servir ajoutez 1 décilitre de marasquin ;

Mêlez avec soin pour ne pas briser l'ananas, et servez.

SALADE D'ORANGES.

Pelez à vif 4 belles oranges ;
Coupez-les chacune en 10 morceaux ;
Mettez le tout dans un saladier ;
Saupoudrez de sucre ;
Au moment de servir, mettez 1 décilitre de bon cognac ;
Mêlez et servez.

SALADE DE POIRES DE CRASSANE.

Coupez en huit 10 moyennes poires de crassane ;
Parez chaque morceau ;
Mettez-les dans une terrine avec du jus de citron.

Lorsque les poires seront toutes parées, égouttez-les et mettez-les dans un saladier avec 150 grammes de sucre en poudre ;

Au moment de servir, ajoutez 1 décilitre de kirsch.

Cette salade ne doit pas être préparée longtemps d'avance, parce que les poires noirciraient.

SALADE DE PÊCHES.

Coupez 8 belles pêches en huit ;
Pelez chaque morceau ;
Mettez-les dans un saladier avec du sucre en poudre et du vin de Sauterne ;
Mêlez et servez.

Cette salade doit être faite au dernier moment, autrement elle noircirait et perdrait de son agréable aspect.

On peut faire cette compote avec du bordeaux rouge.

SALADE MACÉDOINE DE FRUITS.

Préparez cette salade avec quatre sortes de fruits :
Une partie d'ananas,
— d'orange,
— de poire,
— de pêche.

Mêlez le tout ; saupoudrez de sucre ; ajoutez du marasquin dans le compotier, et, au moment de servir, décorez avec 20 belles fraises.

BEIGNETS D'ORANGES AU SUCRE.

Pelez 4 oranges sans déchirer la peau blanche qui les recouvre ;

Coupez chaque orange par le travers de l'épaisseur d'un centimètre ;

Mettez du sucre pilé sur une feuille de papier ;

Faites mousser des blancs d'œufs ;

Trempez chaque rondelle dans le blanc d'œuf ;

Posez-les sur le sucre ;

Couvrez-les de sucre et laissez cinq minutes ;

Retirez chaque beignet avec beaucoup de soin ;

Mettez-les sur la grille ;

Et lorsque le sucre aura fait croûte, dressez-les dans un compotier et servez.

CHAPITRE XIX

DES COMPOTES FRAICHES

POIRES DE BON-CHRÉTIEN.

Prenez cinq poires de bon-chrétien bien saines et d'égale grosseur;

Coupez-les en deux; parez ces moitiés, les unes rondes, les autres dans le sens de la longueur;

Plongez à mesure les poires dans une terrine contenant de l'eau acidulée;

Mettez dans un poêlon d'office du sirop à 16 degrés additionné du jus d'un citron;

Faites cuire à feu vif et à grand mouillement;

Retirez du feu, mettez dans une terrine en réservant 8 décilitres de la cuisson,

Et couvrez d'un papier;

Ajoutez 200 grammes de sucre à ces 8 décilitres;

Faites fondre;

Passez au tamis;

Faites réduire à la grande *nappe* (pour bien apprécier ce

degré de cuisson, on trempe l'écumoire dans le sirop ; on l'élève en l'inclinant) ;

Et quand le sirop est à son point, la *nappe* se forme au bord de l'écumoire ;

Écumez, et mettez en réserve dans une terrine d'office ;

Les poires refroidies, égouttez-les ;

Dressez-les en rosace dans un compotier en réservant un morceau rond pour placer au milieu ;

Au moment de servir, saucez avec le sirop.

On peut décorer toutes les compotes blanches,

Avec des cerises en confitures,

Des groseilles de Bar,

Et de l'angélique confite ;

On les décore aussi avec des nappes de gelée de pommes ;

Pour obtenir ces nappes,

On prépare la gelée comme il est indiqué à la gelée de pommes ;

On prend des plats d'entremets en terre de pipe très-unis ;

On met dessus une couche de gelée d'un demi-centimètre d'épaisseur qu'on laisse prendre ;

Pour la démouler on pose un papier blanc sur la nappe de gelée ;

On l'appuie légèrement afin qu'elle s'y colle ;

On chauffe le plat une demi-minute sur le fourneau et la gelée se décolle facilement :

Posez la nappe sur la poire ;

Mouillez le papier avec un pinceau, soulevez un coin du papier et détachez à mesure, avec le couteau d'office.

POIRES DE SAINT-GERMAIN.

Cette compote, comme celle de poires de bon-chrétien, n'est réussie qu'autant qu'elle est blanche;

On la prépare de même.

POIRES D'ANGLETERRE.

Choisissez douze poires d'Angleterre peu mûres;
Enlevez les pepins à l'aide d'un vide-pommes,
Et sans fendre les fruits;
Tournez-les entièrement;
Ne laissez que 2 centimètres de queues et procédez comme il a été dit ci-dessus;
Ces poires se dressent droites dans le compotier.

POIRES DE MARTIN-SEC.

Même préparation que pour les poires d'Angleterre;
Seulement il faut les faire cuire dans une petite marmite bien étamée et qui n'ait contenu aucun corps gras;
Ajoutez quelques gouttes de carmin, parce que cette compote doit être rose;
Et faites cuire très-doucement.

POIRES DE ROUSSELET.

Ces poires se préparent de tout point comme celles de martin-sec.

POIRES DE CATILLAC.

Prenez des poires de Catillac à chair fine, de moyenne grosseur et sans taches;

Coupez-les en quartiers et mettez en réserve un morceau taillé en rond;

Faites-les cuire;

Ajoutez quelques gouttes de carmin;

Égouttez;

Dressez les poires en couronne et saucez au moment de servir.

Cette compote nappée et bien dressée sera d'un bon effet dans un grand dîner : sa couleur rose tranche agréablement sur les autres compotes.

POMMES DE CALVILLE.

Prenez quatre pommes de Calville;

Coupez-les en deux;

Otez les pepins avec une cuiller à café;

Parez et mettez dans une terrine avec de l'eau acidulée;

Faites cuire à petits frémissements pour éviter qu'elles ne se déforment;

Égouttez;

Laissez refroidir ;
Réduisez la cuisson à la nappe en ajoutant du sucre ;
Dressez, et couvrez d'une nappe de gelée.

COMPOTE D'ORANGES.

Pelez à vif trois grosses oranges ;
Coupez-en deux et demie en quartiers ;
Parez et mettez dans une terrine avec du sirop à 32 degrés, et laissez quatre heures ;
Parez le morceau restant de l'orange en demi-rond pour placer au milieu de la compote ;
Retirez ;
Égouttez et dressez en rosace les quartiers d'oranges dans un compotier ;
Faites fondre 1 hecto de sucre dans le sirop au bain-marie ;
Passez au tamis ;
Saucez la compote.

COMPOTE D'ANANAS.

Pelez à vif un ananas ;
Otez les parties dures des deux extrémités ;
Coupez trois tranches rondes,
Et fendez le reste en deux sur la longueur ;
Coupez en tranches de 8 millimètres d'épaisseur ;
Mettez une rangée de tranches d'ananas dans une terrine ;
Saupoudrez de sucre, et continuez de même pour le reste ;

Réservez dans un endroit froid ;

Remuez de temps en temps avec une cuiller d'argent pour faire fondre le sucre ;

Laissez six heures,

Égouttez.

Dressez les morceaux d'ananas dans le compotier ;

Passez le sirop au tamis,

Ajoutez un demi-décilitre de marasquin,

Saucez l'ananas et servez.

Nota. Cette compote ainsi préparée est d'un goût supérieur à celui de la même préparation faite à chaud.

Procédez de la même manière pour la compote d'oranges.

COMPOTE DE MARRONS.

Choisissez 40 beaux marrons ;

Retirez-en avec soin la première peau ;

Mettez-les à grande eau sur le feu avec 50 grammes de mie de pain ;

Faites-les cuire à petits bouillons, jusqu'à ce qu'une petite tige de fil de fer puisse entrer sans résistance dans l'intérieur du fruit ;

Épluchez et mettez-les à mesure dans de l'eau acidulée avec du jus de citron ;

Mettez dans un poêlon un litre de sirop à 32 degrés,

Et une gousse de vanille fendue en quatre ;

Ajoutez les marrons et ne donnez qu'un seul bouillon ;

Couvrez de papier pour éviter qu'ils ne noircissent ;

Laissez pendant quatre heures à l'étuve ;

Égouttez ;

Dressez-les dans le compotier ;
Passez le sirop au tamis ;
Faites réduire à la nappe ;
Saucez les marrons avec le sirop froid.

COMPOTE DE MARRONS EN VERMICELLE.

Préparez des marrons comme les précédents ;
Mettez un tamis sur un trois-pieds élevé de 15 centimètres ;
Égouttez les marrons ;
Faites-les chauffer ;
Pilez-les ;
Mettez le compotier sous le tamis ;
Passez, en prenant soin que la purée se forme en dôme sans y toucher.

Dans cette opération le tamis ne doit pas bouger, il n'y a que le compotier que l'on change de place.

Cette compote doit être très-légère.

COMPOTE DE GROSEILLES EN GRAPPES.

Choisissez 30 belles grappes de groseilles blanches et même quantité de groseilles rouges ;
Fouettez un blanc d'œuf avec une cuillerée à bouche d'eau ;
Étendez du sucre pilé sur un papier et trempez les grappes dans le blanc d'œuf ;
Passez-les dans le sucre ;
Mettez-les sur un tamis et laissez sécher à l'air ;
Dressez dans un compotier, en variant les couleurs.

COMPOTE DE CERISES.

Prenez 700 grammes de belles cerises dont vous couperez les queues ;

Mettez-les dans un poêlon d'office avec un litre de sirop à 35 degrés ;

Faites bouillir cinq minutes ;

Retirez du feu ;

Mettez dans une terrine ;

Lorsque les cerises sont froides, égouttez ;

Rangez-les dans un compotier ;

Passez le sirop ;

Faites-le réduire à la nappe ;

Saucez la compote avec le sirop froid, et servez.

COMPOTE D'ABRICOTS.

Choisissez 15 beaux abricots de plein vent et très-sains ;

Coupez-les en deux ;

Retirez-en les noyaux ;

Mettez-les sur le feu dans un poêlon d'office avec 1 litre de sirop à 35 degrés ;

Donnez un bouillon ;

Mettez-les dans une terrine et laissez quatre heures ;

Égouttez ;

Dressez dans le compotier ;

Passez le sirop au tamis, réduisez-le à la nappe ;

Mondez les amandes des abricots, et placez-les symétriquement sur la compote ;

Saucez à froid.

COMPOTES DE PRUNES

(REINE-CLAUDE).

Prenez 24 belles prunes de reine-Claude à peu près mûres ;

Faites-les blanchir dans de l'eau additionnée d'une petite quantité de sel de Vichy ;

Rafraîchissez et égouttez ;

Faites reverdir les prunes dans l'eau qui a servi à les blanchir ;

Égouttez-les ;

Faites bouillir du sirop à 30 degrés ;

Mettez les prunes dedans et donnez-leur un seul bouillon ;

Mettez-les dans une terrine et couvrez d'une feuille de papier.

Il vaut mieux préparer cette compote la veille du jour où elle doit être servie.

Égouttez les prunes sur une grille deux heures avant de les dresser ;

Passez le sirop au tamis de soie ;

Réduisez-le à 32 degrés ;

Laissez refroidir ;

Dressez les prunes dans le compotier et couvrez avec le sirop cinq minutes avant de servir.

PRUNES DE MIRABELLE.

Prenez 50 belles prunes de mirabelle peu mûres ;
Faites-les blanchir ;
Égouttez et rafraîchissez-les ;
Préparez du sirop à 32 degrés ;
Égouttez les prunes ;
Mettez-les dans le sirop en donnant un seul bouillon, et finissez comme pour les prunes de reine-Claude.

COMPOTE DE BRUGNONS.

Prenez 18 brugnons de bonne maturité, retirez-en les noyaux sans séparer les fruits ;
Faites-les bouillir deux minutes dans du sirop à 32 degrés ;
Mettez-les dans une terrine ;
Au bout de deux heures égouttez sur une grille ;
Passez le sirop au tamis de soie, faites-le réduire à 32 degrés et laissez refroidir ;
Dressez les brugnons dans le compotier, et versez le sirop dessus cinq minutes avant de servir.

COMPOTE DE PÊCHES.

Coupez 9 belles pêches en deux ;
Faites-les blanchir dans du sirop à 20 degrés ;
Lorsque la peau peut se détacher, égouttez-les ;

Pelez-les;

Rangez-les dans une terrine ; versez le sirop et couvrez avec une feuille de papier ;

Vingt minutes avant de servir égouttez les pêches sur une grille ;

Dressez-les dans un compotier ;

Réduisez le sirop à 32 degrés ;

Passez-le au tamis de soie ;

Laissez refroidir ;

Cassez les noyaux ;

Mondez les amandes ;

Saucez la compote avec le sirop, et placez les amandes sur les pêches.

COMPOTE DE REINETTE DE CANADA

(A LA BONNE FEMME).

Prenez 7 moyennes pommes dites de Canada et d'égale grosseur ;

Retirez-en les pepins avec un vide-pommes ;

Incisez légèrement en tous sens avec la pointe du couteau ;

Mettez les dans une casserole avec 50 grammes de sucre en poudre et 1 décilitre d'eau ;

Faites cuire avec feu dessus, feu dessous, et à très-petit mijotement ;

Dressez-les dans le compotier ;

Glacez-les avec le sirop, et servez chaud.

Cette compote convient aux malades.

COMPOTE DE GROSEILLES ROUGES ET BLANCHES.

Égrenez séparément 500 grammes de groseilles rouges et autant de groseilles blanches ;

Lavez, égouttez et mettez-les dans une terrine ;

Ajoutez 50 grammes de sucre pilé ;

Sautez légèrement les groseilles pour que le sucre fonde également ;

Ajoutez un peu d'eau, si le sucre ne fondait pas assez vite ;

Après une heure, dressez-les dans le compotier ;

Au moment de servir, ajoutez un demi-décilitre de sirop à 30 degrés.

COMPOTE DE GRENADES.

Égrenez des grenades bien mûres jusqu'à ce que vous ayez obtenu 750 grammes de grains ;

Mettez-les dans une terrine d'office avec 100 grammes de sucre en poudre ;

Sautez-les légèrement pour les mêler avec le sucre ;

Après deux heures de macération, dressez les grenades dans un compotier.

COMPOTE D'OEUFS A L'ESPAGNOLE

(AU MALAGA).

Mettez :

8 jaunes d'œufs bien frais dans une terrine ;

Faites fondre 1 hecto de miel dans un poêlon d'office avec un demi-décilitre de vin de Malaga ;

Mêlez les jaunes d'œufs avec le vin ;

Ajoutez :

Une prise de sel, une pincée de cannelle en poudre, et la quantité d'eau que peut contenir un moule à darioles ;

Mêlez le tout ;

Passez au tamis ;

Huilez sept moules très-légèrement avec de l'huile d'amandes douces ;

Remplissez-les avec les œufs ;

Faites-les prendre au bain-marie sans les faire bouillir ;

Lorsque les œufs sont fermes, retirez-les du feu ;

Laissez refroidir ;

Démoulez dans le compotier ;

Placez un œuf au milieu et les six autres à l'entour ;

Faites un sirop avec du miel et du vin de Malaga ;

Saucez les œufs et servez.

Faute d'huile d'amandes douces, on peut graisser les moules légèrement avec du saindoux très-frais.

COMPOTE D'OEUFS AU RHUM.

Mettez :

8 jaunes d'œufs,

Un demi-décilitre de rhum,

2 hectos de miel,

Une petite prise de sel,

Une pincée moyenne de girofle en poudre, et la quantité d'eau que peut contenir un moule à darioles.

Mettez dans une terrine les jaunes d'œufs ;

Ajoutez l'eau et 1 hecto de miel fondu dans le quart d'un décilitre de rhum ;

Mêlez ;

Passez au tamis,

Et finissez comme la compote au malaga ;

Faites la sauce avec 1 hecto de miel, du rhum, et ajoutez la quantité d'eau que peut contenir un moule.

COMPOTE D'OEUFS AU CARAMEL ET A LA VANILLE.

Mettez :

8 jaunes d'œufs,

20 grammes de sucre à la vanille,

3 décilitres de sirop à 30 degrés,

Une petite pincée de sel.

Faites cuire dans un poêlon d'office un demi-décilitre de sirop au caramel, en ayant soin de ne pas dépasser la couleur brune ;

Ajoutez un demi-décilitre d'eau pour dissoudre le caramel ;

Mettez dans une terrine :

Les jaunes d'œufs,

La moitié du caramel,

Le sel,

1 décilitre de sucre ;

Mêlez,

Et passez au tamis ;

Beurrez légèrement sept moules à darioles ;

Emplissez-les avec les œufs ;

Faites prendre au bain-marie sans ébullition ; suivez le

même procédé pour tout ce que vous mettez au bain-marie ;

Faites refroidir les œufs ;

Démoulez et coupez chaque œuf en quatre morceaux par le travers ;

Dressez en couronne dans le compotier ;

Ajoutez un décilitre et demi de sirop et le reste du caramel ;

Donnez un seul bouillon ;

Laissez refroidir ;

Saucez et servez.

Les compotes d'œufs au vin de Porto, au vin de Madère et au vin d'Alicante se préparent de la même manière.

Ces compotes sont peu usitées ; cependant il peut arriver qu'elles soient demandées au maître d'hôtel, et mes formules le tireront d'embarras.

CHAPITRE XX

FRUITS GLACÉS

AU SUCRE, AU CASSÉ, DIT CARAMEL

ORANGES GLACÉES.

Épluchez des oranges choisies ;

Séparez-les par quartiers dont on compte en moyenne dix par fruit ;

Évitez de déchirer la peau qui les recouvre ;

Piquez chaque quartier au bout d'une brochette de bois très-effilée et longue d'environ 20 centimètres ;

Rangez tous les morceaux sur un tamis en évitant qu'ils ne se touchent, ce qui les empêcherait de sécher.

Mettez 500 grammes de sucre cassé en morceaux dans un poêlon d'office avec 3 décilitres d'eau,

Une forte pincée de crème de tartre ;

Lorsque le sucre est fondu, faites cuire à feu vif ;

Écumez ;

Tenez le bord du poêlon très-propre en l'essuyant avec un linge mouillé.

Un petit bouillon indique que la cuisson du sucre arrive à son terme ;

Faites un essai :

Mettez près de vous une terrine d'eau froide ; effleurez le sucre du bout du doigt ;

Trempez le doigt dans l'eau, et détachez vivement le sucre avec le pouce ;

Si le sucre casse net sous la dent, c'est qu'il est cuit à point ;

Ayez auprès de vous une casserole remplie de sable ; lorsque le bouillon du sucre est tombé, trempez dans le sucre chaque morceau armé de sa brochette que vous implantez par l'autre bout dans le sable ;

Laissez refroidir ;

Retirez les brochettes et mettez les fruits sur un tamis.

DATTES FARCIES.

Choisissez de belles dattes ;

Retirez les noyaux sans séparer le fruit ;

Faites une pâte avec :

1 hecto d'amandes,

1 — de sucre ;

Pilez amandes et sucre en les mouillant avec du kirsch ;

Passez au tamis de Vénise ;

Colorez la pâte avec du vert végétal peu foncé ;

Remplissez les dattes avec de la pâte ;

Laissez paraître un filet vert d'un demi-centimètre sur toute la longueur ;

Piquez les dattes avec une brochette ;

Faites cuire du sucre au cassé ;

Trempez chaque datte ;

Piquez les brochettes dans le sable, comme je l'ai indiqué pour les oranges ;

Laissez refroidir,

Et dressez dans des caisses ovales.

PRUNES DE REINE-CLAUDE.

Choisissez des prunes confites au sirop, les plus grosses possible ;

Séparez-les en deux ;

Garnissez chaque moitié avec du fondant blanc vanille ;

Piquez chaque moitié avec une brochette ;

Trempez dans du sucre au cassé ;

Laissez refroidir,

Et dressez dans des caisses rondes.

AMANDES VERTES.

Prenez de grosses amandes vertes confites au sirop ;

Fendez-les en deux ;

Mettez dans chaque moitié une belle amande flot mondée et faites sécher ;

Piquez avec brochettes ;

Glacez dans le sucre au cassé,

Et dressez comme les dattes.

ABRICOTS GLACÉS AU SUCRE AU CASSÉ.

Choisissez de petits abricots confits au sirop ;
Piquez-les avec brochettes ;
Glacez-les dans le sucre au cassé ;
Dressez dans des caisses rondes aussitôt qu'ils sont refroidis.

CERISES FRAICHES GLACÉES AU CASSE.

Choisissez de belles cerises pas trop mûres ;
Ne leur laissez qu'un centimètre de queue ;
Faites cuire du sucre au cassé ;
Colorez-le avec du carmin liquide à la teinte d'un rose pâle ;
Trempez les cerises l'une après l'autre dans le sucre ;
Faites-les refroidir sur un marbre après les avoir égouttées pour que le sucre ne fasse pas masse,
Et dressez-les dans des caisses.

AVELINES GLACÉES AU CASSÉ.

Prenez des amandes d'avelines, aussi égales que possible en grosseur ;
Glacez-les dans le sucre ;
Mettez-les sur un marbre légèrement huilé, en les rangeant par trois de front et collées ensemble ;
Laissez refroidir, et dressez dans des caisses ovales.

PRUNES DE MIRABELLE FARCIES.

Choisissez des prunes de mirabelle bien égales ;
Retirez les noyaux ;
Garnissez les prunes avec du fondant ;
Colorez en rose ;
Piquez chaque prune avec une brochette ;
Trempez-les dans du sucre au cassé,
Et finissez comme il est dit pour les prunes de reine-Claude.

Il faut avoir soin pour la préparation des fruits confits, glacés au cassé, de les bien égoutter et de les laisser peu de temps à l'étuve.

GROSEILLES EN GRAPPES.

Choisissez de belles grappes de groseilles rouges et blanches, bien sèches et peu mûres ;
Glacez-les à la main comme les cerises fraîches ;
Égouttez-les avant de les mettre sur le marbre ;
Dressez dans des caisses ovales.

RAISIN GLACÉ AU CARAMEL.

Divisez les grappes de raisin en petits bouquets de trois ou quatre grains au plus ;
Glacez-les au sucre comme l'orange.

CERISES.

Égouttez des cerises retirées de l'eau-de-vie ;
Passez-les dans du sirop à 30 degrés ; égouttez-les de nouveau ;
Faites sécher à une chaleur de 25 degrés ;
Laissez refroidir ;
Piquez sur des brochettes ;
Glacez au sucre légèrement teint en rose avec du carmin liquide.

MARRONS.

Faites cuire de beaux marrons à blanc comme les marrons grillés ;
Épluchez-les ;
Laissez refroidir ;
Piquez-les avec des brochettes ;
Glacez, laissez refroidir et mettez-les sur un tamis.

FRAISES GLACÉES AU SUCRE.

Choisissez des fraises anglaises, dites belle-reine, peu mûres et bien sèches ;
Trempez chaque fraise dans le sucre, et posez-les sur un marbre légèrement huilé ;
Ce fruit se glace à sucre moins chaud que tous les autres fruits.

CHAPITRE XXI

LES PETITS FOURS

BISCUITS PORTUGAIS.

Cassez six œufs ;
Mettez les jaunes dans une terrine et les blancs dans un bassin ;
Ajoutez aux jaunes 1 hecto de marmelade d'abricots ;
Passez au tamis 2 hectos de sucre en poudre,
5 grammes d'amandes amères bien pilées ;
Travaillez les jaunes d'œufs avec le sucre et la marmelade ;
Fouettez les blancs très-ferme ;
Mêlez-les aux jaunes avec 150 grammes de fécule.
Prenez des moules à biscuits de Reims, beurrez et glacez-les ;
Couchez la pâte dans les moules ;
Glacez le dessus des biscuits avec la boîte à glacer ;
Lorsqu'ils sont cuits, démoulez et mettez en réserve sur un tamis.

BISCUITS ITALIENS.

Prenez :
250 grammes de sucre,
6 œufs,
10 grammes de sucre vanillé,
200 grammes de fécule ;
Mettez dans un poêlon d'office le sucre cassé avec 1 décilitre et demi d'eau ;
Faites cuire au boulet ;
Laissez refroidir ;
Fouettez les blancs ;
Lorsqu'ils sont très-fermes, ajoutez les jaunes ;
Mettez le sucre et travaillez avec le fouet, ajoutez la fécule et mêlez ;
Couchez dans les moules ;
Glacez comme pour les biscuits portugais et faites cuire de même.

BISCUITS A LA CUILLER.

Prenez :
6 œufs,
250 grammes de sucre en poudre,
120 grammes de farine,
Et un peu d'eau de fleurs d'oranger ;
Mettez les blancs dans un bassin et les jaunes dans une terrine ;
Ajoutez le sucre à ces derniers ;

Travaillez-les à la spatule, et mettez l'eau de fleurs d'oranger;

Fouettez les blancs très-ferme;

Mêlez légèrement avec les jaunes et la farine, évitez que la pâte ne s'étale.

Fig. 21. — Bassin et son fouet.

Faites un grand cornet avec une feuille de fort papier collé; on remplace le cornet de papier par des poches en toile auxquelles on ajoute une douille en fer-blanc de la grandeur voulue;

Mettez la pâte à biscuits dedans;

Fermez le cornet;

Coupez le bout pour faire un trou de 2 centimètres;

Préparez des feuilles de papier collées pour recevoir les biscuits;

Poussez la pâte en appuyant sur le haut du cornet pour faire des biscuits de 7 centimètres de long;

Glacez-les avec du sucre passé au tamis de soie;

Faites cuire à feu modéré.

MACARONS MOELLEUX.

Prenez :
250 grammes d'amandes douces,
250 — de sucre pulvérisé,
10 — de sucre vanillé,
Et quatre blancs d'œufs ;
Mondez les amandes ;
Lavez,
Essuyez,
Et pilez-les en ajoutant les blancs d'œufs par petites parties pour empêcher les amandes de tourner en huile ; quand elles sont à moitié pilées, ajoutez-y du sucre en morceaux ;
Continuez à piler et mouillez avec du blanc d'œuf ;
Lorsque la pâte a été bien pilée, elle doit être mollette sans s'affaisser ;
Si elle est trop ferme, ajoutez un blanc d'œuf ;
Mettez-la dans une terrine ;
Couchez les macarons sur le papier à 4 centimètres de distance en forme de boules de la grosseur d'une noix ;
Faites mousser des blancs d'œufs et mouillez-les avec ;
Glacez avec du sucre passé au tamis de soie ;
Faites cuire à four chaud ;
Aussitôt que les macarons auront pris une couleur jaune pâle,
Retirez-les et laissez refroidir ;
Retournez la feuille de papier de manière que les macarons posent sur la table ;
Mouillez le papier avec un pinceau ;

Retournez-le et enlevez les macarons, que vous mettrez sur un tamis;

Leur qualité est d'être moelleux.

MACARONS CROQUANTS.

Prenez :
200 grammes d'amandes douces,
200 — de sucre en poudre,
3 blancs d'œufs,
Et de l'écorce d'orange râpée ;
Mondez,
Lavez,
Hachez les amandes très-finement ;
Fouettez les blancs d'œufs ;
Ajoutez le sucre et les amandes ;
Mêlez fortement le tout avec une spatule,
Puis avec une cuiller à café ;
Couchez la pâte sur le papier, en ayant soin que les macarons ne se touchent pas ;
Faites cuire à four très-doux.
Même procédé que ci-dessus pour les enlever du papier.
La qualité de ces macarons est d'être bien croquants.

MACARONS AUX AMANDES AMÈRES.

Employez moitié amandes amères et moitié amandes douces, et procédez en tout de la même manière que ci-dessus.

MACARONS AU CHOCOLAT.

Faites une pâte à macarons comme il a déjà été dit ;

Ajoutez trois tablettes de chocolat râpé et un demi-blanc d'œuf,

10 grammes de sucre vanillé,

Et procédez comme il a été déjà dit.

BISCOTTES GRILLEES.

Prenez :
200 grammes de farine,
200 — de sucre en poudre,
85 — d'amandes douces,
15 — d'amandes amères,
25 — de rhum,
60 — de beurre,
5 — d'écorce de citron râpée,
6 œufs,

Une petite pincée de sel ;

Mondez les amandes ;

Pilez-en la moitié avec les amandes amères ;

Hachez l'autre moitié et mettez-les sur une plaque avec 100 grammes de sucre en poudre et la moitié d'un œuf ;

Mêlez le tout en frottant dans vos mains les amandes, le sucre et l'œuf pour les praliner ;

Mettez dans une terrine :

Le sucre,

Les amandes pilées,

Le citron,
Le sel,
Le rhum,
Et les quatre œufs.

Battez avec le fouet cinq minutes ;
Ajoutez la farine et les deux jaunes d'œufs ;
Continuez de travailler avec le fouet ;
Fouettez les deux blancs d'œufs ;
Mêlez à l'appareil les blancs et le beurre fondu avec une spatule ;
Prenez une plaque d'office à rebords, beurrez et farinez ;
Mettez sur la plaque la pâte d'une épaisseur de 2 centimètres ;
Faites cuire ;
Retirez du four ;
Dorez à l'œuf battu et un peu épais les biscottes pour que les amandes puissent tenir dessus, étalez les amandes pralinées ;
Saupoudrez de sucre ;
Remettez au four dix minutes ;
Démoulez et mettez sur un clayon ;
Laissez refroidir ;
Et coupez les biscottes de 6 centimètres de long sur 2 et demi de large.

BISCOTTES AU CHOCOLAT GLACÉES A LA VANILLE.

Prenez :
200 grammes de sucre,
200 — de farine,
200 — de chocolat râpé,

6 œufs,
Une pincée de sel.
Mettez dans une terrine :
Le sucre,
4 jaunes d'œufs ;
Réservez les blancs pour les fouetter ;
Mêlez le sucre et les jaunes, ajoutez le sel, la farine, les 2 œufs entiers et le chocolat ;
Fouettez les blancs et mêlez à l'appareil ;
Couchez dans une caisse en papier, faites cuire à feu doux ;
Les biscottes cuites,
Démoulez sur un clayon ;
Mettez sur la table ;
Taillez en bandes de 6 centimètres de long sur 2 centimètres de large.
Préparez une glace à la vanille comme je vais l'indiquer :
Faites infuser dans 1 décilitre de sirop à 30 degrés une gousse de vanille coupée en plusieurs morceaux ;
Passez au tamis ;
Mettez dans le sirop du sucre passé au tamis de soie pour en faire une pâte ferme ;
Faites chauffer la glace en remuant ;
Glacez le dessus de chaque biscotte, et faites sécher au four deux minutes ;
Réservez sur un tamis.

BISCOTTES GLACÉES AUX FRAISES.

Préparez une caisse de biscottes comme les précédentes, mais sans chocolat, glacez aux fraises, et faites comme suit :

LES PETITS FOURS.   299

Faites infuser à froid 1 hecto de fraises dans 1 décilitre de sirop ;

Passez au tamis de soie avec pression, remplissez de sucre comme pour la glace au chocolat ;

Faites chauffer ;

Glacez les biscottes,

Et réservez sur un tamis.

BISCOTTES GLACÉES AU CITRON.

Préparez des biscottes comme ci-dessus, en remplaçant le chocolat par de l'écorce de citron râpée ;

Glacez au citron ;

Faites infuser dans 1 décilitre de sirop le zeste d'un citron ;

Passez au tamis ;

Après l'infusion, ajoutez le jus d'une moitié de citron ;

Remplissez avec du sucre passé au tamis de soie ;

Faites chauffer,

Et glacez.

BOUCHÉES DE DAMES.

Préparez la pâte à biscuits comme il est dit aux Biscuits à la cuiller ;

Couchez cette pâte en ronds de 4 centimètres sur des feuilles de papier ;

Saupoudrez-les de sucre ;

Faites cuire ;

Laissez refroidir, parez-les avec un coupe-pâte, réunissez

deux morceaux ensemble par une couche de marmelade d'abricots ;

Glacez au chocolat.

La glace au chocolat se prépare de la manière suivante :

Délayez trois tablettes de chocolat de première qualité dans 1 décilitre de sirop ;

Ajoutez une cuillerée de sucre vanillé et une cuillerée d'eau ;

Remplissez avec du sucre passé au tamis de soie ;

Faites chauffer et glacez ;

Passez au four et mettez sur un tamis.

Les bouchées au citron, à l'orange, aux fraises et aux framboises se préparent de même.

La glace au café se fait avec du café à l'eau très-fort et du sucre passé au tamis de soie.

Je recommande cette sorte de glace préférablement à celle au fondant, parce que le travail en est plus facile et plus sûr.

PAINS D'AMANDES.

Mondez, lavez et essuyez 200 grammes d'amandes douces ; ajoutez-y 15 grammes d'amandes amères ;

Pilez les amandes en mouillant avec du blanc d'œuf,

Et ajoutez 200 grammes de sucre en poudre.

Il faut que la pâte soit ferme.

Séparez la pâte en morceaux égaux de la grosseur d'une noix ;

LES PETITS FOURS.

Formez des navettes de 6 centimètres de long ;

Mettez des demi-feuilles de papier blanc sur une plaque d'office ;

Saupoudrez de sucre avec la boîte à glacer ;

Rangez les pains sur la feuille de papier à 3 centimètres l'un de l'autre ;

Faites une fente sur la longueur des pains ;

Dorez-les avec du jaune d'œuf battu et même quantité d'eau ;

Faites cuire à four chaud pendant cinq minutes au plus.

Fig. 25. — Mortier et son pilon.

Nota. Avec cette pâte on fait des massepains que l'on couche à la seringue et que l'on forme en couronne.

On les met sur papier saupoudré de sucre et on les cuit à four chaud sans les dorer.

BATONS DE VANILLE.

Pilez 2 hectos d'amandes mondées avec du blanc d'œuf ;
Ajoutez 3 hectos de sucre pilé,
10 grammes de sucre vanillé ;
Mouillez avec des blancs d'œufs.

Il faut obtenir cette pâte ferme pour qu'elle puisse s'abaisser au rouleau sur la table.

Saupoudrez la table de sucre avec la boîte à glacer ;
Faites une bande de 6 centimètres de large sur un demi-centimètre d'épaisseur ;
Parez les deux côtés de la bande ;
Faites une glace royale avec du blanc d'œuf et du sucre passé au tamis de soie ;
Qu'elle soit mollette ;
Étalez-la sur la bande ;
Coupez en morceaux de 1 centimètre de large ;
Rangez les bâtons sur une plaque beurrée et farinée, en laissant un espace de 2 centimètres entre chaque bâton ;
Faites cuire à feu doux ;
Retirez-les sur un tamis.

Si les bâtons tenaient à la plaque, il faudrait la chauffer légèrement sur un fourneau pour les en détacher.

BATONS AUX PISTACHES.

Préparez et travaillez les bâtons aux pistaches comme les précédents ;
Faites cuire ;

Mettez une couche de pâte de pistaches sur chaque bâton, et semez dessus des pistaches hachées ;

Faites sécher à l'étuve ou à four très-doux ;

Mouillez les pistaches hachées avec du kirsch et ajoutez du sucre en poudre.

Il faut peu mouiller pour les praliner, parce qu'on ne pourrait plus les semer.

LANGUES DE CHAT.

Prenez :
300 grammes de sucre,
300 — de farine,
25 — de vanille ;

Pilez et passez au tamis ;

Mettez 3 œufs dans une terrine ;

Battez avec le fouet ;

Ajoutez la farine, le sucre et la vanille.

Il faut que cette pâte s'étale d'elle-même ;

Si elle est trop ferme,

Ajoutez de l'œuf ;

Cirez des plaques légèrement ;

Couchez les langues de chat avec un cornet : elles doivent avoir 8 centimètres de long sur 1 centimètre de large.

Il faut les écarter sur la plaque, parce que cette pâte s'étale beaucoup.

Faites cuire à four gai.

PALAIS DE DAMES.

Prenez :
300 grammes de sucre en poudre,
4 blancs d'œufs fouettés,
200 grammes de farine,
25 grammes de fleurs d'oranger pralinées en poudre ;
Mettez les blancs dans une terrine avec le sucre ;
Fouettez et mêlez à mesure la farine ;
Ajoutez les fleurs d'oranger ;
Retirez le fouet ;
Couchez sur des plaques cirées les palais de dames d'une largeur de 3 centimètres ;
Laissez faire peau ;
Dorez légèrement au blanc d'œuf ;
Émoussez ;
Faites cuire à feu doux.

BATONS AUX ANIS DE VERDUN.

Prenez :
200 grammes de sucre,
200 — de farine,
200 — d'amandes pilées,
6 jaunes d'œufs,
1 pincée de sel,
5 grammes d'anis verts hachés ;
Mettez dans une terrine les jaunes d'œufs,
Le sucre,

Les amandes pilées,
L'anis,
Le sel ;
Fouettez le tout ;
Après cinq minutes retirez le fouet ;
Remplissez la pâte avec la farine en la travaillant à la main.

Il faut que cette pâte soit ferme pour pouvoir l'abaisser.

Faites les bâtons comme il est dit pour les bâtons aux pistaches ;
Faites cuire ;
Laissez refroidir ;
Glacez à la glace anisée ;
Faites sécher au four ;
Conservez au sec.

La glace anisée se prépare de la manière suivante :
Mettez dans une terrine un demi-décilitre de sirop ;
Remplissez avec du sucre passé au tamis de soie ;
Ajoutez la liqueur d'anisette et chauffez la glace.

Nota. Toutes les glaces de liqueur se font ainsi.

LES FRIANDS.

Prenez des amandes hachées et pralinées au marasquin ;
Faites une pâte à biscuits comme il est dit pour les biscuits à la cuiller ;
Couchez au cornet sur une feuille de papier deux points l'un à côté de l'autre et qui se touchent de manière à former un huit de 6 centimètres de long sur 2 de large ;
Semez dessus les amandes ;
Faites cuire à four gai ;

Retirez ;

Laissez refroidir ;

Levez ;

Masquez le côté qui était sur le papier avec de la marmelade d'abricots d'une épaisseur de 4 millimètres ;

Glacez avec la glace au marasquin.

BISCUITS HOLLANDAIS.

Prenez :
2 hectos de sucre,
1 hecto de farine,
6 blancs d'œufs,
25 grammes de vanille ;

Pilez et passez au tamis de soie ;

Mettez les blancs d'œufs dans un bassin ;

Fouettez-les très-ferme ;

Ajoutez le sucre, la vanille et la farine ;

Mêlez à la spatule ;

Couchez au cornet sur une feuille de papier ;

Saupoudrez de sucre et faites cuire à four gai ;

On couche ce biscuit moitié moins gros que le biscuit à la cuiller.

PATIENCES, DITES OS DE GRENOUILLE.

Prenez :
2 hectos de sucre,
160 grammes de farine,
4 blancs d'œufs.

20 grammes de vanille pilée ;

Fouettez les blancs d'œufs ;

Mêlez le sucre et la vanille à la spatule ;

Ajoutez la farine de manière à obtenir un mélange bien lisse ;

Préparez des cornets avec du papier très-fort et collez-les soigneusement ;

Mettez une partie de pâte dans un cornet, dont vous fermez le haut pour que la pâte ne puisse pas s'en échapper ;

Pratiquez au petit bout du cornet une ouverture d'un demi-centimètre ;

Chauffez et cirez légèrement les plaques à la cire vierge ;

Couchez sur les plaques la pâte d'une longueur de 5 centimètres sur 8 millimètres de large ;

Mettez à l'étuve et faites prendre peau assez solidement pour qu'elle résiste à la pression du doigt ;

Faites cuire à four gai quatre minutes ;

Avant que les patiences soient cuites, passez dessus légèrement avec un pinceau une couche de blanc d'œuf émoussé.

Remettez au four quatre minutes ;

Retirez et levez les patiences de dessus les plaques ;

Mettez-les en réserve sur un tamis.

MACARONS SOUFFLÉS ORDINAIRES.

Prenez 2 hectos d'amandes douces,

3 hectos de sucre pilé et passé au tamis de soie,

Deux blancs d'œufs, et écorce d'un citron râpée ;

Mondez,

Lavez, essuyez les amandes et coupez en filets très-fins ;

Mettez dans une terrine le sucre, le citron et un blanc et demi d'œuf ;

Mêlez avec la spatule.

Il faut que la pâte soit ferme.

Ajoutez les amandes et le demi-blanc d'œuf si la pâte est trop dure ;

Couchez les macarons, de la grosseur d'une petite noix, sur des feuilles de papier, en les écartant l'un de l'autre de 5 centimètres ;

Cuisez à feu doux.

Ces macarons doivent être presque blancs.

MACARONS SOUFFLÉS, A LA FLEUR D'ORANGER PRALINÉE.

Employez 1 hecto d'amandes coupées en filets très-fins,
Et 1 hecto de fleur d'oranger pralinée.
Procédez comme pour les macarons soufflés ordinaires.

MACARONS SOUFFLÉS AUX PISTACHES.

Prenez 1 hecto d'amandes douces,
1 hecto de pistaches mondées et coupées en filets,
Une cuillerée à bouche de kirsch et un blanc d'œuf.
Procédez comme pour les macarons soufflés ordinaires.

BISCUITS ANGLAIS.

Prenez :
5 œufs,
2 hectos de sucre,

1 hecto de farine,
25 grammes de gingembre en poudre,
2 grammes de cannelle en poudre,
Une prise de sel ;
Mettez dans un bassin les œufs et le sucre ;
Fouettez sur cendre chaude.
Lorsque la pâte aura la consistance de la pâte à biscuits,
Ajoutez :
Gingembre,
Cannelle,
Farine,
Et une prise de sel.
Mêlez ;
Couchez la pâte dans des moules à biscuits de Reims ;
Beurrez et farinez ;
Saupoudrez de sucre,
Et faites cuire à four gai.

BISCUITS AU BEURRE.

Prenez :
6 œufs,
250 grammes de sucre,
250 — de farine,
125 — de beurre,
Une prise de sel ;
Mettez le beurre dans une terrine ;
Faites-le ramollir ;
Ajoutez :
Le sucre,

4 jaunes d'œufs et un œuf entier ;
Travaillez le tout cinq minutes ;
Mettez la moitié de la farine, un œuf entier, et mêlez ;
Ajoutez le reste de la farine, et travaillez ;
Fouettez les quatre blancs d'œufs ;
Mêlez avec la pâte ;
Couchez dans des moules à biscuits de Reims beurrés et saupoudrés de sucre ;
Faites cuire à chaleur modérée.

MERINGUES ITALIENNES AUX ABRICOTS.

Prenez :
5 blancs d'œufs et 500 grammes de sucre ;
Fouettez les blancs ;
Faites cuire le sucre au petit boulet ;
Laissez refroidir cinq minutes ;
Mêlez avec des blancs d'œufs ;
Fouettez ;
Ajoutez du sucre vanillé.

Il faut être deux pour cette opération. Il est indispensable qu'un aide verse le sucre en le faisant filer pendant que vous le mêlez avec le fouet.

Couchez au cornet la pâte sur une feuille de papier, de la grosseur d'un œuf de pigeon ;
Saupoudrez de sucre pilé ;
Faites cuire de couleur blonde ;
Lorsque la meringue se détache de dessus le papier,
Mettez dans l'intérieur gros comme une noisette de marmelade d'abricots ;

Recouvrez avec l'autre morceau de la meringue, ce qui lui donne la forme d'un œuf de pigeon;

Mettez à l'étuve et conservez au sec.

MERINGUES ITALIENNES AUX PISTACHES.

Mondez et hachez finement des pistaches;

Mettez-les sur une feuille de papier;

Pralinez-les avec un peu de vert d'épinards passé au tamis de soie, du kirsch et du sucre en poudre;

Faites-les sécher en les frottant entre les mains, pour qu'elles se sèment facilement.

Procédez comme pour les meringues italiennes à l'abricot, en les saupoudrant avec les pistaches hachées;

En place de marmelade d'abricots, mettez dans la meringue une cerise confite, bien égouttée.

MERINGUES ITALIENNES A LA GELÉE DE POMMES.

Préparez du sucre rose pour couvrir les meringues.

On colore le sucre en le mettant sur une feuille de papier;

On passe le sucre d'abord au tamis de crin et ensuite au tamis de soie;

On ajoute du carmin liquide, et on frotte entre les mains;

Semez quelques gouttes d'eau en faisant ce travail;

Faites sécher à l'étuve le sucre coloré en le remuant jusqu'à ce qu'il soit sec;

Repassez le sucre au tamis de crin;

Terminez comme il est dit pour les meringues à l'abricot, en garnissant de gelée de pommes.

MERINGUES ITALIENNES AU CHOCOLAT.

Préparez-les comme les meringues aux abricots ;
Ajoutez du chocolat râpé ;
Couchez-les de même ;
Mettez les meringues au four sans sucre dessus ;
Collez les deux morceaux ensemble sans rien mettre dedans.

TARTELETTES D'ANANAS.

Pâte pour foncer la tartelette :
1 hecto d'amandes pilées,
1 hecto de sucre,
2 hectos de farine,
30 grammes de beurre,
Une prise de sel,
1 œuf ;
Mettez le sucre, la farine, le beurre, les amandes, le sel sur la table ;
Ajoutez l'œuf ;
Lorsque la pâte est bien lisse,
Pétrissez ;
Laissez reposer une heure ;
Abaissez-la d'un demi-centimètre d'épaisseur ;
Coupez des ronds de 4 centimètres avec un coupe-pâte ;

Foncez de petits moules à tartelettes de la même grandeur que les ronds;

Appuyez légèrement la pâte pour en faire ressortir les cannelures;

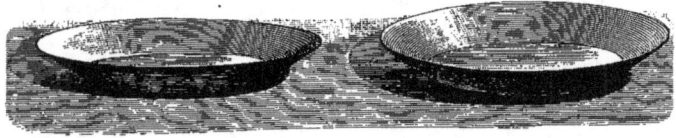

Fig. 26. — Moules à tartelettes.

Garnissez les tartelettes avec de la marmelade d'ananas;
Faites cuire;
Laissez refroidir;
Glacez le dessus de la marmelade avec de la glace d'ananas sans toucher au bord;
Mettez au milieu une grosse cerise ronde bien égouttée,
Et faites sécher à l'étuve.

TARTELETTES D'ABRICOTS.

Même procédé que pour les tartelettes d'ananas;
Garnissez avec de la marmelade d'abricots, passée et réduite;
Glacez avec une glace au kirsch,
Et terminez comme les précédentes.

TARTELETTES DE POIRES.

Garnissez de marmelade de poires, passée au tamis,
Et finissez avec de la glace vanille et cerises.

CROISSANTS AUX AMANDES.

Faites une pâte comme il est dit pour les bâtons de vanille ;

Abaissez-la d'un demi-centimètre d'épaisseur ;

Coupez, avec un coupe-pâte de 5 centimètres, des croissants unis de 2 centimètres de large ;

Posez-les sur des plaques beurrées et farinées ;

Mettez dans une terrine :

2 hectos d'amandes hachées fines et égales,

2 hectos de sucre,

Une cuillerée à bouche de rhum,

La moitié d'un œuf ;

Remuez pour mêler ;

Étalez sur chacun des croissants une couche d'un demi-centimètre d'amandes ;

Saupoudrez de sucre avec la boîte à glacer ;

Faites cuire à four doux jusqu'à ce que les croissants prennent une couleur blonde ;

Retirez du four et mettez sur un tamis.

PAIN D'EPICES.

Prenez :

200 grammes de mélasse,
200 — de miel,
400 — de farine de seigle,
12 — de potasse,
2 — de carbonate d'ammoniaque :

Mettez dans un poêlon d'office la mélasse et le miel ;
Faites bouillir et écumez ;
Retirez du feu ;
Écrasez la potasse et faites dissoudre dans très-peu d'eau ;
De même pour le carbonate d'ammoniaque ;
Mêlez sur la table la farine de seigle avec le miel et la mélasse ;
Ajoutez la potasse et l'ammoniaque en travaillant fortement la pâte entre les deux mains, la tirant et la reployant sur elle-même ;
Laissez dans une terrine pendant huit jours ;
Ensuite employez-la en forme de pavés ou de nonnettes.

NONNETTES DUCHESSES.

Prenez de petits moules évasés comme les moules à tartelettes ;
Huilez-les ;
Employez, pour 500 grammes de pâte, 80 grammes de cédrat confit ;
Hachez ;
Mêlez le tout ;
Moulez en boules de la grosseur d'une petite noix ;
Posez dans les moules ;
Appuyez légèrement la pâte pour obtenir une surface plate ;
Mouillez avec du blanc d'œuf sans mousse ;
Semez dessus des anis de Verdun,
Et faites cuire à feu modéré.

NONNETTES A L'ANGELIQUE.

Mettez dans 500 grammes de pâte 60 grammes d'angélique coupée en petits dés ;
Séparez la pâte en morceaux de 50 grammes ;
Aplatissez très-légèrement les nonnettes ;
Mettez-les sur des plaques farinées ;
Faites cuire à four chaud,
Et dorez avec de l'eau.

Les nonnettes à l'orange confite se font de même ;
Seulement on ajoute dessus de l'écorce d'orange hachée.

Les pavés de pain d'épices au raisin de Corinthe ou de Malaga se font dans des moules en bois de la forme d'un carré long, huilés et posés sur des plaques farinées.
Employez 60 grammes de raisin de Corinthe épluché pour 500 grammes de pâte ;
Lavez le raisin et séchez au four ou à l'étuve.
On retire les pepins pour les raisins de Malaga et l'on coupe chaque grain en quatre.

BATONS AUX AVELINES.

Torréfiez 300 grammes d'avelines ;
Hachez-les fines et égales ;
Mettez-les sur une feuille de papier avec du blanc d'œuf et du sucre en poudre pour les praliner,
Et faites sécher ;

Coupez des morceaux de pâte de pain d'épices du diamètre d'une noix et d'une longueur de 6 centimètres, humectez avec de l'eau et roulez-les dans les avelines ;

Rangez les bâtons sur des plaques légèrement huilées ou farinées ;

Cuisez à four chaud ;

Couvrez les bâtons d'une feuille de papier blanc pour éviter qu'ils ne prennent trop couleur.

COURONNES A L'ORANGE.

Mettez dans 500 grammes de pâte à pain d'épices 80 grammes d'orange confite coupée en petits dés ;

Roulez cette pâte en bandes d'un centimètre de grosseur ;

Formez des couronnes de 5 centimètres, mouillez et couvrez d'orange hachée et pralinée ;

Rangez sur des plaques farinées, faites cuire à four chaud.

CROQUIGNOLES ORDINAIRES.

Prenez :
500 grammes de farine,
200 grammes de sucre,
L'écorce râpée d'une orange,
Et deux œufs ;

Mettez sur la table la farine, le sucre, l'orange et les œufs ;

Faites une pâte mollette et mêlez le tout ;

Laissez reposer ;

Divisez la pâte en morceaux de la grosseur d'une forte aveline, et roulez les croquignoles en boules ;

Mettez-les sur des plaques légèrement beurrées ;

Et aplatissez-les pour leur donner la forme de la croquignole ;

Dorez à l'œuf battu,

Et faites cuire à four gai.

CORNETS A L'ITALIENNE.

Prenez :

200 grammes de sucre,

200 grammes d'amandes pilées,

3 blancs d'œufs,

Sucre vanillé ;

Mettez dans une terrine le sucre, les amandes, les blancs d'œufs ;

Mêlez parfaitement.

Il faut que cette pâte soit liquide ;

On ajouterait du blanc d'œuf s'il était nécessaire.

Cirez légèrement des plaques d'office,

Et couchez-y des ronds de 5 centimètres ;

Mettez au four et, à moitié cuisson, parez les cornets avec un coupe-pâte uni de leur grandeur ;

Remettez au four, et retirez-les ;

Ensuite levez-les au couteau, tournez-les en cornet et mettez sur le tamis ;

Ce travail doit être fait rapidement.

Si les ronds séchaient trop, on remettrait la plaque au four pour les ramollir.

Tous les cornets étant formés :

Mettez du sucre en poudre dans un plat creux et piquez tout droit les cornets dedans ;

Garnissez-les avec de la pâte à meringues italiennes (cette opération se fait avec un cornet de papier).

Placez sur la meringue une cerise confite, bien égouttée, ou un grain de verjus ;

Séchez à l'étuve jusqu'à ce que les meringues soient fermes.

Cette sorte de petits fours bien dressés compose toujours une jolie assiette pour dessert.

PETITES GAUFRES AU GROS SUCRE ET AU RAISIN DE CORINTHE.

Faites une pâte avec :
Sucre,
Amandes,
Blancs d'œufs,
Et l'écorce d'orange râpée ;
Couchez sur des plaques légèrement cirées ;
Semez des grains de raisin de Corinthe, préalablement épluchés, lavés et séchés, et en même temps du sucre en morceaux de même grosseur que les grains de raisin ;
Faites cuire à four gai ;
Lorsque les gaufres sont cuites,
Levez-les au couteau et façonnez-les autour d'un rouleau de bois de 4 centimètres de diamètre ;
Réservez sur un tamis.
On fait ces gaufres aux pistaches et au gros sucre ;
On remplace le raisin par des pistaches mondées coupées en petits dés ;
Même travail pour le reste.

CHAPITRE XXII

DES MARMELADES

MARMELADE D'ABRICOTS.

Choisissez des abricots très-sains et mûrs également ; retirez les noyaux et pelez les fruits ;

Fig. 27. — Bassine à confitures.

Mettez dans une terrine 4 kilos d'abricots avec 2 kilos 400 grammes de sucre ;
Pilez ;

Remuez ce mélange avec la spatule ;

Laissez macérer pendant quatre heures ;

Faites cuire en remuant avec la spatule pour éviter que la marmelade ne s'attache au fond de la bassine ;

Pour connaître le degré de cuisson,

Trempez l'écumoire dans la marmelade ;

Retirez tout de suite ;

Frottez le doigt dessus, et, si la marmelade est graineuse entre le doigt et l'écumoire, elle est cuite ;

On reconnaît encore que la cuisson est à point, lorsque la marmelade tombe de l'écumoire en faisant la nappe ;

Écumez s'il y a lieu ;

Mettez dans des pots et laissez refroidir ;

Couvrez avec un rond de papier trempé dans l'eau-de-vie, et ensuite avec un couvercle de papier fixé au moyen d'une ficelle ;

Conservez au froid et au sec.

CONFITURES D'ORANGES EN QUARTIERS.

Faites blanchir à grande eau dans une bassine douze oranges de Valence peu mûres ;

Laissez-les cuire jusqu'à ce qu'elles soient facilement pénétrées par une tige de fil de fer ;

Égouttez ;

Remettez-les dans une terrine avec de l'eau froide,

Et laissez-les ainsi deux jours dans l'eau renouvelée deux fois par jour ;

Égouttez, coupez-les en huit parties et retirez-en les pepins ;

Au fur et à mesure, mettez les quartiers dans une terrine et couvrez-les avec du sirop à 28 degrés ;

Laissez-les encore deux jours ;

Égouttez-les sur une grille ;

Passez le sirop dans une bassine ;

Ajoutez de nouveau sucre,

Et faites-le cuire à 30 degrés ;

Ajoutez les quartiers d'oranges au sucre ;

Donnez un seul bouillon ;

Retirez du feu ;

Mettez en pots ;

Laissez parfaitement refroidir ;

Couvrez les confitures avec un rond de papier trempé dans de l'eau-de-vie ;

Finissez de couvrir avec un second papier ficelé ou maintenu avec de la colle de pâte.

Conservez au sec.

MARMELADE DE PÊCHES.

Coupez les pêches en huit morceaux ;

Pelez-les avec soin ;

Retirez les noyaux ;

Mettez les morceaux dans une terrine en les couvrant de sucre pilé ;

Employez même quantité de fruits et de sucre que pour les abricots ;

Faites cuire et finissez de même.

On y mêle les amandes de quelques noyaux après les avoir mondées.

MIRABELLES.

Coupez par moitié les prunes, en retirant les noyaux ;

Mettez-les dans le sucre, comme il a été dit pour les abricots ;

Faites macérer, cuisez et finissez de même que ci-dessus.

PRUNES DE DAMAS. — PRUNES DE MONSIEUR. — PRUNES DE REINE-CLAUDE.

Pelez des prunes très-saines et bien mûres ;

Retirez-en les noyaux ;

Mêlez fruits et sucre dans les mêmes proportions que pour les abricots ;

Finissez de même.

BRUGNONS.

Coupez en quatre chaque brugnon ;

Retirez les noyaux ;

Pelez-les avec soin ;

Mettez-les dans une terrine avec même quantité de sucre que pour la marmelade d'abricots ;

Remuez avec la spatule ;

Laissez macérer, et finissez comme il est dit pour les abricots.

POIRES D'ANGLETERRE.

Choisissez des poires d'Angleterre mûres à point ;
Coupez-les en quatre, et pelez ;
Mettez dans une terrine avec de l'eau et du jus de citron ;
Pour 4 kilos de poires,
Employez 2 kilos de sucre en morceaux,
Et 8 décilitres d'eau ;
Faites cuire au gros boulet ;
Égouttez les poires ;
Mettez dans le sucre, faites cuire dix minutes en remuant avec l'écumoire ;
Versez dans une terrine et laissez jusqu'au lendemain.

Il est bon de recommencer l'opération pour que le produit mis en pots ne se décuise pas. En effet, malgré son apparente cuisson, il reste souvent de l'eau à l'intérieur.

Remettez donc les poires sur le feu ;
Remuez avec une cuiller de bois, jusqu'à ce que la marmelade enlevée sur l'écumoire fasse la nappe ;
Finissez comme pour la marmelade d'abricots.

POIRES DE CRASSANE.

Coupez en quatre et pelez des poires de crassane ;
Mettez dans une bassine :
4 kilos de poires,
1 litre d'eau,
500 grammes de sucre et le jus d'un citron ;

Poussez à feu doux ;

Lorsque les poires sont à moitié cuites, ajoutez 1 kilo 500 grammes de sucre en morceaux ;

Tournez avec la cuiller de bois jusqu'à entière cuisson, qui est la même que celle des abricots.

Nota. Je recommande de mettre les poires dans l'eau à mesure qu'elles sont épluchées pour éviter qu'elles ne noircissent.

POIRES DE BON-CHRÉTIEN.

Mêmes soins, même travail, et même quantité de sucre et de fruits que pour les poires d'Angleterre.

MARMELADE D'ANANAS.

Épluchez les ananas ;

Coupez-les en morceaux ;

Faites-les cuire à petit feu dans un litre d'eau sucrée ;

Égouttez, pilez et passez au tamis ;

Mettez dans une bassine l'eau qui a servi à cuire les ananas ;

Ajoutez-y, pour 4 kilos de fruits, 2 kilos de sucre en morceaux ;

Faites cuire au gros boulet ;

Mettez la purée d'ananas dans le sirop et tournez avec la spatule pour éviter que la marmelade ne s'attache au fond de la bassine ;

Même cuisson que pour la marmelade d'abricots.

MARMELADE DE FRAISES.

Passez au tamis de Venise une quantité suffisante de fraises des quatre saisons pour obtenir 2 kilos de purée ;
Faites cuire au cassé 2 kilos de sucre ;
Mettez la purée dans le sirop ;
Laissez reposer cinq minutes hors du feu ;
Remettez sur le feu ;
Tournez avec l'écumoire pour bien mêler le sucre avec les fraises ;
Donnez un seul bouillon ;
Mettez en pots lorsque la marmelade est refroidie ;
Couvrez avec un rond de papier trempé dans de l'eau-de-vie, et ensuite couvrez entièrement avec un papier ficelé.
Conservez au froid et au sec.

MARMELADE DE FRAMBOISES.

Même quantité de framboises, de sucre, et même travail que pour la marmelade de fraises.

RAISINÉ.

Épluchez une quantité suffisante de poires de messire Jean pour en obtenir 4 kilos ;
Plongez-les à mesure dans l'eau ;
Mettez-les dans une marmite fraîchement étamée,
Avec 4 litres de vin doux et 1 kilo de sucre ;

Faites cuire à petits bouillons pendant douze heures et en vase clos ;

Si le raisiné est trop liquide, il faut le remettre dans une bassine et le réduire en le tournant avec une cuiller de bois ;

Mettez dans des pots de grès, que vous laisserez dans un four à feu doux ou dans une étuve pendant dix heures ;

Laissez refroidir,

Et couvrez les pots comme ceux des autres marmelades.

MARMELADE DE POMMES.

La marmelade de pommes se prépare avec la pulpe du fruit qui a servi à faire la gelée ;

Passez au tamis ;

Faites cuire du sucre au cassé dans la proportion de 1 kilo pour 2 kilos de pommes ;

Mettez la purée dans le sirop cuit au cassé et tournez sur le feu jusqu'à parfaite cuisson ;

On s'en assure en frottant sur l'écumoire : la marmelade doit grener sous le doigt comme celle des abricots ;

On y ajoute de la vanille ou du zeste d'orange ou de citron.

COINGS.

Pour la marmelade de coings, même quantité de fruits et de sucre, et même travail que pour la marmelade de pommes.

MARMELADE D'ORANGES.

Blanchissez jusqu'à cuisson douze oranges ;
Coupez-les en quartiers ;
Faites-les dégorger pendant trente-six heures ;
Égouttez-les sur une serviette ;
Passez au tamis de Venise ;
Faites cuire au boulet 4 hectos de sucre en morceaux pour 500 grammes de purée ;
Mettez la purée dans le sirop ;
Faites réduire comme la marmelade de pommes ;
Mettez en pots ;
Laissez refroidir et couvrez, comme il est dit à la Marmelade d'abricots.
Pour les marmelades de citron, cédrat, bigarade,
Même proportion de sucre et de fruits,
Et même travail que pour la marmelade d'oranges.

Je crois utile de faire une observation, en terminant le chapitre des marmelades qui sont généralement préparées avec des fruits cueillis : c'est d'engager les propriétaires de vergers à utiliser les fruits tombés par l'effet du vent, d'une grande maturité ou de l'attaque des insectes.

Ces fruits en effet peuvent être employés à faire des marmelades, peut-être de qualité un peu inférieure, mais très-bonnes cependant, et pouvant rendre de grands services à de pauvres ménages.

La charité si ingénieuse des riches habitants des campagnes y trouvera un élément de bienfaisance, d'accord avec les prescriptions de l'hygiène.

Le bon marché du bois, le prix relativement minime du sucre permettent d'obtenir à 1 franc environ le kilogramme un produit qui flatte autant le goût des enfants qu'il est utile à leur santé.

MARMELADE DES PAUVRES.

Prenez tous les fruits tombés, comme prunes, abricots, pêches ;
Passez-les à l'eau ;
Égouttez et épluchez-les ;
Coupez-les en morceaux ;
Retirez les noyaux ;
Mettez dans une terrine ;
Employez 750 grammes de sucre pilé pour chaque kilo de fruits ;
Laissez macérer six heures ;
Faites cuire comme la marmelade d'abricots ;
Mettez en pots,
Et couvrez.
Pour les pommes et les poires tombées,
Épluchez,
Retirez les parties mauvaises ;
Sucrez avec 750 grammes de sucre pilé pour chaque kilo de fruits ;
Réduisez ;
Mettez en pots,
Et recouvrez lorsque la marmelade est refroidie.

CHAPITRE XXIII

FRUITS CONFITS

OBSERVATIONS GÉNÉRALES.

Le travail des fruits confits exige l'emploi d'ustensiles excessivement propres et n'ayant jamais servi à d'autres usages culinaires;

Beaucoup d'attention dans le choix des fruits; de discernement dans les différentes phases de leur maturité qui ne doit point être la même dans tous les cas.

Les recommandations que je vais indiquer étant basées sur l'expérience doivent être rigoureusement étudiées avant de commencer l'opération et suivies dans tous leurs détails.

CÉDRATS CONFITS.

Choisissez des cédrats égaux et de moyenne grosseur, bien faits et très-peu colorés, râpez-les également sans aller jusqu'au blanc;

Faites un trou de 1 centimètre et demi du côté de la queue avec un vide-pommes;

Faites blanchir à grande eau jusqu'à cuisson parfaite, dans une marmite fraîchement étamée;

Remplissez la marmite avec de l'eau bouillante;

On est certain de la cuisson des cédrats lorsqu'une brochette de bois très-pointue pénètre sans résistance dans les fruits;

Retirez-les de l'eau et les mettez dans une terrine d'eau froide pour les faire dégorger;

Videz l'intérieur des cédrats avec une cuiller à café;

Faites dégorger quarante-huit heures;

Changez-les d'eau quatre fois par jour;

Mettez-les dans du sirop froid cuit à 24 degrés;

Appuyez légèrement sur chaque fruit avec l'écumoire pour qu'il se remplisse de sirop;

Donnez huit façons en ajoutant chaque fois du sirop nouveau;

Employez du sirop à 32 degrés pour la dernière façon et ne donnez qu'un seul bouillon;

Mettez en pots;

Laissez refroidir;

Couvrez et réservez dans un endroit froid et sec;

Conservez du sirop pour faire tremper grandement.

CÉDRATS EN QUARTIERS.

Râpez les cédrats;

Coupez-les en quatre;

Faites blanchir et confire comme les cédrats entiers;

Ainsi préparés, ils ne se servent qu'en compote;

On place dans un compotier un cédrat entier et l'on range les morceaux autour ;

Passez du sirop au tamis de soie et saucez la compote.

ÉCORCES DE CÉDRATS.

Râpez et coupez les cédrats en quatre ;
Retirez la chair ;
Faites blanchir et confire comme pour les cédrats entiers.

La réussite pour tous les fruits confits dépend du blanchissage ;

Il faut que le fruit soit blanchi à point, c'est-à-dire presque cuit ;

Si vous négligez cette précaution, vous n'aurez que des fruits racornis et durs.

Les fruits, choisis de maturité bien égale, doivent être cuits sans être déformés.

Si l'on était obligé de confire des fruits un peu mûrs, on se servirait de sirop à 28 degrés et à froid.

ORANGES ENTIÈRES CONFITES.

Choisissez des oranges peu mûres ;
Tournez-les ;
Faites un trou de 1 centimètre et demi du côté de la queue ;
Blanchissez,
Et faites confire comme les cédrats.

Les oranges en quartiers et les écorces se font de même que les cédrats en quartiers et en écorces.

CITRONS.

Même travail, même préparation pour les citrons entiers, en moitiés et les écorces que pour les cédrats.

BIGARADES CONFITES.

Les choisir égales de grosseur et les confire, comme les oranges, à sirop froid.

PRUNES DE REINE-CLAUDE.

Choisissez des prunes à peine mûres pour qu'elles soient très-fermes,
Égales de grosseur ;
Piquez-les d'une douzaine de trous avec une épingle ;
Mettez-les dans une bassine avec de l'eau froide, et 4 grammes de sel de Vichy par litre d'eau ;
Faites blanchir à feu modéré ;
Lorsque les prunes montent sur l'eau,
Retirez-les avec l'écumoire ;
Faites-les rafraîchir dans l'eau froide ;
Remettez les prunes dans la bassine pour les chauffer sans ébullition jusqu'à ce qu'elles aient reverdi ;
Égouttez ;
S'il se trouve des prunes trop molles, il ne faut pas les employer ;
Rangez les fruits avec soin dans une terrine ;

Versez du sirop à 30 degrés ;
Couvrez-les d'une feuille de papier et laissez reposer ;
Le lendemain, égouttez-les en prenant soin de ne pas les écraser ;
Donnez un bouillon, puis remettez-les dans la terrine,
Et versez dessus le sirop chaud ;
Donnez sept façons ;
A la huitième, ajoutez du sirop nouveau ;
Cuisez à 32 degrés ;
Donnez un seul bouillon ;
Réservez dans des pots ou bocaux ;
Laissez refroidir et couvrez.

PRUNES DE MIRABELLE CONFITES.

Choisissez des prunes de mirabelle ;
Blanchissez ;
Il est évident que l'opération consistant à faire reverdir le fruit est inutile.
Même travail que pour la reine-Claude.

ABRICOTS ENTIERS CONFITS.

Choisissez des abricots peu mûrs et d'égale grosseur ;
Fendez-les et faites-les blanchir ;
Égouttez ;
Rafraîchissez ;
Retirez les noyaux ;
Faites confire comme les reine-Claude.

On peut aussi confire des moitiés d'abricots avec ou sans la peau ;

Même travail que pour les abricots entiers.

POIRES D'ANGLETERRE.

Choisissez des poires d'Angleterre à peine mûres et de moyenne grosseur ;

Faites sous chaque poire un trou de 1 centimètre de large pour en retirer les pepins ;

Tournez-les ;

Ne laissez que 1 centimètre de queue ;

Faites blanchir jusqu'à cuisson ;

Rafraîchissez ;

Égouttez ;

Faites confire, comme les prunes de reine-Claude.

POIRES DE BLANQUETTE.

Prenez des blanquettes de même grosseur et peu mûres ;
Même travail que pour les poires d'Angleterre.

NOIX CONFITES.

Choisissez des noix bien vertes et sans taches, dont le bois n'est pas encore formé ;

Parez-les en six coups de couteau ;

Mettez-les à mesure dans de l'eau additionnée de jus de citron ;

Blanchissez à entière cuisson ;
Rafraîchissez ;
Égouttez ;
Faites confire à huit façons, comme les prunes de reine-Claude.

AMANDES VERTES.

Choisissez des amandes vertes dites princesses, et d'une maturité qui sera convenable, si l'amande se laisse facilement traverser par une épingle ;
Faites blanchir dans de l'eau additionnée d'une petite quantité de sel de Vichy ;
Égouttez ;
Rafraîchissez ;
Remettez les amandes dans l'eau qui a servi à les blanchir ;
Faites-les chauffer lentement pour les reverdir ;
Rafraîchissez de nouveau ;
Finissez de les confire comme les prunes de reine-Claude.
Il ne faut pas craindre de blanchir jusqu'à grande cuisson ; l'amande n'en est que plus belle et meilleure.

ABRICOTS VERTS.

Même préparation que pour les amandes.
Finissez de confire comme les prunes de reine-Claude.

ANANAS CONFITS EN FORME DE BEIGNETS.

Pelez à vif un ananas mûr juste à point ;
Coupez-le en ronds de 1 centimètre et demi d'épaisseur ;
Faites cuire à très-petits bouillons dans du sirop à 15 degrés ;
Retirez du feu ;
Mettez dans une terrine jusqu'au lendemain ;
Égouttez ;
Ajoutez à la cuisson du sucre en morceaux,
Et faites cuire à 20 degrés ;
Donnez six façons en augmentant le sirop de 2 degrés chaque fois ;
Pour la dernière façon, 32 degrés ;
Remettez l'ananas dans le sirop et donnez-lui un seul bouillon ;
Placez dans les pots et mettez en réserve.

CERISES CONFITES.

Choisissez 2 kilos de belles cerises de Montmorency, peu mûres ;
Retirez queues et noyaux sans déchirer les fruits ;
Mettez-les dans une bassine avec :
4 décilitres d'eau
Et 500 grammes de sucre en morceaux ;
Faites cuire ;
Remettez dans la terrine jusqu'au lendemain ;
Égouttez avec soin ;

Mettez le sirop dans la bassine avec 250 grammes de sucre en morceaux;

Faites cuire à la nappe;

Mettez les cerises dans le sirop;

Donnez un bouillon;

Remettez dans la terrine, et recommencez le lendemain à placer le sirop sur le feu, en ajoutant 250 grammes de sucre en morceaux;

Cuisez à la nappe;

Mettez les cerises dans le sirop;

Donnez un bouillon couvert;

Laissez refroidir parfaitement;

Égouttez sur grille;

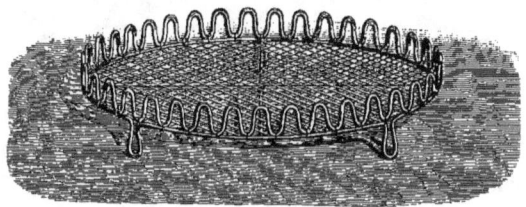

Fig. 28. — Grille.

Faites sécher dans l'étuve à une chaleur de 20 à 25 degrés;

Lorsque les cerises sont sèches,

Mettez-les en boîtes et réservez.

ANGÉLIQUE CONFITE.

Prenez des pieds d'angélique, retirez-en toutes les parties dures et filandreuses;

Coupez en bâtons de 12 centimètres ;
Faites blanchir ;
Enlevez la peau ;
Parez ;
Mettez les morceaux dans de l'eau fraîche ;
Égouttez ;
Faites cuire dans de l'eau sucrée ;
Laissez refroidir ;
Égouttez de nouveau, et faites confire comme les prunes de reine-Claude.

MARRONS CONFITS.

Les marrons les plus estimés pour les conserves sont ceux de Turin et de Luc.

La saison la plus favorable pour confire les marrons est du 20 octobre au 20 décembre.

Choisissez les plus gros et retirez-en la première peau ;
Délayez de la farine avec de l'eau ;
Lorsque les marrons sont tous épluchés, faites-les bouillir à feu vif dans cette eau,
Et entretenez l'ébullition sur un feu très-doux.

On s'assure de la cuisson en pressant les marrons entre les doigts.

Quand ils sont à point, épluchez-les avec soin, pour ne pas les briser,
Et mettez-les dans l'eau fraîche ;
Égouttez sur un tamis ;
Rangez dans une terrine, versez dessus du sirop chaud cuit à 20 degrés ;

FRUITS CONFITS.

Le surlendemain, égouttez et ajoutez du sirop nouveau à 24 degrés,

Et laissez reposer deux jours.

A la quatrième façon on se sert de sirop à 32 degrés ;

On remet les marrons dans la bassine pour leur donner un seul bouillon.

Conservez dans un bocal.

Quand vous voulez servir ces fruits pour dessert,

Égouttez-les ;

Glacez-les avec du sucre cuit à 36 degrés et travaillé à la spatule ;

Fig. 29. — Caisse à égoutter.

Lorsque le sucre commence à blanchir, passez les marrons dans ce sucre ;

Égouttez-les sur grille ;

Mettez à l'étuve un quart d'heure à une chaleur douce ;

Préparez de petites caisses de papier plissé dont la contenance soit proportionnée à la grosseur des marrons ;

Dressez sur des guéridons ou sur des assiettes montées.

CHAPITRE XXIV

DES BONBONS

LES FONDANTS.

Vouloir décrire toutes les formes de fondants serait tomber dans des répétitions inutiles.

Je dirai donc, en général, que tous les fondants moulés au plâtre se font de la même manière (1).

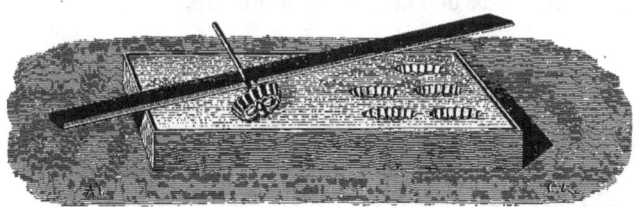

Fig. 30. — Caisse de bois.

On moule aussi les fondants dans de l'amidon.

Pour employer ce procédé, il faut passer l'amidon au tamis de soie,

(1) On trouvera un très-grand assortiment de ces moules, chez LINDER, pastilleur-mouleur, hôtel Jabach, rue Saint-Merry.

Le chauffer à feu doux,
Et le remuer avec le fouet à blancs d'œufs ;
Lorsqu'il est bien allégé par le travail,

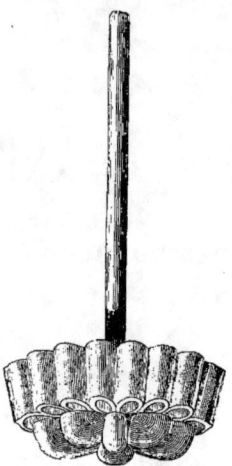

Fig. 31. — Moule à imprimer.

Mettez-le dans une caisse de bois sans le tasser ;
La caisse doit avoir 5 centimètres de hauteur ;
Lissez le dessus de l'amidon avec une règle ;

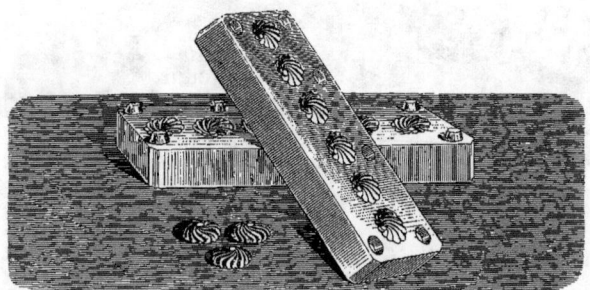

Fig. 32. — Moule à imprimer les fondants.

Fixez avec de la cire à cacheter un bâton sur le moule et imprimez dans l'amidon ;

Enfoncez-y avec soin les moules de plâtre, en évitant que la poudre ne s'affaisse.

Pour le moulage au plâtre il faut procéder autrement :

Ayez sous la main un seau d'eau très-froide, trempez-y les moules, égouttez trois minutes avant de couler ;

Coulez et laissez refroidir vingt minutes, démoulez et rangez au fur et à mesure sur un tamis ;

Il faut au moins quatre heures pour laisser prendre le fondant avant de le mettre au candi ;

Fig. 33. — Poëlon à couler les fondants.

Pour candir il faut avoir des caisses de fer-blanc, hautes de 6 centimètres et un peu évasées, avec un trou dans un coin de la plaque ;

Bouchez ce trou, rangez les bonbons dans la plaque, chevalés les uns sur les autres ;

Mettez le plus beau côté en dessous ;

Versez sur les bonbons du sirop refroidi cuit à 35 degrés ;

Versez lentement le sirop dans un coin de la plaque pour ne pas déranger les bonbons qui doivent baigner de 1 centimètre ;

Couvrez-les d'une feuille de papier, levez le papier au bout de huit heures, retirez un bonbon ;

S'il se trouve couvert d'une légère croûte de candi, on retire le bouchon de la plaque,

Fig. 34. — Caisse à candir.

Pour faire égoutter le sirop dans une terrine ;

Les bonbons étant bien égouttés,

Mettez-les sur une grille ;

Placez-les à l'étuve à une chaleur douce pendant vingt minutes,

Et réservez dans un endroit sec.

INFUSION POUR LES BONBONS.

On fait infuser la vanille dans du sirop ou de l'esprit-de-vin.

Fendez la gousse de vanille en quatre ;

Mettez dans une bouteille ;

Remplissez-la d'esprit ou de sirop ;

Mettez deux gousses de vanille par décilitre pour obtenir une bonne infusion ;

Couchez et tenez dans un endroit chaud.

ESSENCE D'ORANGE.

Le zeste d'orange et celui de citron se lèvent de dessus le fruit sans attaquer le blanc ;

Mettez dans une bouteille 15 grammes de zeste pour 1 décilitre de sirop à 32 degrés ;

Couchez et réservez.

SUCRE CLARIFIÉ.

Cassez en morceaux 3 kilos de sucre et mettez-le dans une bassine avec 1 litre d'eau ;

Fouettez 2 blancs d'œufs dans une terrine avec 1 décilitre d'eau ;

Versez les blancs d'œufs dans le sucre et mettez la bassine sur le feu ;

Remuez avec le fouet à blancs d'œufs jusqu'au premier bouillon ;

Ajoutez 1 demi-décilitre d'eau, et poussez encore à premier bouillon ;

Ensuite mettez sur le coin du fourneau ;

Écumez le sirop, ajoutez 1 demi-décilitre d'eau ;

Écumez de nouveau, et cuisez jusqu'à 30 degrés ;

Ayez une grande terrine ;

Passez le sirop à travers un tamis de soie ou à travers une serviette lavée à l'eau chaude et rincée à l'eau froide ;

Mettez dans l'eau froide le vase qui contient le sirop ; renouvelez l'eau souvent pour que le sirop refroidisse plus rapidement et pour éviter qu'il ne candisse.

Lorsqu'on emploie ce sirop pour liqueur, on le décuit avec de l'eau filtrée, au degré prescrit dans la recette ;

Et si l'on clarifie du sirop pour des compotes, pour des bonbons ou pour des glaces, on lui donne 32 degrés.

ESSENCE DE CAFÉ.

Tassez dans un filtre 30 grammes de café moka et autant de café martinique ;

Versez dessus 5 décilitres d'eau bouillante ;

Lorsque l'eau est passée, versez-la une seconde fois sur le café ;

Mettez en bouteille et conservez.

Pour les essences de fraises, framboises, groseilles, on prend le jus de ces fruits, et on y ajoute quelques gouttes de citron.

Pour le chocolat, délayez-le sur le feu avec de l'eau et sans sucre.

BONBONS A LIQUEUR.

Dans la confection de ces bonbons, employez des liqueurs de premier choix.

Pour la coloration des bonbons on emploie du jaune ou du vert végétal, du carmin liquide ou du bleu d'outremer.

Il faut avoir soin d'user des couleurs par petites doses pour arriver graduellement à des nuances convenables : rien n'est plus désagréable à la vue que des bonbons trop chargés en couleur.

CONSERVES MATES.

On peut faire ces conserves en petites caisses.

Servies en assiettes de dessert, elles sont d'un aspect agréable.

Cette espèce de bonbons peut se confectionner dans tous les moules, comme les fondants, et ils sont plus faciles à faire.

CONSERVES A LA GROSEILLE.

Faites cuire du sucre au gros boulet et décuisez à la glu avec jus de groseille et quelques gouttes de jus de citron;

Lorsque le sirop est à point, laissez refroidir;

Travaillez avec la spatule, et dès qu'il commence à blanchir, coulez dans des caisses qui doivent avoir 2 centimètres de large sur 1 centimètre de haut;

Réservez au sec.

CONSERVES A L'ORANGE.

Faites cuire au gros boulet;

Décuisez à la glu en mettant de l'essence de zeste et du jus d'orange;

Travaillez et finissez comme pour la groseille.

Les conserves au citron se font de même, en remplaçant le jus d'orange par du jus de citron.

CONSERVES A LA VANILLE.

Faites cuire du sucre au petit boulet ;
Décuisez avec essence de vanille ;
Si le parfum était assez fort et que le sirop ne fût pas assez décuit, on ajouterait un peu d'eau pour mouler les conserves ;
On imprime ses formes dans l'amidon (voir précédemment, à l'article des *Fondants*, chapitre xxiv) ;
Et dès que les conserves sont prises, on les en retire ;
Brossez avec un pinceau pour enlever l'amidon ;
Rangez dans la plaque au candi, et versez le sirop dessus.

PRÉPARATION DU FONDANT.

Cuisez du sucre au gros boulet ;
Décuisez à la glu avec le jus de fruits ;
Laissez refroidir ;
Travaillez à la spatule jusqu'à ce que le sirop forme une pâte consistante et lisse ;
Réservez dans une terrine ;
Lorsqu'on veut mouler le fondant, on en prend une partie, on la fait fondre dans un poêlon d'office à long bec, afin de pouvoir couler soit dans les moules, soit dans les empreintes de l'amidon.
On finit comme il est dit au commencement du chapitre.

FONDANT ARLEQUIN.

Faites du fondant au chocolat vanillé,
— au marasquin rose,
— blanc à l'anisette,
— vert au kirsch ;

Abaissez ces quatre parties très-également, et d'un demi-centimètre d'épaisseur ;

Collez le rose, le blanc et le vert sur le chocolat en mouillant légèrement avec du blanc d'œuf sans mousse ;

Laissez reposer dix minutes ;

Coupez le fondant en morceaux de 3 centimètres de long sur 1 centimètre de large ;

Laissez reposer quatre heures et mettez au candi.

Ce bonbon est agréable comme goût et très-joli comme variété de couleur ;

Il a de plus l'avantage d'être préparé sans moule.

Lorsque les fruits, en fondant, sont démoulés, on les colore avec du rose, du blanc ou du vert, en se servant de pinceaux de blaireau très-doux et, pour les détails, on prend des pinceaux de plumes de corbeau.

BONBONS-LIQUEURS.

Comme les conserves et les fondants, les bonbons-liqueurs peuvent se confectionner avec les mêmes moules.

Je ferai cependant observer que les moules légers destinés à mouler les gimblettes, rosaces, palmettes, etc., sont plus gracieux.

Pour ce bonbon cuisez le sucre à la glu et parfumez-le comme les conserves ;

Laissez refroidir à moitié sans le travailler ;

Puis coulez dans les empreintes que vous aurez préparées dans la caisse à amidon ;

Lorsque la caisse sera remplie, passez de l'amidon au tamis et couvrez-en les bonbons d'une épaisseur d'un demi-centimètre ;

Faites prendre à l'étuve à la chaleur de 30 degrés ;

Il faut généralement vingt heures pour former ces bonbons.

Lorsque vous jugez qu'ils sont faits, retirez-en un de l'amidon ;

S'il est solide, retirez-les tous ;

Brossez-les avec le pinceau, comme on fait pour tous les bonbons préparés dans l'amidon ;

Ensuite mettez-les au candi, comme les conserves et les fondants.

On fait aussi des bonbons-liqueurs avec des moules ayant la forme d'une framboise, et on les parfume avec de la crème framboisée.

Ces bonbons contiennent beaucoup de liqueur et sont d'un goût très-agréable.

Brossez-les, comme les précédents, avant de les mettre au candi.

CHOCOLAT GRILLÉ AUX AVELINES.

Faites du fondant au kirsch ;
Ajoutez-y des avelines mondées, et pralinées sur le feu ;
Pour obtenir ces avelines pralinées,

Mettez dans un poêlon 30 grammes de sucre en poudre ;
Faites fondre et donnez une couleur brune, mais sans pousser jusqu'au caramel ;
Mettez 35 grammes d'avelines dans le sucre fondu ;
Remuez avec la spatule et étalez sur un plafond ;
Lorsque les avelines sont refroidies, hachez-les de nouveau et mêlez avec le fondant ;
Faites des boules de 1 centimètre de grosseur ;
Mettez-les sur un tamis ;
Fondez du chocolat dans un poêlon d'office ;
Ajoutez du beurre de cacao, ou, à défaut, du beurre très-fin et frais, dans la proportion d'un cinquième.
Tenez ce chocolat au bain-marie, trempez avec une fourchette à deux dents chaque boule dans le chocolat, rangez au fur et à mesure sur des plaques d'office ;
Lorsque toutes les boules aux avelines sont refroidies, mettez-les sur un tamis.

CHOCOLAT A LA CRÈME.

Pour faire du fondant à la crème, faites cuire le sucre au gros boulet et décuisez avec de très-bonne crème ;
Laissez refroidir ;
Travaillez avec la spatule ;
Formez des boules comme les précédentes, et trempez-les de même dans le chocolat.

CHOCOLAT AUX AMANDES GRILLÉES.

Mondez des amandes ;
Préparez-les comme les avelines et finissez de même.

CHOCOLAT A LA CRÈME ET AUX PISTACHES.

Mondez des pistaches ;
Faites du fondant à la crème ;
Pilez les pistaches, passez-les au tamis ;
Mêlez la pâte de pistaches avec une égale quantité de fondant ;
Formez des boules ;
Couvrez-les de chocolat, et mettez sur des plaques d'office ;
Laissez refroidir et placez-les sur un tamis.

BERLINGOTS DE ROUEN.

Mettez dans un poêlon d'office 500 grammes de sucre avec 2 décilitres et demi d'eau et 2 grammes de crème de tartre ;
Aussitôt que le sucre est fondu,
Mettez à feu vif ;
Au premier bouillon, ajoutez une cuillerée à bouche d'eau ;
Écumez ;
Tenez le bord du poêlon très-propre, lavez avec un linge humide ;
Faites cuire au cassé ;
Ajoutez une petite cuillerée à café d'infusion de zeste de citron ;
Retirez du feu ;
Laissez refroidir à moitié dans le poêlon ;

Versez sur un marbre chauffé et huilé ;

Faites chauffer légèrement le sucre qui pourrait rester dans le poêlon, et versez-le sur celui qui a été mis sur le marbre ;

Relevez le sucre qui s'étale au milieu ;

Répétez cette opération pour qu'il refroidisse également ;

Prenez alors la masse de sucre dans la main gauche ; avec la main droite étirez-le de 30 centimètres de longueur, reployez-le dans la main gauche pour l'allonger ;

Reployez de nouveau pour que le sucre devienne d'un blanc mat ;

Étirez en bandes égales, de 1 centimètre et demi ;

Avec des ciseaux coupez des morceaux d'égale grandeur, ce qui produira un bonbon carré.

Ce travail doit se faire très-vivement ;

Car si le sucre se refroidissait, on ne pourrait plus le couper en morceaux ;

Pour bien réussir ce bonbon, il faut mettre le sucre au grand cassé sans lui donner de couleur.

BERLINGOTS A L'ORANGE.

Ajoutez au sucre de l'infusion de zeste d'orange et une teinte orangée faite avec du carmin liquide et du jaune végétal ;

Même travail que ci-dessus.

BERLINGOTS A LA VANILLE.

Employez de l'essence de vanille, avec une addition de carmin liquide.

BERLINGOTS AU CAFÉ.

Employez de l'essence de café et faites réduire au grand cassé ;

Il n'y a pas d'inconvénient à ce que ce berlingot prenne couleur, puisqu'il faut qu'il soit brun.

Procédez de même pour les berlingots à la menthe et à la fleur d'oranger.

SUCRE TORS DE POISSY.

Faites cuire du sucre en même quantité que pour les berlingots ;

Laissez prendre une légère teinte jaune ;

Mettez sur le marbre chauffé et huilé ;

Laissez refroidir à moitié ;

Relevez le sucre avec un couteau ;

Lorsqu'il est consistant, coupez en morceaux gros comme une forte aveline ;

Roulez, aplatissez et tournez sur un bâton rond de 1 centimètre de tour.

Ce sucre doit avoir la forme d'un tire-bouchon ;

On peut le parfumer soit au citron, soit à l'orange, soit à la fleur d'oranger.

AUTRE SUCRE TORS.

Faites cuire le sucre au cassé ;
Ajoutez l'essence et la couleur voulues ;
Faites le même travail que pour le berlingot.
Ce bonbon doit être brillant.
Étirez le sucre en cordon rond d'un demi-centimètre,
Et tournez-le en tire-bouchon ;
Réservez sur tamis.

CARAMELS AU CHOCOLAT.

Faites cuire au cassé 500 grammes de sucre et trois tablettes de chocolat non sucré ;
Lorsqu'il est au grand cassé, versez-le sur un marbre chauffé et huilé ;
Faites refroidir également ;
Étalez le sucre et coupez-le en carrés de 2 centimètres ou en losanges.

CARAMELS AU CAFÉ.

Lorsque le sucre est cuit, ajoutez de l'essence de café ;
Faites recuire au grand cassé ;
Laissez refroidir ;
Taillez comme le caramel au chocolat.

CARAMELS A LA FLEUR D'ORANGER.

Lorsque le sucre est au cassé,

Ajoutez 35 grammes de pétales de fleurs d'oranger, pour 500 grammes de sucre ;

Laissez prendre une couleur rouge ;

Faites refroidir, et finissez comme pour le caramel au chocolat.

Nota. Pour faire des caramels en surprise, on les glace avec du fondant que l'on fait chauffer ;

On trempe les morceaux dans le fondant, ensuite on les range sur des plaques saupoudrées de sucre passé au tamis de soie.

BOULES DE GOMME.

Faites fondre dans 3 décilitres d'eau 35 grammes de gomme arabique très-blanche ;

Mettez 500 grammes de sucre dans un poêlon,

2 grammes de crème de tartre ;

Mouillez avec l'eau qui aura dissous la gomme ;

Passez cette eau au tamis ;

Faites cuire au cassé ;

Versez le sucre sur un marbre chauffé et huilé ;

Lorsque le sucre est à moitié refroidi,

Coupez les morceaux égaux et de la grosseur d'une aveline ;

Roulez dans les mains ;

Mettez sur un tamis que vous agiterez et ferez tourner sur la table pour rendre les boules tout à fait rondes ;

Agitez le tamis jusqu'à ce que les boules de gomme soient froides;

Il faut apporter le plus grand soin à la cuisson du sucre pour que ces boules restent parfaitement limpides, ce qui en fait la beauté.

BOULES AUX FRAMBOISES.

Cuisez le sucre au cassé;
Ajoutez le jus des framboises;
Faites recuire le sucre au cassé,
En ayant soin que les produits conservent leur couleur rouge.

BOULES A L'ORANGE.

Faites cuire le sucre au cassé comme pour les boules de gomme;
Ajoutez le jus d'une orange et infusion de zeste;
Passez au tamis;
Donnez une légère teinte orangée avec du jaune végétal et du carmin liquide;
Finissez comme pour les boules de gomme.

BOULES A LA MENTHE.

Faites cuire même quantité de sucre que pour les boules de gomme;
Ajoutez trois gouttes d'essence de menthe;

Colorez d'une teinte vert pâle, avec du vert végétal ;
Finissez comme pour les boules de framboises.

PATE D'AMANDES AU CANDI ET AU MARASQUIN.

Mondez 250 grammes d'amandes ;
Faites-les tremper deux heures dans l'eau froide ;
Égouttez ;
Pilez-les ;
Ajoutez un blanc d'œuf en plusieurs fois ;
Passez au tamis de Venise ;
Faites cuire 250 grammes de sucre au gros boulet ;
Mettez les amandes pilées sur un marbre froid ;
Mêlez le sucre aux amandes pilées ;
Laissez refroidir ;
Repilez la pâte pour qu'elle soit bien lisse ;
Ajoutez deux cuillerées à bouche de marasquin ;
Colorez en rose avec du carmin liquide ;
Divisez la pâte en parties de la grosseur d'une olive et auxquelles vous donnerez la forme de ce fruit ;
Laissez sur un tamis pendant six heures ;
Mettez-les au candi.

PATE DE PISTACHES.

Préparez 125 grammes de pistaches,
125 grammes d'amandes douces,
250 grammes de sucre ;
Mondez pistaches et amandes ;
Pilez les unes et les autres ;

Ajoutez un blanc d'œuf,
Passez au tamis,
Et finissez comme pour la pâte au marasquin.

PATE D'AMANDES A LA VANILLE.

Mondez 250 grammes d'amandes ;
Pilez avec blanc d'œuf ;
Faites cuire au boulet 250 grammes de sucre ;
Ajoutez de l'essence vanillée ;
Finissez et mettez au candi comme les amandes au marasquin.

PATE D'AVELINES AU CANDI.

Faites torréfier 250 grammes d'avelines ;
Pilez avec blanc d'œuf ;
Passez au tamis ;
Ajoutez 250 grammes de sirop cuit au boulet,
Une cuillerée à bouche de kirsch ;
Mettez du jaune végétal pour donner à la pâte une teinte pâle ;
Roulez en boules d'un centimètre et demi,
Et mettez au candi ;
Même travail que pour les amandes au marasquin.
La pâte d'amandes se glace aussi au fondant, ce qui produit une nouvelle variété de bonbons très-agréables ;
Pour les glacer, faites fondre du fondant en y ajoutant du sirop à 32 degrés ;

Saupoudrez les feuilles d'office avec du sucre passé au tamis de soie ;

Faites sécher dix minutes à l'étuve ;

Relevez les bonbons sur un tamis.

PRALINES VANILLÉES.

Prenez : 500 grammes d'amandes flots,

1 kilo de sucre,

2 gousses de vanille ;

Nettoyez les amandes dans un torchon en les frottant légèrement ;

Retirez celles qui sont cassées ;

Faites cuire la moitié du sucre et la vanille dans deux décilitres d'eau ;

Quand il est au boulet, mettez les amandes ;

Tournez avec la spatule ;

Dès qu'il est au cassé et que les amandes commencent à craquer,

Retirez du feu ;

Tournez les amandes pour les sabler ;

Mettez-les dans le crible pour en retirer le sucre ;

Remettez-les dans la bassine et sur le feu en les remuant pour les griller à point ;

Lorsqu'elles auront pris un léger goût de caramel,

Remettez dans le crible et couvrez-les pour éviter qu'elles ne refroidissent ;

Mettez le sucre dans la bassine avec la moitié du sucre restant ;

Mouillez ;

Faites cuire au petit cassé,

Mettez les pralines,

Et sablez;

Donnez une troisième façon avec le sucre qui aura été passé au crible et le sucre nouveau;

Mouillez;

Faites cuire au petit cassé et sablez;

Tenez les pralines au chaud, elles se glacent plus facilement.

Pour glacer les pralines,

Mettez dans la bassine qui aura été nettoyée, 25 grammes de gomme arabique dissoute dans un demi-décilitre d'eau et 15 grammes de sucre;

Donnez un bouillon et mettez les pralines;

Retirez-les du feu et sautez-les jusqu'à ce qu'elles soient bien glacées;

A chaque façon, détachez-les sans briser la couche de sucre qui les recouvre.

PRALINES AU CHOCOLAT.

Préparez les pralines comme il est dit ci-dessus;

A chaque façon, mettez une tablette de chocolat sans sucre;

Remuez le sucre avec la spatule pour empêcher le chocolat de s'attacher au fond de la bassine;

Finissez comme pour les pralines vanillées.

PRALINES A LA ROSE.

Procédez de la même manière en remplaçant la vanille par de l'eau de rose ;

Pour les glacer, on ajoute de l'eau de rose et du carmin liquide à la gomme arabique ;

Ayez soin que la couleur de ces pralines soit rosée, et non rouge.

AVELINES PRALINÉES.

Choisissez de belles avelines ;

Torréfiez-les pour en enlever la peau ;

Préparez et travaillez de même que les pralines à la vanille ;

Ajoutez du kirsch lorsque vous les pralinerez et remplacez l'eau par du kirsch lorsque vous les glacerez.

PISTACHES PRALINEES.

Procurez-vous des pistaches grosses, d'une belle couleur violacée ;

Celles qui sont piquées et tachées de noir, sont véreuses ;

Prenez-en 500 grammes

Et 1 kilo de sucre ;

Faites cuire 250 grammes de sucre au boulet ;

Mettez les pistaches dedans ;

Donnez un bouillon ;

Retirez du feu ;

Sablez, en remuant avec la spatule ;

Passez au crible ;

Mettez le sucre qui aura été passé avec 250 grammes de sucre nouveau ;

Donnez une façon,

Et ensuite deux autres façons ;

Glacez à la gomme et au sucre, comme il a été indiqué pour les autres pralines ;

Évitez de laisser refroidir les pralines entre chaque façon.

PASTILLES A LA MENTHE.

Pilez du sucre et passez-le dans un tamis à égoutter ;

Repassez ce sucre dans un tamis plus fin ;

Pour les pastilles, ne vous servez que du sucre qui restera dans le tamis fin, c'est-à-dire qui n'aura pu passer ;

Le sucre à employer pour les pastilles doit être gros et d'égale grosseur ;

C'est le moyen d'obtenir de belles et bonnes pastilles ;

Procédez comme il suit :

Mettez dans une terrine 500 grammes de sucre pilé préparé comme il est dit ci-dessus ;

Mouillez avec de l'eau pour faire une pâte ferme ;

Ajoutez de l'essence de menthe goutte à goutte ;

Mêlez et goûtez ;

Pour donner aux pastilles le degré de force que l'on désire, il faut ne verser qu'une goutte de menthe à la fois et bien mêler avant de goûter la pâte ;

Prenez une partie de pâte dans un poêlon à bec appelé poêlon à pastilles ;

Chauffez en remuant avec la spatule ;

Retirez du feu au premier bouillon et couchez sur des feuilles d'office ;

Pour ce travail, on tient le poêlon de la main gauche,

Puis on l'incline sur la plaque,

Et l'on coupe, soit avec une aiguille à brider, soit avec une tringle de fil de fer, la goutte qui doit tomber ronde sur la plaque ;

Mettez vingt minutes à l'étuve à une chaleur très-douce ;

Détachez les pastilles, et réservez au sec, sur un tamis.

PASTILLES A LA GROSEILLE.

Préparez 500 grammes de sucre passé au tamis ;

Mouillez avec moitié jus de groseille et moitié eau ;

Finissez comme les pastilles à la menthe.

PASTILLES D'ANANAS.

Mouillez avec du jus d'ananas sans sucre, et finissez comme précédemment.

PASTILLES AUX FRAISES.

Faites infuser à froid dans de l'eau des fraises des quatre saisons ;

Passez-les dans un linge avec une légère pression pour en extraire le jus ;

Mouillez le sucre avec cette eau ;

Ajoutez quelques gouttes de jus de citron et de carmin liquide, et finissez comme les pastilles de menthe.

On fait aussi ces pastilles avec des fraises passées au tamis ;

Mais cette façon demande beaucoup plus de précaution, l'excès de fraises pouvant empêcher les pastilles de sécher.

Toutes les pastilles aux fruits se préparent de même.

PASTILLES A LA ROSE.

Mouillez le sucre avec de l'eau de rose, et colorez en rose avec du carmin liquide ;

Finissez comme pour les autres pastilles.

PASTILLES A LA FLEUR D'ORANGER.

Mouillez le sucre avec de l'eau de fleurs d'oranger ;
Même travail que ci-dessus.

FRUITS GLACÉS AU FONDANT

MANDARINES GLACÉES AU FONDANT.

Épluchez et divisez des mandarines en prenant soin de ne pas crever ou déchirer la peau blanche qui les recouvre ;

Faites du fondant avec zeste et jus de mandarines ;

Colorez avec du carmin liquide et du jaune végétal pour leur donner une couleur orangée.

Prenez des brochettes très-minces ;

Piquez les quartiers de mandarines ;

Trempez-les dans le fondant et fichez les brochettes dans le sable comme pour les fruits glacés au caramel.

RAISIN GLACÉ A L'ANISETTE.

Choisissez de gros grains de raisin du Piémont ou de chasselas de Fontainebleau ;

Piquez-les avec des brochettes et glacez au fondant à l'anisette ;

Si la glace est trop consistante, on la rend plus légère avec du sirop à 32 degrés.

Colorez avec du vert végétal.

CERISES GLACÉES AU FONDANT DE KIRSCH.

Égouttez des cerises à l'eau-de-vie et passez-les à l'étuve ;

Faites du fondant rose au kirsch glacé, et finissez comme les oranges mandarines.

On glace de même les cerises fraîches.

PATE D'AMANDES GLACÉE AU FONDANT DE LAIT D'AMANDES.

Préparez la quantité d'amandes indiquée pour la pâte

d'amandes marasquin au candi, mais sans mettre de marasquin ;

Ajoutez aux amandes quinze amandes amères ;
Faites des boules de la grosseur d'une cerise ;
Glacez avec fondant au lait d'amandes.

PURÉE DE MARRONS GLACÉS AU FONDANT DE CHOCOLAT.

Épluchez et préparez des marrons comme il est dit à la compote vermicelle de marrons.
Formez des boules grosses comme des cerises ;
Mettez la pâte dans le coin d'une serviette et pressez-la bien pour la former en boule ;
Glacez au fondant de chocolat.

FRAISES GLACÉES AU FONDANT DE FRAISES.

Choisissez des fraises anglaises dites belles reines et d'égale grosseur ;
Glacez au fondant de fraises ;
Finissez comme les mandarines glacées.

Tous ces fruits se mettent dans des caisses de papier,
Se dressent sur des assiettes de dessert, et se servent dans les dîners et les bals.
Il est de bon goût d'en varier les couleurs.

PASTILLES DE CHOCOLAT.

Faites ramollir du chocolat à la vanille dans un poêlon d'office, à feu très-doux ;

Divisez-le en portions auxquelles vous donnerez la forme de boules ;

Rangez-les sur une plaque tiède ;

Secouez et tapotez la plaque jusqu'à ce que les pastilles aient pris leur forme ;

Laissez-les refroidir et relevez sur tamis ;

Pour mettre les pastilles au candi, rangez-les dans la plaque ;

Couvrez de sirop à 36 degrés et laissez vingt heures ;

Égouttez ;

Faites sécher dans l'étuve à chaleur très-douce, pendant cinq minutes.

PASTILLES A L'ITALIENNE.

Faites fondre 30 grammes de gomme adragante dans suffisante quantité d'eau de menthe, pour qu'elle en soit couverte d'un centimètre ;

Passez-la au travers d'une serviette neuve ;

Mettez-la sur un marbre très-propre ;

Broyez-la avec assez de sucre tamisé très-fin,

Pour obtenir une pâte ferme sans être dure ; laissez-la reposer pendant deux jours ;

Ensuite, abaissez-la par parties d'un quart de centimètre d'épaisseur ;

Passez un rouleau cannelé sur l'abaisse ;
Coupez-la en ronds de 2 centimètres de large ;
Faites sécher à l'étuve ;
Réservez au sec.

PASTILLES A LA CANNELLE.

Préparez comme les pastilles à la menthe ;
Remplacez la menthe par l'eau de cannelle, et procédez de même.

Pour tout ce genre de pastilles italiennes, à l'anis, aux amandes amères, aux fleurs d'oranger, au café, à la vanille, etc., le travail est le même et ne diffère que par l'emploi des divers parfums.

PATE DE GUIMAUVE.

Faites dissoudre 30 grammes de gomme adragante, comme pour les pastilles à l'italienne ;
Ajoutez, en broyant la gomme, deux cuillerées à bouche d'extrait de guimauve.

Pour obtenir cet extrait, faites cuire dans un verre d'eau 60 grammes de racine de guimauve grattée, lavée et coupée en petits morceaux ;
Passez au tamis, et réduisez sur un feu doux à deux cuillerées ;
Remplissez la gomme avec du sucre pilé, et passez au tamis de soie de manière à obtenir une pâte ferme,
Et réservez au frais.

On donne à cette pâte la forme de bâtons de 6 centimètres de long sur 1 centimètre de grosseur ;

On peut aussi la couper en pastilles.

CHAPITRE XXV

DES FRUITS A L'EAU-DE-VIE

CERISES.

Choisissez de belles cerises dites de Montmorency ;

Coupez les queues en ne leur laissant qu'un centimètre de longueur ;

Rangez-les dans un bocal et couvrez-les d'alcool à 55 degrés, en quantité suffisante pour qu'il y en ait 2 centimètres au-dessus ;

Bouchez avec soin et conservez dans un endroit sec ;

Quatre jours avant de les manger, sucrez-les avec du sucre en morceaux ;

Mettez 100 grammes de sucre pour 1 litre d'alcool.

PRUNES DE REINE-CLAUDE.

Voyez ce qui est indiqué pour les prunes de reine-Claude confites au sirop,

Et terminez comme suit :

Faites blanchir les prunes et confire à moitié, c'est-à-dire ne donnez que quatre façons au lieu de huit ;

Égouttez ;

Mettez dans des bocaux ;

Cuisez le sirop à 36 degrés ;

Mettez même quantité de sirop et d'alcool à 55 degrés ;

Emplissez les bocaux de 2 centimètres au-dessus du fruit ;

Bouchez avec soin et conservez dans un endroit sec.

ABRICOTS A L'EAU-DE-VIE.

Choisissez des abricots peu mûrs et d'égale grosseur ;

Faites-les confire aux trois quarts, c'est-à-dire donnez six façons au lieu de huit ;

Égouttez et rangez-les dans des bocaux, et finissez comme pour la reine-Claude à l'eau-de-vie.

PÊCHES A L'EAU-DE-VIE.

Faites blanchir et confire les pêches dans du sirop, comme il est indiqué aux fruits confits, mais seulement aux trois quarts ;

Égouttez ;

Réduisez le sirop à 36 degrés ;

Mêlez avec moitié alcool à 55 degrés ;

Rangez avec soin les pêches dans des bocaux ;

Couvrez-les avec le sirop et l'alcool ;

Bouchez parfaitement et conservez au sec.

Les poires d'Angleterre,
Les prunes de mirabelle,
Les amandes vertes se préparent de même.

MARRONS A L'EAU-DE-VIE.

Faites confire aux trois quarts ;
Égouttez ;
Mettez du sirop à 28 degrés et de l'alcool à 55 ;
Rangez les marrons dans un bocal, et remplissez avec l'alcool et le sirop ;
Bouchez et conservez.

CHAPITRE XXVI

DES LIQUEURS

Observations. — Les vases et les ustensiles qu'on emploie pour préparer les liqueurs doivent être les mêmes que ceux dont on fait usage pour les bonbons.

L'alcool de vin est indispensable pour la bonne qualité des liqueurs.

Les fruits doivent être très-sains et mûrs à point;

Les plantes et les graines de l'année, cueillies et conservées bien sèchement;

Le sucre, très-blanc, pour faire de beau sirop.

La chausse doit être très-propre, et le papier à clarifier de bonne qualité.

Les vases doivent être bien secs, parce que la plus petite parcelle d'eau dans les bouteilles ferait blanchir les liqueurs et les troublerait.

La dose que j'ai indiquée pour sucrer les liqueurs est celle qu'on adopte en général.

Mais on peut l'augmenter ou la diminuer selon le goût de chacun.

CASSIS.

Égrenez des grappes de cassis pour obtenir 1 kilogramme de grains ;

Mettez-les dans une cruche avec 3 litres d'alcool à 55 degrés ;

Laissez infuser pendant trois mois ;

Passez ensuite à la chausse ;

Pour 3 litres d'infusion de cassis, employez 1 litre de sirop à 28 degrés ;

Mêlez ;

Mettez en bouteilles et bouchez avec soin.

Conservez le marc du cassis dans une terrine ;

Ajoutez 1 litre d'eau ;

Écrasez-le ;

Filtrez-le ;

Ajoutez de l'alcool et du sirop, et vous retirerez encore deux bouteilles de cassis.

RATAFIA DE LOUVE.

Mettez dans une cruche :
500 grammes de framboises,
500 — de merises,
500 — de groseilles,
15 — de cannelle,
10 — de girofle,
3 litres d'alcool à 55 degrés ;
Faites macérer le tout pendant trois mois ;

DES LIQUEURS.

Filtrez;
Sucrez et mettez en bouteilles comme le cassis.

RATAFIA DE NEUILLY.

Mettez dans une cruche 3 litres d'alcool à 55 degrés;
500 grammes de cerises,
500 — de cassis égrené,
20 — de feuilles de cassis,
15 — de pétales d'œillets rouges, dits œillets-girofles;
Laissez infuser trois mois;
Filtrez, sucrez;
Mettez en bouteilles comme le cassis.
On emploie 1 litre de sirop à 28 degrés pour 3 litres d'infusion;
Lorsqu'on veut préparer des liqueurs ou des ratafias plus huileux, on se sert de sirop à 31 degrés.
Les marcs des ratafias, additionnés d'eau, peuvent être utilisés comme le marc de cassis;
Il ne reste qu'à écraser, filtrer, sucrer et ajouter un peu d'alcool.

CURAÇAO.

Levez le zeste de six oranges;
Mettez-le dans un bocal avec 1 litre d'alcool à 45 degrés;
Faites infuser huit jours;
Ajoutez 3 décilitres de sirop à 28 degrés;

Faites bouillir dans 1 décilitre d'eau 30 grammes de bois de Fernambouc ;

Réduisez de moitié ;

Colorez le curaçao avec cette décoction ;

Filtrez à la chausse et au papier ;

Mettez en bouteilles, bouchez et goudronnez.

CURAÇAO SEC.

Levez le zeste de six oranges amères ;

Procédez comme ci-dessus ;

N'employez qu'un décilitre de sirop à 20 degrés ;

Filtrez,

Et mettez en bouteilles.

CRÈME DE FLEURS D'ORANGER.

Épluchez une quantité suffisante de fleurs d'oranger pour en obtenir 30 grammes de pétales ;

Mettez-les dans un bocal avec 1 litre d'alcool à 40 degrés ;

Laissez infuser deux jours ;

Ajoutez 4 décilitres de sirop à 30 degrés ;

Filtrez à la chausse et au papier ;

Mettez en bouteilles.

CUMIN OU KUMEL.

Mettez dans un bocal 30 grammes de cumin avec 1 litre d'alcool à 80 degrés ;

Faites infuser deux jours ;
Tirez à clair ;
Ajoutez 3 décilitres de sirop à 28 degrés ;
Filtrez à la chausse et au papier ;
Mettez en bouteilles, couchez et goudronnez.

ÉLIXIR HYGIÉNIQUE.

Dans un bocal, mettez 15 grammes de feuilles de mélisse,
15 grammes de semences de coriandre concassées,
10 — de feuilles de menthe,
10 — de matricaire ;
Couvrez le tout avec 3 litres d'alcool à 60 degrés ;
Laissez infuser six jours ;
Filtrez ;
Ajoutez 1 litre de sirop à 28 degrés ;
Filtrez de nouveau ;
Mettez en bouteilles.
Il faut que cette liqueur soit parfaitement limpide ;
Plusieurs filtrages pourront donc être nécessaires pour obtenir ce résultat.
La propriété de cette liqueur est d'être digestive, prise après les repas.

LIQUEUR DE NOYAUX.

Mondez 100 grammes d'amandes d'abricots ;
Lavez et essuyez ;
Mettez dans un bocal avec 1 litre d'alcool à 50 degrés ;

Laissez infuser huit jours ;
Ensuite, tirez à clair ;
Ajoutez 3 décilitres de sirop à 28 degrés ;
Filtrez deux fois ;
Mettez en bouteilles.

CRÈME DE MENTHE.

Mettez 60 grammes de feuilles de menthe dans un bocal avec 1 litre d'alcool à 50 degrés ;
Laissez infuser huit jours ;
Ajoutez 3 décilitres de sirop à 30 degrés ;
Filtrez à la chausse et au papier pour obtenir une liqueur très-limpide ;
Mettez en bouteilles.

CRÈME D'ANGÉLIQUE.

Prenez 300 grammes d'angélique mondée et blanchie à l'eau chaude ;
Retirez la plus petite peau qui recouvre la tige ;
Coupez l'angélique en morceaux ;
Mettez-la dans un bocal avec 1 litre d'alcool à 50 degrés ;
Laissez infuser huit jours,
Et finissez comme la crème de menthe.

EAU D'OR.

Faites infuser dans 1 litre d'alcool à 60 degrés, pendant vingt-quatre heures :
10 grammes de girofle,
10 — de cannelle,
30 — de coriandre ;
Ajoutez :
3 décilitres de sirop à 24 degrés ;
Filtrez trois fois ;
Ajoutez 2 feuilles d'or très-divisées ;
Mettez en bouteilles.

BITTER.

Mettez dans une cruche 50 grammes d'hysope sans les tiges,
50 grammes de millepertuis,
20 — de badiane,
10 — de matricaire, le zeste d'un citron et de deux oranges ;
Remplissez la cruche avec 3 litres d'alcool à 40 degrés, et laissez infuser huit jours ;
Faites infuser à part 10 grammes de quassia amara dans 2 décilitres d'alcool ;
Préparez aussi à part une décoction de 50 grammes de bois de Fernambouc avec 4 décilitres d'eau ;
Faites bouillir et réservez ;
Après huit jours d'infusion, filtrez à la chausse et au papier ;

Mettez 6 décilitres de sirop à 20 degrés ;

Colorez avec la décoction de bois de Fernambouc ;

Ajoutez une certaine quantité d'infusion de quassia amara ;

La proportion n'en peut être exactement indiquée, car elle dépend du goût particulier pour l'amertume ;

Filtrez jusqu'à ce que la liqueur soit très-limpide ;

Mettez en bouteilles.

LIQUEUR DE COINGS.

Râpez au-dessus d'une terrine une quantité suffisante de coings pour obtenir 1 kilo de pulpe ;

Ajoutez 1 litre de sirop à 30 degrés ;

Laissez infuser pendant un jour ;

Filtrez ;

Ajoutez 1 demi-litre d'alcool à 35 degrés ;

Mêlez ;

Filtrez de nouveau ;

Mettez en bouteilles.

CRÈME DE VANILLE.

Coupez trois gousses de vanille en deux morceaux sur leur longueur et chacun de ces morceaux en deux sur le travers ;

Faites infuser vingt-quatre heures dans 1 litre d'alcool à 60 degrés ;

Mêlez à l'infusion 3 décilitres de sirop à 30 degrés ;

Ajoutez quelques gouttes de carmin liquide ;

Filtrez deux fois dans la chausse, avec le papier ;
Mettez en bouteilles.

LIQUEUR DE BOURGEONS DE CASSIS.

Prenez :
500 grammes de bourgeons de cassis ;
Faites infuser dans 3 litres d'alcool à 50 degrés pendant quinze jours ;
Passez au tamis ;
Ajoutez à cette infusion 9 décilitres de sirop à 30 degrés ;
Filtrez à la chausse et au papier ;
Mettez en bouteilles.

LIQUEUR DE NOYAUX DE PÊCHES.

Ayant eu l'occasion de goûter cette liqueur peu commune, je l'ai trouvée si agréable que je me plais à en donner la recette :
Cassez cinquante noyaux de pêches ;
Mettez les amandes et le bois dans 3 litres d'alcool à 50 degrés avec 5 grammes de cochenille en poudre ;
Faites infuser quinze jours ;
Retirez les noyaux en les passant sur le tamis ;
Mêlez à 9 décilitres de sirop à 30 degrés ;
Filtrez ;
Mettez en bouteilles.

LIQUEUR D'ABSINTHE.

Les personnes qui ne peuvent pas se passer d'absinthe, et qui cependant en redoutent les effets pernicieux, pourront faire sans danger usage de la liqueur ainsi préparée :

Prenez 500 grammes d'absinthe mondée, c'est-à-dire privée de ses tiges ;

Faites sécher à l'ombre pendant cinq jours dans un endroit sec ;

Mettez dans une cruche avec 2 litres d'alcool à 50 degrés ;

Laissez infuser quinze jours ;

Passez au tamis ;

Mêlez à ce liquide 100 grammes de gomme arabique, dissoute au bain-marie dans 2 décilitres d'eau,

Plus 3 décilitres de sirop à 30 degrés ;

Filtrez à la chausse et au papier ;

Mettez en bouteilles.

Cette liqueur, mêlée avec de l'eau très-froide, est agréable sans être nuisible.

LIQUEUR D'ANANAS.

Prenez 400 grammes d'ananas pelés à vif ;

Coupez-les en beignets ;

Faites bouillir 3 litres de sirop à 38 degrés ;

Mettez l'ananas dans le sirop avec le jus de quatre oranges et le zeste de deux ;

Donnez un bouillon ;

Mettez le tout dans un pot qui soit bien fermé ;
Laissez deux jours ;
Passez au tamis ;
Ajoutez 1 litre d'alcool à 60 degrés ;
Filtrez ;
Mettez en bouteilles.

CRÈME DE FRAISES.

Épluchez 1 kilo de fraises des quatre saisons ;
Faites-les infuser à froid pendant deux jours dans 3 litres de sirop à 38 degrés ;
Passez au tamis ;
Ajoutez 1 litre d'alcool à 50 degrés ;
Filtrez ;
Mettez en bouteilles ;
Bouchez.
Si la liqueur était trop pâle, on ajouterait quelques gouttes de carmin clarifié.

CRÈME DE FRAMBOISES.

Mêmes proportions et même travail que ci-dessus.

LIQUEUR D'ACACIA.

Faites infuser pendant trois jours, dans 2 litres d'alcool à 50 degrés, 200 grammes de pétales de fleurs d'acacia soigneusement épluchées ;

Faites un sirop avec 700 grammes de beau sucre ;

Clarifiez le sirop aux blancs d'œufs et cuisez-le à 30 degrés ;

Après quatre jours d'infusion, tirez à clair et mêlez avec le sirop froid ;

Il est important de filtrer à la chausse et au papier, et de filtrer plusieurs fois, jusqu'à ce que la liqueur soit limpide ;

Mettez en bouteilles, préalablement rincées à l'esprit-de-vin.

LIQUEUR AU JASMIN.

Épluchez 100 grammes de fleurs de jasmin ;

Faites infuser dans 2 litres d'alcool à 50 degrés pendant deux jours ;

Préparez 6 décilitres de sirop de sucre clarifié à 30 degrés ;

Tirez l'infusion à clair ;

Mêlez avec le sirop ;

Filtrez à la chausse et au papier jusqu'à ce que la liqueur soit parfaitement limpide ;

Mettez en bouteilles ;

Bouchez et réservez au sec.

HUILE DE MERISES FRAMBOISEES.

Écrasez 1 kilo de merises avec queues et noyaux,

500 grammes de framboises dont vous aurez retiré les queues ;

Mettez le tout dans une cruche avec 4 litres d'alcool à 50 degrés ;

Laissez infuser deux mois dans un endroit tiède ;

Passez au tamis, et ajoutez 1 litre de sirop de sucre à 30 degrés ;

Filtrez ;

Mettez en bouteilles ;

Bouchez et réservez.

Nota. On peut avec le marc de cette huile faire 1 litre et demi de ratafia :

Écrasez le marc ;

Remettez-le dans la cruche avec 1 litre d'alcool à 50 degrés ;

Laissez-le infuser huit jours ;

Pressez et passez au tamis.

VERMOUT.

Grattez et coupez en morceaux 30 grammes de raifort d'Allemagne ;

Mettez-les dans une cruche avec 50 grammes de quinquina rouge concassé,

100 grammes de cochléaria,

20 grammes de baies de genièvre,

100 grammes de noix vertes dont le bois ne soit pas encore formé ;

Brisez chaque noix d'un coup de marteau de bois ;

Ajoutez 2 litres d'alcool à 80 degrés ;

Laissez infuser quinze jours ;

Filtrez à la chausse et au papier ;

Ajoutez 12 litres de vin blanc (petit chablis),

1 litre de sirop à 24 degrés ;
Filtrez jusqu'à parfaite limpidité ;
Mettez en bouteilles et réservez.

Avant de clore ce chapitre, je crois utile de donner quelques recettes qui, pour ne pas entrer dans l'alimentation, peuvent rendre des services journaliers. Ce sont :

VIN DE QUINQUINA.

Cassez en petits morceaux 30 grammes de quinquina ;
Mettez dans un bocal avec 60 grammes d'alcool ;
Laissez infuser vingt-quatre heures ;
Ajoutez 1 litre de vin de Bordeaux ;
Laissez infuser douze jours ;
Filtrez,
Et mettez en bouteilles.

Les vins de quinquina au madère, au marsala, au malaga, au lunel et à l'alicante, se préparent de la même manière, mais sans addition d'alcool.

EAU DE COLOGNE.

Mettez dans 1 litre d'alcool à 80 degrés :
15 grammes d'essence de citron,
15 — d'essence de bergamotte,
15 — d'essence de cédrat,
7 — d'essence de romarin,
4 — de néroli ;

Laissez infuser huit jours ;
Filtrez au papier dans un entonnoir en verre.

VIN ANTISCORBUTIQUE.

Faites infuser pendant quinze jours, dans 2 litres de vin de Chablis,
125 grammes de racine de raifort coupée menu,
  60 — de cochléaria ⎫
  60 — de cresson   ⎬ incisés.
  60 — de trèfle d'eau ⎭
  60 — de semences de moutarde concassées,
Et 32 grammes de sel ammoniac pulvérisé.

EAU DE BOTOT.

Faites infuser pendant huit jours dans 1 litre d'alcool à 50 degrés :
15 grammes d'anis vert,
  4 — de cannelle de Ceylan,
  4 — de girofle,
  4 — de quinquina rouge,
  4 — de cochenille,
  4 — d'essence de menthe,
  2 — d'essence de girofle ;
Filtrez au papier.

VIN DE RHUBARBE.

Coupez en très-petits morceaux 60 grammes de racine de rhubarbe de Chine ;

Mettez dans un bocal avec 40 grammes d'alcool ;

Laissez infuser quatre jours ;

Ajoutez 2 litres de vin blanc, et de préférence du vin blanc sec ;

Faites infuser 8 jours ;

Filtrez et mettez en bouteilles.

Ce vin, pris à la dose d'un petit verre le matin, à jeun, passe pour être hygiénique.

CHAPITRE XXVII

RECETTES POUR LES MALADES ET LES CONVALESCENTS.

En indiquant un certain nombre de recettes de boissons et d'aliments qui conviennent particulièrement aux malades, j'ai voulu être utile aux personnes qui peuvent les préparer elles-mêmes.

Je fais en même temps connaître les propriétés généralement attribuées à ces préparations dont l'emploi n'est jamais dangereux, et peut à l'occasion rendre de grands services en prévenant quelquefois une maladie, et toujours en offrant aux convalescents de précieuses ressources.

J'ai eu soin de choisir les recettes peu coûteuses, peu compliquées, et dont l'exécution est mise à la portée de tout travailleur intelligent qui n'aura qu'à suivre mes indications.

EAU DE GOUDRON.

1 litre 1/2 d'eau,
100 grammes de goudron de Norwége ;

Mettez le goudron dans une carafe ou dans un vase de porcelaine :

Remplissez avec l'eau ;

Remuez quatre fois en vingt-quatre heures ;

Jetez cette première eau ;

Remplissez de nouveau, et laissez infuser douze heures ;

A mesure que vous en buvez, remplissez la carafe d'eau nouvelle ;

Le goudron ne se remplace que tous les mois.

Cette eau peut se boire seule ou avec du vin ;

Elle est regardée comme un bon dépuratif.

EAU FERRÉE.

Mettez dans une carafe ou dans un vase en terre :

300 grammes de clous neufs avec 2 décilitres d'eau ;

Huit jours après, remplissez avec 1 litre d'eau, et faites-en usage avec le vin pendant les repas ;

Il suffit de prendre un seul verre d'eau ferrée par repas ;

Remplissez d'eau la carafe au fur et à mesure des besoins ;

Cette eau convient aux tempéraments lymphatiques, surtout aux jeunes filles dont la croissance se fait difficilement.

EAU DE RHUBARBE.

Mettez 30 grammes de racine de rhubarbe de Chine dans une carafe de 1 litre ;

Emplissez d'eau ;

Laissez infuser deux jours ;

Aux repas, mélangez cette boisson avec le vin, et n'en prenez que la valeur d'un verre à chaque repas ;

Remplissez la carafe après chaque repas, et changez la racine tous les quinze jours ;

Cette eau donne du ton à l'estomac, diminue les pituites et facilite la digestion.

EAU DE GENTIANE ET QUINQUINA.

Faites infuser à froid pendant cinq heures :
5 grammes de gentiane,
5 — de quinquina dans 1 litre d'eau.

Buvez cette boisson à vos repas, dans la proportion d'un tiers de vin et de deux tiers d'eau ;

Cette eau est tonique et fortifiante.

EAU DE HOUBLON.

Faites infuser 10 grammes de houblon dans 1 litre d'eau bouillante pendant une heure ;

Passez au tamis ;

Buvez aux repas un tiers de vin pour deux tiers d'eau de houblon ;

Cette boisson rafraîchissante purifie le sang, tonifie l'estomac.

EAU DE LAITUE.

Faites infuser pendant une heure 100 grammes de laitues dans 1 litre d'eau bouillante ;

Passez au tamis ;

Sucrez légèrement, et buvez tiède, par petites tasses ;

L'usage doit en être prolongé pendant un certain temps ;

La dose est de trois tasses par jour, une heure avant chaque repas ;

Cette eau est recommandée aux personnes qui éprouvent des maux d'estomac.

BOUILLIE POUR LES ENFANTS.

Les bouillies se font avec de la farine de froment, de l'arrow-root, de la farine de maïs blanc, ou de la fécule de pommes de terre.

La farine de froment est celle qui convient le mieux au tempérament des enfants.

Il faut avoir soin de faire la bouillie légère, pour les enfants délicats.

Il arrive, malheureusement, que cette première nourriture de l'enfance est presque toujours mal préparée ; elle est trop épaisse, ou elle contient des grumeaux ; quelquefois elle n'est pas assez cuite ; or c'est principalement une cuisson parfaite qui la rend digestive.

Il arrive souvent qu'un jeune enfant crie parce qu'il souffre de l'estomac, et, comme il ne peut dire ce qui lui fait mal, on le berce, et on le tourmente en croyant ainsi apaiser ses souffrances; mais le malaise dure jusqu'à ce que la digestion de la bouillie soit faite.

On fait cuire au four des farines destinées à préparer plus promptement la bouillie : c'est à mon avis un mauvais moyen; le meilleur consiste à mélanger la farine crue avec l'eau ou le lait, et à faire cuire directement le mélange.

MANIÈRE DE PRÉPARER LA BOUILLIE.

Mettez dans une casserole,
35 grammes de farine de froment, appelée gruau;
Délayez avec 6 décilitres de lait de bonne qualité;
Tâchez qu'il ne se forme pas de grumeaux, et, s'il y en avait quelques-uns, passez la bouillie dans une passoire fine;
Ajoutez un grain de sel et 5 grammes de sucre;
Mettez sur le feu et tournez avec la cuiller de bois pour que la bouillie ne s'attache pas au fond de la casserole;
Il faut au moins vingt minutes de cuisson;
Si la bouillie est trop épaisse, il faut y ajouter assez de lait pour qu'elle ait la consistance d'une sauce blanche;
Laissez refroidir, car elle ne doit être donnée que tiède.
J'ai remarqué souvent que les nourrices se pressent trop de faire manger la bouillie aux petits enfants; elles soufflent dessus, la passent dans leur bouche, ce qui n'est pas très-propre, et, malgré toutes ces précautions, la donnent encore trop chaude à leurs nourrissons.

BOUILLONS POUR LES MALADES.

BOUILLON DE POULET.

Prenez la moitié d'un poulet ;
Retirez-en la peau et la graisse ;
Pilez la chair et les os ;
Mettez dans une casserole ;
Mouillez avec 1 litre et demi d'eau et par petites parties en remuant avec la cuiller de bois ;
Ajoutez 20 grammes de poireaux coupés en morceaux et blanchis ;
Salez très-peu ;
Ajoutez vingt amandes douces mondées ;
Tournez le bouillon sur le feu jusqu'à ébullition ;
Laissez cuire vingt minutes sur le coin du fourneau ;
Passez dans une serviette, préalablement lavée à l'eau chaude et rincée.
On peut passer également au tamis de soie.

BOUILLON DE PERDREAU.

Dépouillez un perdreau ;
Retirez la graisse ;
Pilez chair et os ;
Mettez le tout dans une casserole avec 1 litre et demi d'eau ;
Salez légèrement ;
Ajoutez :
25 grammes de carottes émincées,

25 grammes d'oignons émincés et blanchis ;
Finissez comme le bouillon de poulet.

BOUILLON DE BOEUF.

Prenez 500 grammes de chair de bœuf sans graisse et sans nerfs ;
Pilez ;
Mettez dans une casserole ;
Ajoutez :
30 grammes de carottes émincées,
20 grammes d'oignons,
20 grammes de poireaux coupés en morceaux, blanchis et rafraîchis ;
Salez peu ;
1 litre et demi d'eau ; et finissez comme le bouillon de poulet.

Ces différents bouillons sont d'une grande ressource dans les longues maladies, ils aident à nourrir les convalescents tout en variant leurs aliments.

GELÉE DE VOLAILLE POUR MALADES.

Mettez dans une petite marmite un poulet maigre,
Deux pieds de veau désossés, dégorgés et blanchis,
500 grammes de jarret de veau sans os ;
Ajoutez 3 litres d'eau et peu de sel ;
Faites bouillir ;
Écumez ;
Garnissez avec 100 grammes de carottes,

100 grammes d'oignons,
100 grammes de poireaux blanchis et rafraîchis,
30 grammes d'amandes douces mondées ;

Faites mijoter sur le coin du fourneau jusqu'à ce que les pieds de veau soient cuits ;

Dégraissez parfaitement ;

Passez à la serviette ;

Ce bouillon doit être assez réduit pour former en se refroidissant une gelée de consistance légère ;

On clarifie cette gelée avec trois blancs d'œufs ;

Pour obtenir cette clarification, mettez les blancs d'œufs dans une casserole avec un demi-litre de gelée ;

Fouettez ;

Ajoutez le reste de la gelée ;

Mettez sur le feu et continuez à fouetter jusqu'au premier bouillon ;

Attachez une serviette sur une chaise ou un tabouret renversé ;

Faites en sorte que la serviette soit tendue également, mettez une casserole dessous et versez la gelée ;

Recommencez à la passer pour l'obtenir très-claire, en la faisant réchauffer ;

Ensuite mettez-la dans un endroit froid ou à la glace.

GELÉES SUCRÉES POUR LES MALADES.

GELÉE DE GROSEILLES.

Égrenez des groseilles pour en avoir 200 grammes ;

Préparez 3 décilitres de sirop à 30 degrés ;

Mettez les groseilles dans le sirop bouillant ;
Laissez infuser une heure ;
Passez dans une petite chausse bien propre ;
Faites tremper 10 grammes de grenétine pendant vingt minutes dans de l'eau filtrée (la grenétine est une gélatine de première qualité).

Après l'avoir trempée, mettez la grenétine dans un petit poêlon d'office avec 1 décilitre d'eau ;
Faites fondre au bain-marie en la remuant légèrement avec une cuiller d'argent.

Je ferai observer qu'il ne faut employer aucun ustensile étamé pour les gelées de couleur.

Lorsque la gélatine est fondue, mettez-la dans un bol, et laissez-la refroidir, sans attendre qu'elle commence à prendre ;
Mêlez le jus de groseilles ;
Mettez dans de petits pots à crème et faites prendre à la glace.

GELÉE D'ORANGES.

Pressez des oranges pour obtenir un demi-décilitre de jus ;
Filtrez ;
De mars à janvier, ajoutez un tiers de jus de citron ;
Préparez deux décilitres de sirop à 30 degrés ;
Ajoutez :
10 grammes de grenétine dissoute comme pour la gelée de groseilles ;
Mêlez sirop et grenétine ;
Remplissez les petits pots ;
Mettez à la glace.

GELÉE DE CITRONS.

Filtrez le quart d'un décilitre de jus de citron,
Mêlez à deux décilitres de sirop à 30 degrés ;
Ajoutez : 10 grammes de grenétine dissoute ;
Mêlez ;
Remplissez des pots et mettez à la glace.

GELÉE DE FRAISES ET FRAMBOISES.

Procédez comme pour la gelée de groseilles, mêmes proportions et même travail.

GELÉE DE CERISES.

Mêmes proportions de sucre, de fruits et de grenétine ;
Même travail.

PETITS POTS DE CRÈME.

CRÈME AU BOUILLON.

Mettez dans une terrine quatre jaunes d'œufs très-frais ;
Battez-les avec une cuiller ;
Mouillez avec trois pots de bouillon parfaitement dégraissé ;
Passez au tamis ;

Emplissez les pots et faites-les prendre au bain-marie ;
Mettez les petits pots dans une casserole avec de l'eau très-chaude ;
Couvrez-la d'un couvercle avec feu dessus ;
Évitez que l'eau ne bouille ;
Retirez du feu lorsque la crème est prise ;
Laissez les pots refroidir dans l'eau ;
Retirez-les, essuyez-les.
Ces petits pots se servent indifféremment chauds ou froids.

POTS DE CRÈME AU CAFÉ.

Mettez :
Quatre jaunes d'œufs dans une terrine, avec 60 grammes de sucre en poudre ;
Mêlez ;
Mouillez avec un pot d'essence de café et deux pots de lait ;
Finissez comme les petits pots au bouillon.

POTS DE CRÈME AU CHOCOLAT.

Faites fondre deux tablettes de chocolat à la vanille dans quatre pots de lait ;
Mettez dans une terrine :
4 jaunes d'œufs,
40 grammes de sucre ;
Ajoutez le chocolat ;
Passez au tamis ;
Remplissez les pots,
Et faites prendre au bain-marie.

POTS DE CRÈME A LA VANILLE.

Faites infuser dans quatre pots de lait une demi-gousse de vanille ;
Mettez quatre jaunes d'œufs,
40 grammes de sucre dans une terrine ;
Mêlez le lait ;
Passez au tamis,
Et faites prendre au bain-marie.

Les petits pots au zeste d'orange et de citron se font comme ceux à la vanille ;
Le zeste remplace la vanille dans l'infusion ;
Pour les petits pots à l'eau de fleurs d'oranger, on met cette eau dans la crème avant de la passer.

BLANC-MANGER.

Mondez 60 grammes d'amandes douces ;
Lavez et pilez-les parfaitement ;
Mouillez-les avec 2 décilitres d'eau ; exprimez pour en extraire le lait ;
Ajoutez 2 décilitres de sirop à 32 degrés,
Une demi-cuillerée à café d'eau de fleurs d'oranger,
Et 10 grammes de grenétine que vous ferez fondre, comme je l'ai indiqué pour la gelée de groseilles ;
Le blanc-manger n'est autre chose qu'un looch solidifié, mais plus agréable à prendre.

Je ferai observer que les mélanges qui ont rapport aux gelées et au blanc-manger doivent être faits à froid.

LAIT DE POULE.

Prenez deux jaunes d'œufs très-frais,
2 décilitres de lait,
25 grammes de sucre,
Une demi-cuillerée d'eau de fleurs d'oranger,
Mettez les jaunes dans une terrine;
Ajoutez : le sucre, le lait chaud, l'eau de fleurs d'oranger
Mêlez;
Passez au tamis,
Et servez très-chaud.

BOUILLON DE VEAU AUX HERBES.

C'est à tort que l'on prend du jarret de veau pour faire du bouillon;
La rouelle sans graisse ni peaux lui est préférable.
Prenez :
60 grammes de rouelle de veau,
2 litres d'eau,
100 grammes de laitues,
100 — d'oseille,
100 — de cerfeuil;
Épluchez toutes ces herbes, en ne laissant ni queues ni côtes;
Mettez dans la casserole la rouelle coupée en gros dés;
Faites bouillir;

Écumez ;

Salez un peu ;

Faites mijoter vingt minutes sur le coin du fourneau ;

Remettez en plein feu, et faites bouillir ;

Mettez les herbes épluchées dans le bouillon ;

Couvrez ;

Retirez du feu et laissez infuser une heure ;

Passez au tamis ou à la serviette ;

Ce bouillon se boit un peu plus que tiède.

Le bouillon de poulet se prépare de même, avec même quantité de viande,

Et en supprimant l'oseille.

PATE DE JUJUBE.

Prenez :

Jujubes,	250	grammes.
Gomme arabique,	1,500	—
Sucre,	1,000	—
Eau de fleurs d'oranger,	100	—
Eau filtrée,	1,700	—

Fendez les jujubes ;

Retirez les noyaux ;

Faites-les infuser dans 400 grammes d'eau pendant douze heures ;

Lavez la gomme à plusieurs eaux ;

Égouttez-la ;

Mettez-la dans un poêlon d'office avec 1,400 grammes d'eau ;

Ajoutez l'infusion de jujube passée au tamis ;

Faites dissoudre au bain-marie ;

Repassez le mélange au tamis ;

Ajoutez le sucre cassé en morceaux,

Et l'eau de fleurs d'oranger ;

Mettez au bain-marie *bouillant* pendant douze heures, c'est-à-dire qu'il faut que l'eau du bain-marie soit toujours en ébullition ;

Enlevez l'écume qui a formé peau,

Et coulez de l'épaisseur d'un demi-centimètre sur des plaques en fer-blanc, légèrement huilées ;

Mettez à l'étuve à une chaleur de 40 degrés ; lorsque la pâte est assez ferme, retournez-la et finissez de la sécher ;

Retirez-la de l'étuve ; coupez-la en morceaux en forme de losanges ou de carrés ;

Et réservez au sec.

PATE DE LICHEN D'ISLANDE.

Lichen,	500	grammes.
Gomme,	1,500	—
Sucre,	1,000	—

Mettez le lichen dans une bassine avec beaucoup d'eau, pour qu'il baigne largement ;

Faites bouillir cinq minutes ;

Égouttez sur tamis ;

Lavez à trois eaux ;

Égouttez et remettez dans la bassine avec 5 litres d'eau ;

Faites bouillir jusqu'à réduction de 3 litres de décoction ;

Passez à la serviette ;

Concassez la gomme, lavez-la, et ajoutez-la à la décoction ; faites dissoudre au bain-marie, et repassez avec pression ;

Mettez le sucre cassé en morceaux dans la bassine avec la gomme ;

Faites cuire en agitant avec l'écumoire ;

Lorsque la pâte a atteint la consistance voulue, coulez-la sur un marbre légèrement huilé ;

Laissez refroidir ;

Essuyez pour enlever l'huile ;

Coupez en morceaux carrés d'un centimètre et demi ;

Réservez dans une boîte et mettez au sec.

PATE DE RÉGLISSE.

Suc de réglisse de Calabre, 100 grammes.
Gomme arabique, 1 kilo.
Sucre, 1 kilo.

Lavez la gomme, et la concassez ;

Faites-la dissoudre au bain-marie dans 2 litres d'eau ;

Faites dissoudre le suc de réglisse dans 1 litre d'eau ;

Passez le tout au tamis de soie ;

Ajoutez le sucre cassé en morceaux, et faites réduire sur le feu en remuant avec l'écumoire ;

Lorsque la pâte est assez consistante, coulez-la sur des plaques en fer-blanc, à rebords de 2 centimètres, et légèrement huilées ;

Mettez à l'étuve, et, lorsque la pâte se détachera, retournez-la, en laissant sécher le côté qui était adhérent à la plaque ;

On conserve ces plaques de pâte dans des boîtes tenues au sec,

Et on coupe pour l'usage.

PETIT-LAIT.

Faites bouillir un litre de lait dans lequel vous jetterez 5 grammes d'acide citrique, fondu dans un demi-décilitre d'eau ;

Lorsque le lait est tourné, passez-le au tamis de Venise ;

Mettez dans une casserole un blanc d'œuf que vous ferez mousser avec un fouet à battre ;

Versez-y le petit-lait presque froid et mêlez ;

Remettez sur le feu et tournez avec le fouet pour empêcher que l'œuf ne s'attache au fond de la casserole ;

Au premier bouillon, retirez sur le coin du fourneau ;

Laissez bouillir deux minutes ;

Passez à la chausse ;

Laissez refroidir et tenez le petit-lait dans un endroit froid ;

On peut se dispenser de clarifier le petit-lait ;

La clarification ne lui donne aucune propriété particulière, mais le rend d'un aspect plus agréable.

SUCS D'HERBES.

Prenez :

Chicorée sauvage fraîche,	25 grammes
Cresson,	25
Laitue,	25
Fumeterre ;	25

Épluchez toutes ces herbes avec soin ;

Pilez-les ;

Et les passez avec expression dans une grosse serviette bien lavée ;

Filtrez le suc au papier.

PRÉPARATION DES FLEURS

POUR L'EMPLOI DES TISANES.

BOUILLON-BLANC.

Cette plante ne donnant jamais toutes ses fleurs à la fois, il faut les cueillir à mesure qu'elles s'épanouissent, les étendre sur une table en bois placée à l'ombre ;

Les remuer deux fois par jour ;

Et quand elles sont sèches, les conserver en sac ou dans des boîtes, dans un endroit bien sec et à l'abri de la lumière.

ORTIE BLANCHE.

Cueillez ces fleurs parfaitement exemptes d'humidité ;
Épluchez-les, faites-les sécher ;
Mettez en boîte,
Et conservez au sec.

TILLEUL.

Cueillez le tilleul de grand matin ;
Épluchez ;

Faites sécher ;

Réservez en boîte ou en sac.

SUREAU.

Comme les autres fleurs, cueillez les grappes de sureau avant le lever du soleil ;

Mettez-les dans un baquet ;

Couvrez-les d'une couverture pour les chauffourer (c'est le terme employé par les personnes à qui j'ai vu préparer cette fleur) ;

Lorsque la chaleur a mûri les grappes et qu'elles commencent à s'égrener,

Criblez ;

Ramassez les fleurs ;

Étendez-les sur une table placée à l'ombre ;

Mondez-les quand elles sont bien sèches ;

Il ne faut pas trop laisser chauffourer les grappes, parce que les fleurs rougiraient et perdraient leur parfum.

Lorsqu'on récolte cette fleur en assez grande quantité, on l'étend par terre dans des greniers.

ROSES TRÉMIÈRES.

Enlevez les fleurs des rameaux à mesure qu'elles sont écloses ;

Faites-les sécher jusqu'à ce que le cœur soit sec ;

Conservez en boîte.

CAMOMILLE.

Cueillez les fleurs sans y laisser la queue ;
Faites sécher sur une table ;
Remuez-les deux fois par jour jusqu'à ce qu'elles soient sèches ;
Si les fleurs sont très-grosses, veillez, pour qu'elles ne moisissent pas, à ce que l'intérieur soit parfaitement sec.

VIOLETTES.

Cueillez les fleurs sans la queue,
Faites sécher ;
Remuez de temps en temps,
Et mondez avant de mettre en sac.

FLEURS DE MAUVE.

Épluchez la mauve comme la violette ;
Faites sécher ;
Conservez en sac.

ROSES DE PROVINS.

Épluchez les roses pétale par pétale ;
Faites-les sécher sur une table de bois placée à l'ombre, comme il est indiqué pour les autres fleurs ;
Conservez en boîte dans un endroit sec.

COQUELICOTS.

Épluchez les coquelicots comme les roses de Provins ;
Faites sécher en couches excessivement minces ;
Détachez les pétales adhérents les uns aux autres ;
Faites sécher une seconde fois,
Et conservez en sacs.

FLEURS D'ORANGER.

Détachez les pétales,
Faites-les sécher,
Et conservez dans des boîtes.

FEUILLES D'ORANGER.

Cueillez des feuilles d'oranger moyennes ;
Faites-les sécher à l'ombre ;
Réservez dans des boîtes.
La cueillette doit être faite le matin.

BOURRACHE.

Coupez les sommités fleuries de la plante ;
Faites sécher à l'ombre sur une table de bois ;
Conservez en boîte.

FEUILLES DE RONCE.

On les récolte comme la bourrache et on la conserve de même.

PETIT CHÊNE.

Cueillez en fleur ;
Épluchez ;
Faites sécher,
Et conservez en boîte.

FLEURS DE GUIMAUVE.

Cueillez les fleurs avant le lever du soleil ;
Épluchez avec soin ;
Faites sécher,
Et conservez en boîte.

PETITE CENTAURÉE.

Réunissez la centaurée par petits bouquets d'une dizaine de tiges, attachés le long d'un cordon tendu dans un endroit chaud, aéré, à l'abri de la lumière ;
Et quand ils sont bien secs, conservez-les en boîte.

HYSOPE ET MENTHE.

Procédez de la même manière que pour la petite centaurée.

PLANTES AROMATIQUES.

Thym, laurier, romarin, sauge, fenouil, marjolaine, basilic.

. Toutes ces plantes s'attachent par petits bouquets et se font sécher comme je l'ai indiqué précédemment.

Elles se conservent en boîtes.

Il faut avoir soin que les boîtes soient complétement à l'abri de la poussière, si l'on veut conserver à ces plantes toutes leurs propriétés aromatiques.

PRÉPARATION DES TISANES.

Lorsqu'on prépare les tisanes, il faut employer des vases qui ne servent qu'à cet usage.

Généralement la décoction ou l'infusion ne doit pas être prolongée au delà d'une heure ;

Les diverses boissons ne seront pas trop chargées.

On fait bouillir les racines, et infuser les fleurs.

En été on fait des tisanes très-agréables et rafraîchissantes en faisant infuser des groseilles égrenées ou des cerises écrasées dans de l'eau bouillante,

Et sucrant cette boisson à volonté ;

Si l'on préfère des fraises, l'infusion se fait à froid.

Les oranges et les citrons coupés en rouelles, et qu'on fait infuser à chaud ou à froid, servent à préparer des limonades.

En général les tisanes tièdes se digèrent plus facilement.

CHAPITRE XXVIII

CONSERVES D'ŒUFS ET DE LAIT.

CONSERVATION DES OEUFS.

On a déjà essayé bien des procédés pour conserver les œufs, en employant, par exemple, le sel, le son, la sciure de bois de chêne, la paille, la cendre, etc.

Appert a soumis les œufs à l'eau d'un certain degré de chaleur, mais ce moyen ne lui a pas entièrement réussi, parce que l'œuf qui a subi un commencement de cuisson est impropre au travail de la pâtisserie; les biscuits, les meringues et les crèmes n'auraient plus alors la légèreté désirable.

En effet, le blanc de l'œuf se coagulant, il devient impossible de le fouetter.

On a essayé également de l'eau de chaux, qui a donné de meilleurs résultats; seulement on a reconnu qu'il était difficile de titrer exactement la quantité de chaux qu'il convient d'employer; puis la plus petite fêlure de l'œuf laisse introduire le liquide, et l'œuf, se durcissant, ne peut plus être employé que pour les salades.

Je crois que l'eau salée est le meilleur moyen de conservation.

Voici en quoi consiste le procédé :

Faites bouillir de l'eau et salez-la à 18 degrés, au pèse-sirop ;

Faites un premier rang d'œufs dans un tonneau ;

Couvrez-le de 8 centimètres d'eau salée ;

Mettez un second rang sur le premier ;

Couvrez encore de la même quantité d'eau salée, et continuez l'opération ;

Fermez le tonneau, et chaque fois que vous prendrez des œufs, laissez assez d'eau pour que la couche immédiatement inférieure soit toujours recouverte.

Les œufs qu'on veut conserver doivent être choisis aussi frais que possible ; cependant, s'ils étaient tout récemment pondus, il faudrait les laisser refroidir.

Ce procédé si simple et que j'ai vu depuis longtemps en usage, m'a paru si bien réussir, que je n'hésite pas à lui donner la préférence sur tous les autres.

CONSERVATION DU LAIT.

Comme pour les œufs, plusieurs procédés ont été proposés pour la conservation du lait.

Appert a fait l'expérience de l'enfermer dans des boîtes en fer-blanc et de le soumettre à l'action de la vapeur.

Ce moyen n'a pas réussi, parce que le corps gras se sépare facilement du petit-lait, sans pouvoir de nouveau lui être réuni.

En ajoutant des jaunes d'œufs il a obtenu un meilleur

résultat, mais il a dû renoncer à ce procédé, d'une exécution difficile.

Gay-Lussac faisait bouillir le lait en y ajoutant du bicarbonate de soude.

Il répétait cette opération tous les deux jours dans les temps frais, et tous les jours dans les grandes chaleurs, pendant plusieurs mois.

Ce procédé avait l'inconvénient d'exiger de 15 à 20 litres de lait pour en conserver 5 litres au bout de deux mois.

M. de Lignac a été plus heureux dans ses expériences :

Il a évaporé à une douce chaleur le lait, en ajoutant 50 grammes de sucre en poudre pour 1 litre de lait.

Il a ainsi obtenu un extrait consistant semblable au miel, et l'a enfermé dans des boîtes soudées et soumises à l'ébullition au bain-marie, pendant une heure.

Une cuillerée à bouche de cette conserve de lait, étendue de cinq cuillerées d'eau, donne un très-bon résultat.

Ce procédé me paraît donc devoir être recommandé.

FABRICATION DU BEURRE.

Il ne suffit pas toujours d'avoir d'excellent lait pour obtenir de bon beurre.

Avant tout, les ustensiles que l'on emploie doivent être d'une grande propreté.

L'eau froide, particulièrement en été, sera employée pour les lavages.

Ensuite la température du lieu où se fait le beurre ne dépassera pas 12 degrés centigrades en été et ne sera pas au-dessous pendant l'hiver.

Il faut avoir sous la main des seaux très-propres ;

Laver avec soin les pis de la vache ;

Traire et couler le lait dans des terrines en grès bien lavées et essuyées ;

Laisser monter la crème pendant quinze à dix-huit heures ;

Écrémer et mettre dans la baratte toute la crème provenant des terrines ;

Puis battre régulièrement : trop vite ou trop doucement nuit à la quantité et à la qualité du beurre ;

Retirer le beurre, et le mettre par pelotes dans des baquets remplis d'eau fraîche ;

Presser le beurre et le travailler avec les mains en le changeant souvent d'eau ;

Recommencer cette opération jusqu'à ce que le petit-lait soit entièrement sorti ;

Étaler des torchons de grosse toile bien propres ;

Mettre le beurre dessus ;

Recouvrir avec d'autres torchons et comprimer la masse pour en faire sortir le peu d'eau et de lait qui pourraient rester encore ;

Diviser le beurre en mottes ;

Envelopper de linge ou de feuilles de poirée, et mettre au frais.

BEURRE SALÉ.

Pour conserver le beurre, on n'a trouvé jusqu'à ce jour d'autre moyen que la salaison.

Il ne faut pas parler des beurres fondus, qui perdent toutes leurs qualités et dont la pâte et le goût se dénaturent.

Dans le pays d'Isigny, où les beurres sont réputés les meilleurs, on sale à 2^{kil},500 de sel pour 50 kilos de beurre.

Cette proportion de sel me paraît trop forte.

Une fois le beurre fait comme il vient d'être dit, on le met sur le saloir et l'on ajoute 2 kilos de sel blanc à 50 kilos de beurre.

Le mélange s'opère à l'aide de grands bâtons.

Ensuite on met le beurre dans des pots en grès et l'on couvre de sel d'une épaisseur d'un centimètre.

On ferme le pot avec une toile ficelée.

Je répète que l'opération du lavage est si importante, que c'est à mon avis de la perfection de cette opération que dépend la qualité des produits; et je suis convaincu que des beurres de Bretagne, vendus à des prix inférieurs, atteindraient la valeur de ceux d'Isigny, si les mêmes soins avaient été apportés à leur confection.

BEURRE FONDU.

Ce beurre ne se fait généralement qu'avec des qualités inférieures; on l'emploie pour les fritures, pour faire revenir les viandes et pour toutes les préparations qui exigent du beurre clarifié.

Faites fondre le beurre dans une grande marmite remplie à moitié, faites bouillir au bain-marie ;

Écumez à mesure et agitez avec l'écumoire pour empêcher que le beurre ne déborde ;

Ce beurre monte aussi rapidement à l'ébullition que le lait ;

Lorsque le beurre s'éclaircit et devient très-limpide,

Retirez du feu et écumez ;

Passez à travers une serviette,
Et mettez-le dans des pots de grès ;
Laissez refroidir ;
Couvrez les pots et conservez au froid.

Il faut avoir la précaution d'écumer avec soin, et de ne pas verser dans les pots le fond de la marmite, ce qui troublerait le produit et pourrait lui donner un mauvais goût.

MANIÈRE DE FABRIQUER LE CHOCOLAT.

1 kilo de cacao maragnan,
1 kilo caraque,
2 kilos de sucre ;
Triez le cacao pour en retirer tout ce qui est étranger à la fève ;
N'employez que les fèves qui sont saines ;
Torréfiez-les sur un feu doux jusqu'à ce que la peau se détache aisément ;
Brisez les fèves et vannez-les ;
Mettez le cacao dans un mortier de fer chauffé d'avance ;
Pilez-le jusqu'à ce qu'il forme une pâte molle ;
Ajoutez le sucre en poudre et continuez à piler afin de bien mêler le tout ;
Retirez du mortier et broyez par petites parties, avec un rouleau, sur une pierre constamment tenue chaude ;
Mettez dans des moules de fer-blanc qui contiennent 125 ou 250 grammes ;
Rangez les moules sur une plaque que vous tapoterez assez fortement pour les secouer et tasser la pâte ;
Laissez refroidir ;

Démoulez ;
Recouvrez d'une feuille d'étain, et enveloppez de papier.

CHOCOLAT A LA VANILLE.

Procédez comme il est dit ci-dessus, et au moment où vous broyez le chocolat sur la pierre,
Ajoutez ·
90 grammes de vanille, pilée et passée au tamis de soie.

CHOCOLAT A LA CANNELLE.

Pour 1 kilo de chocolat,
Ajoutez 3 grammes de cannelle, pilée et passée au tamis de soie.

CHOCOLAT FERRUGINEUX.

20 grammes de limaille de fer pulvérisée pour 1 kilo de chocolat.
On né doit faire ce chocolat qu'en petite quantité, parce qu'il se conserve difficilement.

CHOCOLAT AU SALEP.

30 grammes de salep, pilé et passé au tamis de soie ;
Mêlez à 1 kilo de chocolat.
Nota. Dans les maisons où le personnel est nombreux et

où l'emploi du chocolat est de première nécessité, je conseille de faire confectionner le chocolat chez soi : on y trouve une grande économie.

La dépense pour l'achat des ustensiles sera bientôt compensée par la diminution du prix de revient et par la qualité supérieure du produit.

J'indique pour le sucre des proportions moindres que celles qui sont généralement employées par les fabricants. Ce n'est point la quantité de sucre qui fait la qualité du chocolat ; elle ne sert qu'à en diminuer le prix de revient.

DISSERTATION SUR LES VINS.

Je termine cet ouvrage par quelques considérations sur l'usage des vins, sur leurs qualités au point de vue de l'hygiène, de l'alimentation et du service de la table.

Les vins ayant une grande influence sur la santé, il faut en user avec discernement.

Les enfants lymphatiques et délicats devront boire de préférence des vins généreux coupés avec trois quarts d'eau ; à la fin du repas on peut leur permettre un peu de vin pur.

Les enfants sanguins et robustes ne devront faire usage que de vins légers provenant du Bordelais ou de la Bourgogne, toujours mouillés avec au moins trois quarts d'eau ; le vin pur ne sera pour eux qu'une rare exception.

Je conseille aux vieillards les vins vieux, en petite quantité ; l'abus nuit à l'usage, et, s'ils devaient faire un excès, ce serait plutôt en moins.

Il ne faut pas toujours juger, en voyant un homme de haute stature et en apparence vigoureusement constitué, qu'il est réellement doué d'un fort tempérament; ces signes sont trompeurs. L'estomac en effet peut être mauvais, le sang pauvre, les muscles faibles.

Au contraire, un homme de petite taille peut avoir toutes les qualités physiques qui manquent au premier, et c'est réellement lui qui sera le plus fort et le plus robuste.

Aux personnes de cette dernière catégorie, je conseille les vins légers mêlés d'eau, le sang chez eux n'ayant pas besoin d'excitation.

Agir autrement serait s'exposer à des congestions cérébrales et à des apoplexies.

Cette vérité est malheureusement trop souvent démontrée par les accidents qui tourmentent les dernières années des viveurs.

A cette occasion je m'appuierai de l'opinion d'un savant, M. le docteur P. Gaubert, *Sur la stimulation des vins*. Il dit:

« Le centre circulatoire, comme l'estomac, les intestins et le poumon, donne lieu à la faiblesse ou à la délicatesse de la constitution. Cela se voit toutes les fois que, soit par une disposition héréditaire, soit par une disposition acquise, le cœur est doué d'une irritabilité exagérée sans changement notable dans son volume; lorsqu'il est hypertrophié dans son ensemble ou dans quelqu'une de ses parties; lorsque par suite d'un rhumatisme aigu il conserve à sa surface interne les traces d'une inflammation chronique ou subaiguë. Les constitutions faibles ou délicates par ces causes ont besoin de veiller sur les *effets nuisibles de la stimulation diffusible dont les vins chauds sont le type*. Cette attention est d'autant plus nécessaire que, surtout pour les hommes parvenus vers le milieu de la vie, le mal est souvent sans remède lorsqu'ils s'aperçoivent, par quelque sensation douloureuse y répondant, que le cœur peut être malade. Cet organe n'est pas, comme notre peau ou l'extrémité de nos doigts, dans un rapport incessant avec le centre de nos perceptions, et il arrive souvent qu'un état grave l'occupe depuis un grand nombre d'années, ou même depuis le moment de la naissance, sans que nous en ayons connaissance.

« L'irritabilité du centre cérébral, la facilité à se congestionner, à devenir douloureux dans sa substance, ou à propager au dehors les névroses si pénibles que l'on nomme migraines, offrent encore, en ce qui touche l'*usage du vin*, les éléments de la constitution faible ou délicate par manque d'équilibre. Les personnes robustes en apparence par l'ensemble de leur machine nous offrent des exemples à peu près aussi nombreux que les personnes délicates. Que ces dispositions du cerveau soient congénitales ou acquises, elles veulent être éclairées de bonne heure sur *l'usage et le choix des vins*.

« En dehors des grands organes, foyers régénérateurs de la vie matérielle, des systèmes moins importants donnent à la constitution une délicatesse, une faiblesse partielle, si je puis ainsi dire, mais très-réelle en ce qui touche l'*usage* du vin.

« Telle personne ne peut recevoir une stimulation vive du système d'organes qui concourent à la vision, soit directement par l'effet de l'air et de la lumière, soit sympathiquement par l'alimentation alimentaire ou alcoolique, sans éprouver des phénomènes d'irritation, de congestion, d'inflammation vers les yeux. »

SERVICE DES VINS.

J'ai eu souvent lieu d'observer par moi-même, et de recueillir l'opinion intelligente de plusieurs gourmets sur la succession des vins dans le service des grands repas.

On est généralement dans l'habitude d'offrir, après le potage et le poisson, du vin de Madère, de Marsala et de Xérès, mais je donnerais la préférence aux vins de Sauternes, de Graves, de Chablis, de Pouilly, de Meursault et de Montrachet.

Ces vins, en y comprenant la tisane de Champagne, doivent toujours être servis frais.

Ils ne paralysent pas l'appétit comme les premiers, et ne dépassent pas l'action d'une légère stimulation sur l'estomac.

A cette occasion, je me permettrai de faire une comparaison : le prélude d'un dîner me paraît analogue à celui d'un brillant morceau de musique : si la grosse caisse, l'éclat des cymbales, la sonorité des cuivres commencent à m'assourdir, je ne serai plus apte à goûter les parties les plus délicates de l'harmonie.

De même dans un dîner, si l'amphitryon commence à m'exciter avec des vins fortement alcoolisés, je serai blasé quand il faudra apprécier les délicatesses de tout son service.

Buvons donc les vins légers pendant le premier service; réservons pour le rôti ceux qui sont plus capiteux, nous n'en serons que mieux disposés à goûter les grands vins qui devront suivre, tels que les Corton, Clos-Vougeot, Romanée-Conti, Pomard (Bourgogne) et Saint-Julien, Gruau-Laroze, Léoville, Laffitte et Château-Margaux (Bordeaux); quand viendra le moment du dessert, apparaîtront les Malaga, Alicante, Rivesaltes, Malvoisie, Lacryma-Christi, Constance, Tokay et les meilleurs vins de Champagne frappés.

On trouvera à la fin de ce chapitre une liste assez étendue de tous les grands vins et des vins d'ordinaire, parmi lesquels chacun pourra choisir ce qui lui convient.

On critiquera peut-être le programme que je propose pour le premier service, mais je prie mes contradicteurs de se livrer à une sérieuse expérience avant de me condamner. Si la science du cuisinier consiste à faire manger sans fatiguer l'estomac, l'art du sommelier est de faire boire sans frapper le cerveau.

Ce serait un luxe de mauvais goût que d'offrir un trop grand nombre de vins; la variété sans la profusion suffit; leur qualité doit surtout appeler l'attention du maître de maison; et je n'entends pas seulement la qualité des grands vins, mais aussi, et surtout, celle des vins ordinaires. En effet, il y a bien des personnes qui, dans un dîner, soit par goût, soit par raison de santé, ne boivent pas d'autre vin que du vin ordinaire pendant tout le repas.

Je dirai en terminant de quels soins les vins doivent être l'objet avant le service.

Les vins ordinaires, généralement servis dans des carafes de même forme et de même dimension que les carafes d'eau, doivent toujours être frais; en hiver, il suffit de les monter de la cave au moment du dîner; l'été, ils peuvent être rafraîchis dans la glace, et à défaut dans de l'eau de puits plusieurs fois renouvelée.

Les vins de Bordeaux doivent être montés de la cave quelques heures avant le service, afin qu'ils prennent la température de la salle à manger. C'est une erreur de croire que leur exposition au feu les améliore.

Les vins de Bourgogne aiment à être servis frais, ce qu'il ne faut pas confondre avec froids; car si la température était trop basse, il y aurait lieu de mettre les bouteilles quelque temps d'avance dans un endroit assez chaud.

Le vin de Champagne au contraire doit à la glace toute l'expansion de ses qualités : frappez donc ce vin pétillant, ami de la gaieté; il mettra le comble aux éloges que vous avez le droit d'attendre de vos convives.

VINS FRANÇAIS.

GRANDS VINS FRANÇAIS.

La Gironde produit les : Château-Laffitte, — Château-Margaux, — Château-Latour, — Château-Haut-Brion, — Rozan, — Gorse, — Léoville, — Château-Larose, — Brane-Mouton, — Pichon-Longueville, — Calon, — Pauillac, — Pessac, — Saint-Estèphe, — Saint-Julien, — Reignac, — Castelnau, — Médoc.

Les grands vins blancs, aussi renommés que les vins rouges, comprennent les : Sauternes, — Château-Yquem, — — Sauternes-Saluce, — Carbonieux, — Pontac, — Sainte-Croix, — Pujol, — Langon, — Graves.

La Drome donne les Ermitages de plusieurs classes comme vins rouges.

Les blancs supérieurs sont : l'Ermitage, — Mercurol, — et Dié.

Le RHONE n'a comme grands vins que : la Côte-Rôtie, — Vérinay, — le Condrieu.

VAUCLUSE, comme vins rouges, donne les Côteaux-Brûlés, — Clos de la Nerthe, — et Saint-Patrice.

Le GARD, comme vins de tête, produit : Thuzelan, — Tavel, — Saint-Geris, — Lirac, — Lenedon.

L'ARDÈCHE, comme vins rouges : Cornac, — Saint-Josèphe ;

Les vins blancs sont : Saint-Péray, — et Saint-Jean.

La COTE-D'OR. — Reine vinicole de la France pour les grands produits, tels que : Romanée-Conti, — Chambertin, — Clos-Vougeot, — Laperrière, — Richebourg, — Musigny, — Latache, — Romanée-Saint-Vivant, — Saint-George, — Prémeau, — Du Tart, — Saint-Jacques, — Mazi, — Morjot, — Nuits, — Chambolle, — Volnay, — Pomard, — Beaune, — Savigny, — Meursault, — Chassagne, — Santenay.

Les vins blancs, moins nombreux que les rouges, ne leur

cèdent en rien comme qualité et finesse de goût ; je citerai : le Montrachet, — Chevalier-Montrachet, — Bâtard-Montrachet, — Perrière, — Combette, — Goutte-d'or, — Santenot, — Charmes, — Meursault, — Rougeot.

La Marne, cet heureux département, possède les grands crus de la Champagne, tels que ceux de : Verzenay, — Bouzi, — Mailly, — Verzy, — Clos-Saint, — Thierry, — Sillery, — Clozet, — Aï, — Pierry, — Cramant, — Avise, — Oger, — Lemeuil, — Épernay, — Cumière.
C'est avec ces crus si renommés qu'on fabrique les meilleurs vins mousseux.
Il y a aussi des vins rouges de Champagne qui sont très-fins de goût et très-agréables, mais il faut observer que leur peu de richesse alcoolique empêche qu'ils ne soient de bonne garde.

L'Yonne nous donne des vins très-estimés, tels que : — Côtes-Olivotte, — Migraine, — Préaux, — Chaînette, — Clairion, — Quétard, — Chapotte, — Rosoir, — Francy, — Coulange.

Les vins blancs sont aussi estimés que les rouges et viennent des crus de : Vaumorillon, — Grisées, — Clos de Val-Mur, — Grenouille, — Vaudesir, — Bourguereaux-Chablis.

Saone-et-Loire. — Ce département nous fournit les : Moulin-à-vent, — Thorins, — Chenac, — Fleury, — Romanèche, — Chapelle-Guinchey, — Mercurey, — Gevry ;

Les vins blancs de Pouilly, — Fuissey, — Solutré, — et Chaintré, sont aussi des produits de ce département.

Jura. — Célèbre par ses vins blancs : d'Arbois, — Château-Châlon, — l'Étoile de Quintigel.

Bas et Haut-Rhin. — Renommés à juste titre pour les vins blancs de : — Molsheim, — Volxheim, — Guebwiller, — Turckheim, — Riquewihr, — et les brillants, délicats et parfumés Ribeauvillés.

VINS ORDINAIRES FRANÇAIS.

Après la liste des grands vins, je crois utile de donner celle des bons vins ordinaires.

Les vins qu'on mélange avec les petits vins pour donner à ceux-ci la couleur et la vinosité qui leur manquent sont les Roussillon, Narbonne, Gaillac, Marseille et Cahors.

Les Bouches-du-Rhone fournissent dans les environs de Marseille des vins d'excellent goût, très-beaux de couleur et très-corsés.

Ces vins supportent parfaitement l'eau, et sont employés comme vins de ménage ; ils ne doivent être pris purs qu'en très-petite quantité.

Ce sont les vins de : Château-Gomber, — Quartier des Olives, — Léon Kint, — Henry Cuque.

Le Gard fournit aussi des vins des crus de : Saint-André, — La Casagne, — Laube, — Petit-Casagne, — Perouse ;

Ces vins, comme les précédents, supportent très-bien l'eau.

Le Tarn possède les vins de : Cunac, — Caisequet, — Saint-Juéry, — Saint-Amarans ;

Ces vins ont quelque ressemblance avec les mâconnais ordinaires.

Hérault. — Parmi les crus nombreux de ce département, on distingue : Langlade, — Saint-Drézery, — Saint-Georges ;

Lunel et Frontignan produisent des vins muscats renommés.

La Haute-Garonne fournit des produits dont on distingue les : Villandric, — Fronton-Montesquieu, — De Volvestre, — Buzet, — Cugnaux ;

Tous ces vins produisent de très-bons ordinaires, mêlés avec de l'eau. — Ils servent aussi à viner les petits vins.

Basses-Pyrénées. — Ce département produit des vins très-généreux et recherchés pour l'exportation. On cite parmi eux les : Coteaux de Moneins, — Aubertin, — Luc, — Lasseube, — Jurançon.

Var. — Les produits du Var sont le : Baudot, — Castelet, — Saint-Cyr, — Bauset ;

Ces vins peuvent être bus comme très-bons ordinaires.

Ariége. — Les produits de ce département sont généralement peu exportés. — Ils méritent cependant d'être connus. — Ils se nomment vins des Bordes et de campagne d'Engravies.

Saone-et-Loire. — C'est dans ce département que se trouvent les : Mercurey, — Touche, — Estroy, — Bourgneuf ;

Ces vins sont précieux par leur légèreté, leur parfum vif et délicat, et ont encore le mérite d'être de très-bonne garde. — Ils doivent être classés parmi les bons ordinaires.

Yonne. — Ce département fournit à l'alimentation les meilleurs ordinaires que l'on puisse rencontrer, tels que les vins de : Auxerre, — Tonnerre, — Cheney, — Molosem, — Vermanton, — Vezinnes, — Juniac, — Saint-Martin-sur-Armançon, — Saint-Julien-du-Saut, — Joigny ;

Tous ces vins, bus dans leur séve, sont d'un goût agréable.

Rhone. — Les vins du Rhône que l'on peut recommander sont : les Villiers, — Reigner, — Durette, — Étoux, — Cercie, — Jasseron, — Vadoux ;

Tous ces vins sont bons à boire dès la deuxième année.

Drome. — On cite parmi les produits de ce département

les vins d'ordinaire dont les noms suivent : Saillan, — Verchemy, — Dié, — Dozère, — Roussai, — Montélimar, — Mont-Ségur, — Gery;

Tous ces vins sont très-bons à boire après quatre ans.

Gironde. — Ce département produit beaucoup de vins pour l'ordinaire, tels que : Médoc ordinaire, — Graves rouge, — Blaye, — l'Palus, — Queyries, — Côtes d'entre-deux-mers.

La consommation des vins ordinaires se partage entre ceux-ci et ceux de la Bourgogne.

Loiret. — Les vins d'Orléans, et ceux de Beaugency surtout, sont très-agréables à boire.

Le goût particulier de terroir des vins blancs de Vouvray ne les empêche pas d'être classés dans les très-bons ordinaires.

VINS ÉTRANGERS LES PLUS USITÉS.

Ce sont surtout ces vins qu'il ne faut pas acheter uniquement d'après l'étiquette ; les goûter est déjà très-difficile, et si l'on n'est pas assez connaisseur, la confiance est le meilleur guide.

Je citerai les vins : d'Acqui, — Valence, — Tortone, — Alexandrie, — Casal, — Turin, — Pignerol, — Saluces, — Alba, — Baroto (dans les Langhe), — Alzona (province de Verceil), — le Johannisberg, — le Rudesheim, — le Steinberg, — le Grafenberg, — le vin de Kidrieh, — le

Liebfrauenmilch (lait de Notre-Dame), — le d'Asmanhausen, — le Bleichert.

Les vins de Xérès de première qualité et de Paxarete, livrés purs à la consommation et surtout sans addition d'eau-de-vie, se trouvent difficilement dans le commerce.

Xérès de deuxième qualité, — Rancio, — Peralta, — les vins blancs secs de Montilla et de Malaga ;
Ces vins sont des auxiliaires agréables de la digestion.

Les vins blancs secs de grande qualité de Portugal sont ceux de : Celleiros, — Setuval, — Termo, — Bucellas, — Carcavellos.

Pour les vins de Hongrie, on compte dans les premiers crus, ceux de : — Bude, — Sirmien, — Erlau, — Rutz ;
Et parmi les vins blancs ceux : de Schirarker, — du mont Calemberg, — et ceux de Luttenberg en Styrie.

Je recommande encore parmi les vins blancs secs de l'Italie : le Marsala, et ceux de Castel Veterano en Sicile.
Également les vins de Madère rouges, nommés Tinto, et ses vins blancs secs.
Le madère sec, de première ou de deuxième qualité, lorsqu'il n'a subi aucune addition, est le plus distingué de tous les vins de son espèce.

VINS DE LIQUEUR.

Il n'y a rien de comparable aux vins de : Tokai (de la haute Hongrie), — Lacryma-Christi (qui se récolte au pied du Vésuve), — Muscats rouges et blancs (de la Sicile et de la Toscane), — Alicante, — de Rosa, — de Xérès, — de Paxarete, — de Malaga, — Malvoisie, — et de Pedro-Ximénès d'Espagne, — les vins de Constance (du Cap), — et les vins de Madère-Malvoisie.

AGE AUQUEL IL FAUT BOIRE LES VINS.

Porto (6 ans), — Madère (6 ans), — Xérès (6 ans), — Vin d'Espagne brun, — Callavella (4 ans), — Lisbonne, — Malaga (3 ans), — Bucellas, — Madère rouge (4 ans), — Madère-Malvoisie (5 ans), — Muscat (3 ans).

Champagne rouge, — Champagne blanc, — Ermitage blanc, — Ermitage rouge, — Roussillon, — Rivesaltes (20 ans), — Banyuls (20 ans), — Collioure (15 ans), — Salces (10 ans) ; — La Palme (10 ans), — Sigean (8 ans), — Carcassonne (8 ans), — Béziers (8 ans), — Montpellier (5 ans), — Lunel (8 ans), — Frontignan (5 ans).

Les vins les plus agréables, les plus recherchés ne sont pas les plus riches en alcool, comme le prouve la comparaison entre les vins de Bordeaux, de Bourgogne et de Champagne, et ceux de Narbonne, de Béziers, de Montpellier ; les bons vins du Midi renferment des proportions d'alcool beaucoup plus considérables que les autres, d'où ils tirent leur importance pour les coupages.

L'accroissement de la proportion d'alcool dans les vins, à mesure qu'ils vieillissent, est un fait constant : ce qui explique pourquoi les vins vieux sont toujours plus chauds et plus stimulants que les vins jeunes du même cru.

En Espagne on ajoute de l'alcool aux vins destinés à l'exportation, surtout pour la consommation de l'Angleterre.

Quant à l'influence que l'alcool exerce sur nos organes, on peut dire que les vins légers, vifs et peu colorés, agissent à la façon d'un feu clair et pétillant de sarments, tandis que ceux du Midi communiquent la chaleur douce et profonde d'un foyer puissant que recouvre la cendre.

FIN.

TABLE DES MATIÈRES

NOTIONS PRÉLIMINAIRES. Ustensiles et appareils.............		1
CHAPITRE	I. Du bœuf salé et fumé.............	13
—	II. De la charcuterie.............	19
—	III. Des poissons salés, fumés et marinés.............	55
—	IV. Des terrines de volaille, de gibier et de poisson.......	63
—	V. Des conserves en boîtes.............	73
—	VI. Des poissons en boîtes.............	93
—	VII. Légumes confits au vinaigre.............	97
—	VIII. Légumes à l'eau de sel.............	109
—	IX. Consommés, sauces et purées.............	115
—	X. Des conserves de légumes à la vapeur ou au bain-marie.............	127
—	XI. Des conserves de fruits au sirop, au bain-marie ou à la vapeur.............	141
—	XII. Des purées de fruits conservées à froid.............	159
—	XIII. Des gelées de fruits.............	163
—	XIV. Des salades.............	175
—	XV. Des sirops.............	185
—	XVI. Diverses recettes pour les soirées.............	203
—	XVII. Sorbets et glaces.............	243
—	XVIII. Les bischoffs, les punchs et les sabayons.............	253
—	XIX. Des compotes fraîches.............	269
—	XX. Fruits glacés au sucre, au cassé, dit caramel.........	285
—	XXI. Les petits fours.............	290
—	XXII. Des marmelades.............	321
—	XXIII. Fruits confits.............	329
—	XXIV. Des bonbons.............	343

CHAPITRE XXV.	Des fruits à l'eau-de-vie	373
— XXVI.	Des liqueurs	377
— XXVII.	Recettes pour les malades et les convalescents	393
— XXVIII.	Conserves d'œufs et de lait	418

II

TABLE ALPHABÉTIQUE

A

ABRICOTS à l'eau-de-vie. 374
— entiers confits. 335
— glacés au sucre et au cassé. 288
— par moitiés. 143
— verts confits. 111, 337
— (compote d'). 276
— (glaces aux). 254
— (marmelade d'). 321
— meringues italiennes aux. 310
— (purée d'). 154
— (purée d') à froid. 160
— (tartelettes d'). 313
ABSINTHE (liqueur d'). 386
ACACIA (liqueur d'). 387
AGNEAU (conserves d') en boîtes. 75
— (côtelettes d') en boîte. 76
— (épaules d') farcies en boîte. 76
— (ris d') en boîte. 76
AMANDES vertes confites. 337
— vertes glacées. 287
— (chocolat aux) grillées. 353
— (croissants aux). 314
— (macarons aux) amères. 295
— (mousses au lait d'). 250
— (pains d'). 360
— (pâte d') au candi et au marasquin. 360
— (pâte d') à la vanille. 361
— (pâte d') glacée au fondant de lait d'amandes. 368
ANANAS confits en forme de beignets. 338
— entier. 142
— pour compote. 142
— (compote d'). 273
— (glaces à l'). 253
— (liqueur d'). 386
— (marmelade d'). 316
— (parures d'). 143
— (pastilles d'). 356

ANANAS (punch chaud à l'). 260
— (punch froid à l'). 264
— (purée d'). 153, 161
— (salade d'). 265
— (tartelettes d'). 312
ANCHOIS (canapés d'). 238
— (marmelade aux). 108
ANDOUILLES de Lorraine. 52
ANDOUILLETTES. 39
ANGÉLIQUE confite. 339
— (crème d'). 382
— (nonnettes à l'). 316
ANGUILLE fumée. 56
— (filets d') marinés. 59
— (saucisson d') au maigre. 46
ANIS (petits pains à l'). 236
— (bâtons aux) de Verdun. 304
— (flûtes d', de Verdun. 232
ANISETTE (raisin glacé à l'). 368
ARTICHAUTS entiers. 129
— en quartiers. 131
— (fonds d'). 130
— (fonds d') à l'eau de sel. 110
— (purée d'). 120
ASPERGES. 136
— (sirop d'). 195
ASSAISONNEMENTS. 10
AVELINES glacées au cassé. 288
— pralinées. 364
— (bâtons aux). 316
— (chocolat grillé aux). 352
— (glaces aux). 251
— (pâte d') au candi. 361

B

BARBUE en boîtes. 93
BARQUETTES salées. 232
BATONS aux anis de Verdun. 304
— aux avelines. 316

TABLE ALPHABÉTIQUE

BATONS à l'orange. 236
— aux pistaches. 302
— de vanille. 302
BÉCASSES en boîtes. 83
— (petits pains de chaud-froid de). 224
— (terrine de). 66
BÉCASSINES en boîtes. 84
— (terrine de). 67
BECFIGUES en boîte. 84
BEIGNETS de crème d'amandes. 216
— d'oranges au sucre. 267
— soufflés, dits pets de nonne. 215
BERLINGOTS au café. 356
— à l'orange. 355
— de Rouen. 354
— à la vanille. 355
BETTERAVES au cumin. 99
— marinées. 98
BEURRE fondu. 421
— salé. 420
— (biscuits au). 309
— (fabrication du). 419
BIGARADES confites. 334
BISCHOFF. 255
— au vin de Chablis. 255
— au vin de Champagne. 256
— au vin de Johannisberg et de Sparkin. 257
— au vin de Marsala. 257
— au vin de Picardan. 257
— au vin de Pouilly. 255
— au vin du Rhin. 256
— d'été au vin de Sauterne. 256
BISCOTINS à la cannelle. 231
BISCOTTES au chocolat glacées à la vanille. 297
— glacées au citron. 299
— glacées aux fraises. 298
— grillées. 296
BISCUITS anglais. 308
— au beurre. 309
— à la cuiller. 292
— hollandais. 306
— italiens. 292
— portugais. 291
BITTER. 383
BLANC-MANGER. 404
BLÉ de Turquie au vinaigre. 102
BOEUF braisé en boîte. 74
— rôti pour les chasses (canapés de). 240
— salé et fumé. 13
— (filet de) en boîte. 73
— (langue de) salée. 17
— (langue de) salée et fumée. 17
— (poitrine de) salée. 16
BOITE A FUMER. 14
BONBONS. 343
— à liqueur. 348
— (couleurs pour les). 12
— (infusion pour les). 346
BONBONS-LIQUEURS. 351
BOUCHÉES de dames. 299
BOUDIN blanc. 49
— noir. 31
— de sanglier. 45

BOUILLIE pour les enfants. 396
— (manière de préparer la). 397
BOUILLON blanc (fleur de) pour tisane. 410
— de bœuf. 399
— de perdreau. 398
— de poulet. 398
— de veau aux herbes. 405
— (crème au). 402
BOULES aux framboises. 359
— de gomme. 358
— à la menthe. 359
— à l'orange. 359
BOURRACHE pour tisane. 413
BRUGNONS (compote de). 278
— (marmelade de). 324
— (purée de). 154
BUNS au Corinthe. 212

C

CAFÉ (berlingots au). 356
— (caramels au). 357
— (essence de). 348
— (glaces au). 245
— (mousses au). 250
— (sabayon au). 262
— (œufs à la neige au). 211
— (pots de crème au). 403
CAILLES en boîte. 82
— (galantine de) en boîte. 87
CAMOMILLE (fleurs de) pour tisane. 412
CANAPÉS d'anchois. 238
— de bœuf rôti pour la chasse. 240
— de caviar. 239
— de homard. 239
— de jambon. 239
— de langues à l'écarlate. 239
— de saumon fumé. 240
— de thon. 240
CANARD DE BASSE-COUR en boîte. 82
— en pot. 89
— (terrine de). 67
CANARD SAUVAGE en boîte. 82
— en pot. 89
— (terrine de). 67
CANNELLE (biscotins à la). 231
— (chocolat à la). 423
— (pastilles à la). 371
CAPUCINES (graines de) au vinaigre. 104
CARAMELS au café. 357
— au chocolat. 357
— à la fleur d'oranger. 358
CARBONNADES en boîtes. 78
CARDONS. 134
— (purée de). 121
CARMIN. 12
CAROTTES pour garniture. 133
— au vinaigre. 103
— (purée de) pour potages. 122
CASSIS. 378
— (gelée de). 166
— (liqueur de bourgeons de). 385

TABLE ALPHABÉTIQUE. 443

CAVIAR (canapés de).	239
CÉDRATS confits.	331
— en quartiers.	332
— (écorces de).	333
CÉLERI rave.	135
— rave à l'eau de sel.	113
— (pieds de).	134
— (pieds de) à l'eau de sel.	112
— (purée de).	121
— (racines de) au vinaigre.	103
CENTAURÉE (petite) pour tisane.	414
CEPS de Bordeaux.	129
CERISES à l'eau-de-vie.	373
— pour compote.	148
— confites.	338
— confites (gelée de).	170
— fraîches glacées au cassé.	288
— glacées.	290
— glacées au fondant de kirsch.	368
— sans noyaux.	148
— (compote de).	276
— (gelée de).	168, 402
— (sirop de).	191
CHAMPIGNONS.	128
— (parures de).	128
— (purée de).	119
CHAPON (terrine de).	64
CHARCUTERIE.	19
CHAUD-FROID de bécasses (petits pains de).	224
— de filets de perdreaux (petites timbales de).	208
— de poulet (timbales de).	206
CHÊNE (fleurs de petit) pour tisane.	414
CHEVREUIL (filet de) en boîte.	84
— (gigot de) en boîte.	84
— (terrine de).	69
CHICORÉE.	132
— à l'eau de sel.	109
— (salade de).	181
CHOCOLAT aux amandes grillées.	353
— à la cannelle.	423
— à la crème.	353
— à la crème et aux pistaches.	354
— au salep.	423
— à la vanille.	423
— ferrugineux.	423
— grillé aux avelines.	352
— (biscottes au) glacées à la vanille.	297
— (caramels au).	357
— (glaces au).	252
— (macarons au).	296
— (manière de fabriquer le).	422
— (meringues italiennes au).	312
— (mousses au).	248
— (œufs à la neige au).	211
— (pastilles de).	370
— (pots de crème au).	403
— (pralines au).	363
— (purée de marrons au fondant de).	369
— (sabayon au).	263
CHOUCROUTE.	113
CHOUX rouges à l'anglaise.	98
— rouges au vinaigre.	97

CHOUX-FLEURS à l'eau de sel.	112
— au vinaigre.	99
CINQ RACINES (sirop des).	201
CITRONS confits.	334
— (biscottes glacées au).	299
— (gelée de).	167, 402
— (pots de zeste de).	401
— (sirop de).	192
COCHON, manière de le tuer.	19
— (fonte de la panne et du gras du).	53
— (fromage de).	33
— (pieds de) à la Sainte-Menehould.	29
— (tête de) farcie.	24
— (tête et pieds de) au naturel.	28
COCHON DE LAIT salé et fumé.	36
COINGS (gelée de).	166
— (liqueur de).	381
— (marmelade de).	328
— (purée de).	156
COMPOTE d'abricots.	276
— d'ananas.	273
— de brugnons.	278
— de cerises.	276
— de grenades.	280
— de groseilles en grappes.	275
— de groseilles rouges et blanches.	280
— de marrons.	274
— de marrons en vermicelle.	275
— d'œufs au caramel et à la vanille.	282
— d'œufs à l'espagnole au malaga.	280
— d'œufs au porto, au madère et à l'alicante.	283
— d'œufs au rhum.	281
— d'oranges.	273
— de pêches.	278
— de poires d'Angleterre.	271
— de poires de bon-chrétien.	269
— de poires de Catillac.	272
— de poires de martin-sec.	271
— de poires de rousselet.	272
— de poires de Saint-Germain.	271
— de pommes de calville.	272
— de prunes de mirabelle.	278
— de prunes de reine-Claude.	277
— de reinettes du Canada à la bonne femme.	279
— (cerises pour).	148
CONCOMBRES.	131
— au vinaigre.	100
CONFITURES d'oranges en quartiers.	322
CONSERVATION des divers légumes (procédé général pour la).	108
CONSERVES en boîtes.	73
— d'agneau en boîte.	75
— de foies gras.	89
— de fruits au sirop, au bain-marie ou à la vapeur.	141
— à la groseille.	349
— de légumes à la vapeur ou au bain-marie.	127
— mates.	349
— d'œufs et de lait.	417
— à l'orange.	349
— de truffes	88

TABLE ALPHABÉTIQUE.

CONSERVES à la vanille. 350
CONSOMMÉS. 115
COQ (rognons de) en boîte. 92
COQUELICOTS pour tisane. 413
— (sirop de). 198
CORNETS à l'italienne. 318
CORNICHONS pour hors-d'œuvre. 101
CORNOUILLES. 119
COTELETTES d'agneau en boîte. 76
— de mouton en boîte. 78
— de veau en boîte. 77
COULEURS pour les bonbons. 12
COURONNES à l'orange. 317
CRAQUELINS. 229
CRÈME d'amandes (beignets de). 216
— d'angélique. 382
— au bouillon. 402
— de fleurs d'oranger. 380
— de fraises. 387
— de framboises. 387
— de menthe. 382
— de vanille. 384
— (chocolat à la). 353
— (chocolat à la) et aux pistaches. 354
— (petits pots de). 402
— (pots de) au café. 403
— (pots de) au chocolat. 403
— (pots de) à la vanille. 404
CRÊPES au sucre et au sel. 214
CRÉPINETTES ou saucisses plates. 32
CRÊTES en boîte. 91
CREVETTES en boîte. 95
CROISSANTS aux amandes. 314
CROQUETS ordinaires. 228
— suisses. 226
CROQUIGNOLES ordinaires. 317
CUMIN ou kumel. 380
CURAÇAO. 370
— sec. 380

D

DATTES farcies. 286
DINDE (terrine de). 63

E

EAU de Botot. 391
— de Cologne. 392
— ferrée. 394
— de gentiane et quinquina. 395
— de goudron. 393
— de houblon. 395
— de laitue. 396
— d'or. 383
— de rhubarbe. 394
ÉCREVISSES en boîte. 95
ÉLIXIR hygiénique. 381
ÉPAULES d'agneau farcies en boîte. 76
ÉPICES pour l'assaisonnement des viandes. 10
ÉPINE-VINETTE. 152
— (gelée d'). 166

EPINE-VINETTE (sirop d'). 193
ESPAGNOLE. 116
ESSENCE de café. 316
— d'orange. 347
ESTRAGON (vinaigre à l'). 106
ESTURGEON (darne d') en boîte. 94

F

FAISAN en boîte. 83
— (galantine de) en boîte. 86
— (terrine de). 65
FILETS d'anguille marinés. 59
— de bœuf en boîte. 73
— de chevreuil en boîte. 84
— de maquereau marinés. 59
— de mouton, dits carbonnades, en boîte. 78
— de perdreaux (petites timbales de chaud-froid de). 208
— de soles en boîte. 94
— de soles marinés. 59
— de soles (terrine de) 70
FILTRATION. 187
FILTRE EN PAPIER (manière de faire un). 189
FLEUR D'ORANGER pour tisane. 413
— (caramels à la). 358
— (crème de). 380
— (gelée de). 173
— (pastilles à la). 367
— (sirop de). 198
— pralinée (macarons soufflés à la). 308
FLEURS (préparation des) pour l'emploi des tisanes. 410
— de petit chêne pour tisane. 414
— (gelée de). 172
FLUTES d'anis de Verdun. 232
FOIES gras (conserves de). 89
— (pain au). 203
— (pain de) en boîte. 90
— (terrine de). 65
FONDANT (préparation du). 343, 350
— arlequin. 351
— de chocolat (fraises glacées au). 369
— de chocolat (purée de marrons au). 369
— de fraises (fraises glacées au). 369
— de kirsch (cerises glacées au). 368
— de lait d'amandes (pâte d'amandes glacée au). 368
FRAISES. 153
— glacées au fondant de fraises. 369
— glacées au sucre. 290
— (biscottes glacées aux). 298
— (crème de). 387
— (gelée de). 402
— (gelée de) confites. 171
— (glaces aux). 252
— (marmelade de). 327
— (mousses aux). 250
— (pastilles aux). 366
— punch à la romaine aux). 265
— (purée de). 155
— (purée de) à froid. 160
— (sirop de). 193

TABLE ALPHABÉTIQUE.

FRAMBOISES. 153
— entières, rouges ou blanches (gelée de). 169
— (boules aux). 359
— (crème de). 387
— (gelée de). 168, 402
— (glaces aux). 253
— (marmelade de). 327
— (purée de). 155
— (purée de) à froid. 160
— (sirop de). 192
FRIANDS. 305
FRICASSÉE de poulet en boîte. 79
FROMAGE de cochon. 33
— d'Italie. 34
FRUITS confits. 331
— à l'eau-de-vie. 373
— glacés au fondant. 367
— glacés au sucre, au cassé, dit caramel. 285
— (glaces aux). 252
— (salades de). 265
— (salade macédoine de). 267

G

GALANTINE en boîte. 85
— de cailles en boîte. 87
— de faisan en boîte. 86
— de mauviettes en boîte. 88
— de perdreaux en boîte. 86
GALETTES salées. 205
GAUFRES flamandes. 217
— hollandaises. 219
— d'office. 220
— (petites) au gros sucre et au raisin de Corinthe. 319
GELÉE de cassis. 166
— de cerises. 168, 402
— de cerises confites. 170
— de citrons. 167, 402
— de coings. 166
— d'épine-vinette. 166
— de fleurs. 172
— de fleurs d'oranger. 173
— de fraises. 402
— de fraises confites. 171
— de framboises. 168, 402
— de framboises entières, rouges ou blanches. 169
— de grenades. 165
— de groseilles blanches de Bar. 169
— de groseilles rouges. 169
— de mûres. 168
— d'œillets rouges dits girofles. 173
— d'oranges. 168, 402
— de pieds de veau à l'anglaise. 222
— de poires d'Angleterre garnie de fruits. 171
— de pommes. 164
— de pommes de Rouen. 165
— de pommes (meringues italiennes à la). 311
— de roses. 172
— de verjus. 165
— de violettes. 172

GELÉE de volaille pour malades. 399
— pour conservs. 123
GENTIANE et quinquina. 395
GIGOT de chevreuil en boîte. 84
— de mouton rôti en boîte. 77
GINGER-BREAD. 226
GLACE de viande pour voyage. 125
GLACES et sorbets. 243
— aux abricots. 254
— à l'ananas. 253
— aux avelines. 251
— au café. 245
— au chocolat. 252
— aux fraises. 252
— aux framboises. 253
— aux fruits. 252
— aux groseilles. 254
— à la vanille. 244
GOMME (boules de). 358
— (sirop de). 195
GOUDRON (eau de). 393
— (sirop de). 201
GRENADES (compote de). 280
— (gelée de). 165
— (sirop de). 194
GROSEILLES blanches. 152
— glacées en grappes. 289
— rouges. 152
— rouges et blanches (compote de). 280
— en grappes (compote de). 275
— (conserves à la). 349
— (gelée de) pour malades. 400
— blanches de Bar (gelée de). 169
— rouges (gelée de). 169
— (glaces aux). 254
— (pastilles à la). 366
— (sirop de). 191
— à maquereau (purée de). 156
— à maquereau au sucre (purée de). 157
GUIMAUVE (fleurs de) pour tisane. 414
— (pâte de). 371
— (sirop de). 200

H

HARENGS salés. 57
— saurs à l'huile. 61
HARICOTS flageolets. 133
— verts à l'eau de sel. 111
HERBES (sucs d'). 409
HOMARDS en boîte. 95
— (canapés de). 239
HORS-D'ŒUVRE (canapés pour). 238
HOUBLON (eau de). 395
HUILE de merises framboisées. 388
HUITRES conservées au bain-marie. 62
— marinées. 62
HYSOPE pour tisane. 415

I

INFUSION pour les bonbons. 346

TABLE ALPHABÉTIQUE.

J

JAMBON de Bayonne.	20
— de Lorraine.	22
— ordinaire, dit jambon de pays.	23
— de Reims.	23
— (canapés de).	239
JASMIN (liqueur au).	388
JAUNE végétal.	12
JUJUBE (pâte de).	406

K

KARRIK des Indes.	11
KOUQUES.	229
KUMEL ou cumin.	380

L

LAIT (conserves de).	418
LAIT DE POULE.	405
LAITUES.	135
— à l'eau de sel.	110
— (eau de).	396
LANGUE de bœuf salée.	17
— de bœuf salée et fumée.	17
— de mouton.	17
— de porc.	17
— de veau.	17
— à l'écarlate (canapés de).	239
LANGUES DE CHAT.	303
LAPEREAUX (terrine de).	68
LARD demi-sel.	27
— salé.	27
— de poitrine salé et fumé.	26
LÉCRELETS de Suisse.	234
LÉGUMES confits au vinaigre.	97
— à l'eau de sel.	109
— (procédé général pour la conservation des).	138
LICHEN d'Islande (pâte de).	407
LIÈVRE (saucisson de).	43
— (terrine de).	68
LIMAÇONS (sirop médicinal de).	197
LIQUEURS.	377
— d'absinthe.	386
— d'acacia.	387
— d'ananas.	386
— de bourgeons de cassis.	385
— de coings.	384
— au jasmin.	388
— de noyaux.	381
— (bonbons à).	348
— (vins de).	437

M

MACARONS aux amandes amères.	295
— au chocolat.	296
MACARONS croquants.	295
— moelleux.	294
— soufflés ordinaires.	307
— soufflés à la fleur d'oranger pralinée.	308
— soufflés aux pistaches.	308
MANDARINES glacées au fondant.	367
MAQUEREAU filets de) marinés.	59
MARASQUIN (mousses au).	250
MARMELADE d'abricots.	321
— d'ananas.	326
— de brugnons.	324
— de coings.	328
— de fraises.	327
— de framboises.	327
— de mirabelles.	324
— d'oranges.	329
— des pauvres.	330
— de pêches.	323
— de poires d'Angleterre.	325
— de poires de bon-chrétien.	326
— de poires de crassane.	325
— de pommes.	328
— de prunes de Damas.	324
— de prunes de Monsieur.	324
— de prunes de reine-Claude.	324
MARRONS confits.	340
— à l'eau-de-vie.	374
— glacés.	290
— glacés (purée de) au fondant de chocolat.	369
— (compote de).	274
— (compote de) en vermicelle.	275
MATELOTE en boîte.	95
MAUVE (fleurs de) pour tisane.	412
MAUVIETTES en boîte.	84
— (galantine de) en boîte.	88
— (terrine de).	67
MAYONNAISE pour salade.	181
MENTHE pour tisane.	415
— (boules à la).	359
— (crème de).	382
— (pastilles à la).	365
MERINGUES italiennes aux abricots.	310
— italiennes au chocolat.	312
— italiennes à la gelée de pommes.	311
— italiennes aux pistaches.	311
MERISES framboisées (huile de).	388
MERLUCHE fumée.	55
MIRABELLE (marmelade de).	324
— (prunes de).	149
— (prunes de) confites.	335
— (purée de).	154
MONSIEUR (purée de).	154
MORTADELLE.	48
MOUSSES au café.	250
— au chocolat.	248
— aux fraises.	250
— glacées.	246
— au lait d'amandes.	250
— au marasquin.	250
MOUTARDE aux anchois.	108
— anglaise.	108
— à la ravigote.	108
MOUTON (côtelettes de) en boîte.	78

TABLE ALPHABÉTIQUE.

MOUTON (filets de) en boîte. 78
— (gigots de) rôtis en boîte. 77
— (langue de). 17
MUFFINS. 213
MÛRES. 152
— (gelée de). 168
— (purée de). 155
— (sirop de). 194
— et vinaigre (sirop de). 197

N

NAVETS. 136
NOIX confites. 336
NOIX DE VEAU en boîte. 74
NONNETTES à l'angélique. 316
— duchesses. 315
NOYAUX (liqueur de). 381

O

OEILLETS (sirop d'). 199
— rouges dits girofles (gelée d'). 173
OEUFS à l'espagnole (compote d') au malaga. 280
— à la neige. 209
— à la neige au café. 211
— à la neige au chocolat. 211
— (compote d') au rhum. 281
— (compote d') au caramel et à la vanille. 282
— (compote d') au porto, au madère et à l'alicante. 283
— (conserves d'). 417
OIE confite en pot. 89
— (terrine d'). 64
OIGNONS blancs au vinaigre. 101
ORANGES entières confites. 333
— glacées. 285
— en quartiers (confitures d'). 322
— (bâtons à l'). 236
— (beignets d') au sucre. 267
— (berlingots à l'). 355
— (boules à l'). 359
— (compote d'). 273
— (conserves à l'). 349
— (couronnes à l'). 317
— (essence d'). 347
— (gelée d'). 168, 401
— (marmelade d'). 329
— (pots de zeste d'). 404
— (salade d'). 266
— (sirop d'). 192
ORANGER (fleurs d') pour tisane. 413
ORGEAT (sirop d'). 191
ORTIE blanche (fleurs d') pour tisane. 410
ORTOLANS en boîte. 84
OS DE GRENOUILLE (patiences dites). 306
OSEILLE. 136

P

PAINS à l'allemande. 224

PAINS d'amandes. 300
— d'épices. 314
— à la française. 203
— parisiens pour le thé. 237
— de seigle (tartines de). 217
— (tranches de) grillées. 217
— au foie gras. 203
— de foie gras en boîte. 90
— (petits) de chaud-froid de bécasses. 224
— (petits) de truffes. 224
PALAIS DE DAMES. 304
PARURES d'ananas. 143
— de champignons. 128
PÂTE d'amandes au candi et au marasquin. 360
— d'amandes glacée au fondant de lait d'amandes. 368
— d'amandes à la vanille. 361
— d'avelines au candi. 361
— de guimauve. 371
— de jujube. 406
— de lichen d'Islande. 407
— de pistaches. 360
— de réglisse. 408
PASTILLES d'ananas. 366
— à la cannelle. 371
— de chocolat. 370
— à la fleur d'oranger. 367
— aux fraises. 366
— à la groseille. 366
— à l'italienne. 370
— à la menthe. 365
— à la rose. 367
PATIENCES, dites os de grenouilles. 306
PÊCHES à l'eau-de-vie. 374
— par moitiés. 144
— (compote de). 278
— (liqueur de noyaux de). 385
— (marmelade de). 323
— (purée de). 154
— (purée de) à froid. 160
— (salade de). 266
PERDREAUX en boîte. 83
— (bouillon de). 398
— (galantine de) en boîte. 86
— gris (terrine de). 66
— rouges (terrine de). 66
— (petites timbales de chaud-froid de filets de). 208
PETITS FOURS. 291
— pour le thé. 233
PETIT-LAIT. 409
PETITS PAINS à l'anis. 236
PETITS POIS. 132
— à l'eau de sel. 112
PETS DE NONNE. 215
PICKLES. 105
PIEDS de cochon au naturel. 28
— à la Sainte-Menehould. 29
— truffés. 30
— de veau (gelée de) à l'anglaise. 222
PIGEONS en boîte. 82
PIMENT du Chili (vinaigre de). 107
— du Chili au vinaigre. 104

TABLE ALPHABÉTIQUE.

PISTACHES pralinées.	364
— (bâtons aux).	302
— (chocolat à la crème et aux).	354
— (macarons soufflés aux).	308
— (meringues italiennes aux).	311
— (pâte de).	360
PLANTES AROMATIQUES : thym, laurier, romarin, sauge, fenouil, marjolaine, basilic.	415
PLUVIERS en boîte.	84
POIRES d'Angleterre.	145
— de bon-chrétien.	145
— dites blanquettes.	151
— de Catillac.	146
— de crassane.	147
— d'Angleterre confites.	336
— de blanquette confites.	336
— d'Angleterre (compote de).	271
— de bon-chrétien (compote de)	269
— de Catillac (compote de).	272
— de martin-sec (compote de).	271
— de rousselet (compote de).	272
— d'Angleterre (gelée de) garnie de fruits.	171
— d'Angleterre (marmelade de).	325
— de bon-chrétien (marmelade de).	326
— de crassane (marmelade de).	325
— de crassane (purée de).	155
— de crassane (purée de) à froid.	160
— de crassane (salade de).	266
— (tartelettes de).	313
POIS (purée de).	123
POISSONS en boîtes.	93
— marinés.	57
— salés, fumés et marinés.	55
— (terrine de).	69
POMMES d'api.	151
— de calville.	147
— de calville (compote de).	272
— (gelée de).	164
— de Rouen (gelée de).	165
— (marmelade de).	328
— (purée de).	156
PORC (langue de).	17
— (dernières observations sur l'emploi complet du).	41
POTS de zeste de citron.	404
— de zeste d'orange.	404
POTS DE CRÈME au café.	403
— au chocolat.	403
— à la vanille.	404
— (petits).	402
POULARDE pour entrée en boîte.	78
— truffée en boîte.	79
— (terrine de).	64
POULET à la bonne femme en boîte.	80
— à la Marengo en boîte.	81
— (bouillon de).	398
— (fricassée de) en boîte.	79
— (timbales chaud-froid de).	206
PRALINES au chocolat.	363
— à la rose.	364
— vanillées.	362
PRUNES de Damas (marmelade de)	324
PRUNES de mirabelle.	149, 278
— de mirabelle confites.	335
— de mirabelle farcies.	289
— de Monsieur (marmelade de).	324
— de reine-Claude.	149
— de reine-Claude confites.	334
— de reine-Claude à l'eau-de-vie.	373
— de reine-Claude glacées.	287
— de reine-Claude (marmelade de).	324
— (compotes de).	277
PUNCH à l'américaine.	259
— chaud à l'ananas.	260
— chaud ordinaire.	259
— froid à l'ananas.	264
— froid au rhum.	263
— froid au vin de Champagne.	264
— au kirsch.	260
— au marasquin à la romaine.	264
— à la romaine aux fraises.	265
— au whisky.	260
PURÉE d'abricots.	154
— d'abricots à froid.	160
— d'ananas.	153
— d'ananas à froid.	161
— d'artichauts.	120
— de brugnons.	154
— de cardons.	121
— de carottes pour potages.	122
— de céleri.	121
— de champignons.	119
— de coings.	156
— de fraises.	155
— de fraises à froid.	160
— de framboises.	155
— de framboises à froid.	160
— de fruits conservés à froid.	159
— de groseilles à maquereau.	156
— de groseilles à maquereau au sucre.	157
— de marrons glacés au fondant de chocolat.	369
— de mirabelle.	154
— de Mousieur.	154
— de mûres.	155
— de pêches.	154
— de pêches à froid.	160
— de poires de crassane.	155
— de poires de crassane à froid.	160
— de pois.	123
— de pommes.	156
— de reine-Claude.	154
— de reine-Claude à froid.	160
— de truffes.	119
— de volaille (timbales).	208

Q

QUINQUINA (eau de gentiane et).	395
— (vin de).	390

R

RAISIN glacé à l'anisette.	368
— glacé au caramel.	289

TABLE ALPHABÉTIQUE.

RAISINÉ.	327	SAUCISSON ordinaire.	38
RATAFIA de Louve.	378	— de sanglier.	44
— de Neuilly.	379	— de volaille.	41
RAVIGOTE (moutarde à la).	108	SAUMON en boîte.	93
RÉGLISSE (pâte de).	408	— fumé.	55
REINE-CLAUDE (compote de).	277	— fumé (canapés de).	240
— (prunes de).	149	— (terrine de).	69
— (prunes de) confites.	334	SIROP d'acide citrique.	197
— (prunes de) glacées.	287	— d'asperges.	195
— (purée de).	154	— de bourgeons de sapin de Russie.	196
— (purée de) à froid.	160	— de cerises.	191
REINETTE du Canada (compote de) à		— des cinq racines.	201
la bonne femme.	279	— de citrons.	192
RHUBARBE (eau de).	394	— de coquelicots.	198
— (vin de).	392	— d'épine-vinette.	193
RIS d'agneau en boîte.	76	— de fleurs d'oranger.	198
ROGNONS de coq en boîte.	92	— de fraises.	193
ROMAINE (salade de) et de thon.	180	— de framboises.	192
RONCES (feuilles de) pour tisane.	414	— de gomme.	195
ROSES (gelée de).	172	— de goudron.	201
— de Provins pour tisane.	412	— de grenades.	194
— trémières pour tisane.	411	— de groseilles.	191
ROUGETS marinés.	58	— de guimauve.	200
— de la Méditerranée en boîte.	95	— médicinal de limaçons.	197
		— de mûres.	194
		— de mûres et vinaigre.	197
S		— d'œillets.	199
		— d'oranges.	192
SABAYON au café.	262	— d'orgeat.	194
— au chocolat.	263	— de violettes.	200
— au kirsch.	262	SOIRÉES (recettes diverses pour les).	203
— au madère.	261	SOLES filets de) en boîte.	94
— au rhum.	261	— (filets de) marinés.	59
— à la vanille.	262	— (terrine de filets de).	70
— au vin de Marsala.	263	SORBETS et glaces.	243
SALADE d'ananas.	265	SUCRE clarifié.	347
— des chasseurs.	176	— tors.	357
— de chicorée.	181	— tors de Poissy.	356
— d'été.	175, 183	SUCS d'herbes.	409
— de fruits.	265	SUREAU (fleurs de) pour tisane.	411
— de Hambourg.	184		
— macédoine de fruits.	267	**T**	
— d'hiver.	178, 179, 180, 182		
— macédoine.	177	TARTELETTES d'abricots.	313
— norvégienne.	184	— d'ananas.	312
— d'oranges.	266	— de poires.	313
— de pêches.	266	TARTINES de pains de seigle.	217
— de poires de crassane.	266	TERRINES de bécasses.	66
— de romaines et de thon.	180	— de bécassines.	67
— russe.	185	— de canards de basse-cour.	67
— (mayonnaise pour).	181	— de canards sauvages.	67
SANDWICHS.	204	— de chapon.	64
SANGLIER (boudin de).	45	— de chevreuil.	69
— (saucisson de).	44	— de dinde.	63
SAPIN de Russie (sirop de bourgeons		— de faisans.	65
de).	196	— de filets de soles.	70
SAUCES.	115	— de foies gras.	65
SAUCISSES espagnoles.	52	— de lapereaux.	68
— fumées.	51	— de lièvres.	68
— fumées dites de Strasbourg.	50	— de mauviettes.	67
— plates ou crépinettes.	32	— d'oie.	64
SAUCISSON d'anguille au maigre.	46	— de perdreaux gris.	66
— de lièvre.	43	— de perdreaux rouges.	66
— de Lyon.	37		

TABLE ALPHABÉTIQUE.

TERRINES de poisson.	69	VANILLE (glaces à la). 241
— de poularde.	64	— (pâte d'amandes à la). 361
— de saumon.	69	— (pots de crème à la). 404
— de thon.	71	— sabayon à la). 262
TÊTE de cochon au naturel.	28	VANNEAUX en boîte. 84
— de cochon farcie.	24	VARIANTES. 107
— de veau tortue en boîte.	75	VEAU (bouillon de) aux herbes. 405
THÉ.	241	— (côtelettes de) en boîte. 77
— (pains parisiens pour le).	237	— (langue de). 17
— (petits fours pour le).	233	— (noix de) en boîte. 74
THON mariné.	61	— (tête de) tortue en boîte. 75
— (canapés de).	240	VELOUTÉ. 118
— (salade de romaine et de).	180	VERJUS. 150
— (terrine de).	71	— (gelée de). 165
TILLEUL fleur de) pour tisane.	410	VERMOUT. 389
TIMBALES chaud-froid de poulet.	206	VERT végétal. 12
— (petites) de chaud-froid de filets de perdreaux.	208	VIANDE (glace de) pour voyage. 125
		VIN antiscorbutique. 391
— purée de volaille.	208	— chaud. 258
TISANES (préparation des fleurs pour l'emploi des).	410	— de quinquina. 390
		— de rhubarbe. 392
TOMATES entières.	137	VINAIGRE à l'estragon. 116
— en purée.	137	— de piment du Chili. 107
TRUFFES (conserves de).	88	— de table. 106
— (petits pains de).	224	VINS étrangers les plus usités. 435
— (purée de).	119	— ordinaires français. 432
TURBOT en boîte.	93	— (grands) français. 429
		— de liqueur. 437
		— (dissertation sur les). 424
U		— (service des) pour la table. 427
		— (âge auquel il faut boire les). 437
USTENSILES et appareils.	1	VIOLETTES pour tisane. 412
		— (gelée de). 172
V		— sirop de). 200
		VIVES marinées. 60
		— (gelée de) pour malades. 399
VANILLE (bâtons de).	362	VOLAILLE (gelée de) pour malades. 399
— (berlingots à la).	355	— (saucisson de). 41
— (chocolat à la).	423	— (timbales purée de). 208
— (conserves à la).	350	

FIN DE LA TABLE ALPHABÉTIQUE DES MATIÈRES.

III

TABLE DES GRAVURES

Saloir à saumure	13
Boîte à fumer	15
Couteau pour saigner le porc	19
Saloir à jambon	21
Braisière	22
Couteau à hacher pour farce et chair à saucisse	25
Couteau pour travailler la charcuterie	26
Cornet à boudin	31
Cornet à saucisses	32
Tamis	35
Machine à hacher	39
Batte	48
Bouteilles dans la fosse	159
Filtration	188
Filtration	189
Pliage du filtre	189
Filtre en papier	190
Fourneau à gaufres	221
Moule à gaufres	222
Sorbétière et sa spatule	243
Frouloir	246
Tamis à égoutter	247
Cave à glacer	248
Bassin et son fouet	293
Mortier et son pilon	301
Moules à tartelettes	313
Bassine à confitures	321
Grille	339
Caisse à égoutter	341
Caisse de bois	343
Moule à imprimer	344
Moule à imprimer les fondants	344
Poêlon à couler les fondants	345
Caisse à candir	346

FIN DE LA TABLE DES GRAVURES.

CORBEIL, typ. et stér. de CRÉTÉ FILS.

www.ingramcontent.com/pod-product-compliance
Lightning Source LLC
Chambersburg PA
CBHW060517230426
43665CB00013B/1549